ちくま学芸文庫

# 修験道入門

五来 重



筑摩書房

修験道入門【目次】

序章 007

第一章 山伏の開祖 021
大峯の開祖 022／彦山の開祖 040／出羽三山の開祖 044／立山の開祖 056／白山の開祖 067／日光山の開祖 088／伯耆大山の開祖 110／石鎚山の開祖 121／富士山の開祖 132／箱根山の開祖 143／戸隠山の開祖 155

第二章 山伏の入峯修行 171
山伏の験力と山籠 172／春の峯入 180／夏の峯入 193／秋の峯入 212／冬の峯入 221

第三章 山伏と聖火 247
不滅の法燈と光物 248／海の修験道 259／高野山の聖火 269

第四章　山伏の服装　279
兜巾と宝冠　280／篠懸と違帯　292／結袈裟と注連　305／曳敷と山人　317
第五章　山伏の持物　329
山伏の笈　330／山伏の錫杖　342／山伏の金剛杖　353／斧と槌　367／伊良太加の数珠　378／法螺貝と螺緒　388／肩箱・綾菅笠及び扇・宝剣　399
第六章　山伏の文化　411
修験道の美術　412／修験道の芸能　435
あとがき　461
文庫版解説　五来重の修験道研究　鈴木正崇　465

# 修験道入門

# 序章

## 一――野性の宗教

日本は国土の八割が山であるという国柄なので、世界に稀な山岳宗教がおこった。これは陰陽道や仏教と結合して修験道という特殊な仏教をつくりあげたが、これが日本人のあらゆる宗教の原点をなし、すべての庶民信仰を包含し、しかも多くの庶民文化をつくりあげたことは、あまり知られていない。

山はつねに異次元の世界であり、他界である。そこには神々の世界や、妖怪の世界や、死者の世界があると信じられた時代がながかった。日本人は平野を生産と生活の場とし、山を宗教の場として来た。山で獣を狩し、木を伐り、金を掘るものがあれば、その山人は平地人以上の霊力をもつとかんがえられた。したがって宗教上の奇蹟や託宣をおこなうものは山から出てくると信じられたし、やがて平地人も霊力をもとめて山に入り、宗教生活をおこなうようになる。この霊力は修行のしるし(験)としてあらわれるものだから、験《げん》力《りき》とよばれ、験力を得る修行が修験道である。

人間の平地の現実生活は日進月歩の進歩をする。それは人間の物質と肉体のよろこびを増進するためである。その意味で現代の文明は平地文明であり、都市文明であるといえよう。山を崩して平地にしてまで物質と肉体のよろこびを追求する、反自然の文明である。これに対して山の生活は原始のままにとどまろうとする反文明の生活であって、物質と肉体のよろこびを捨てて精神のよろこびに生きようとする。それは古代から現代になっても、万人にあこがれとして存在し、今も存在するのではないかとおもう。そのような山に、最新の文明の登山用具を持って入るぐらい愚かなことはない。いわんやマイカーのために山を崩し、道路をつくり、ホテルを建て、山に物質と肉体の文明を持ち込むほどの愚行はない。

したがって山岳宗教は苦行の宗教であった。そして生命軽視の宗教であった。現代の常識ではかんがえられぬ野性宗教で、文明謳歌の文化人からは、野蛮、迷信、無智、粗野、不潔、反動、などの、あらゆる罵声をあびせられてしかるべき宗教である。しかしそれらは同時にわれわれの祖先、それも三、四代前までの先祖が大切にもちつたえた生活であり、そこから生れた宗教にほかならぬものである。価値観の方向を変えれば、成り上り者の現代人にそっくりそのままお返しできるのが、この罵声である。

修験道は、もっとも罪と穢《けがれ》をおそれる。人間のすべての不幸と災害の原因は、罪と穢の結果とかんがえるからである。神も罪もおそれぬ、現代文明と異る点である。山伏は罪と穢は神の怒りを買うとかんがえ、これを払い去るための苦行をした。罪というのは宗教的な罪で、神の律法にふれることのようにいわれるが、それは多く社会の秩序をそこなうような行為が、罪であった。したがって道を造り橋をかける行為も、罪をつぐなう行為であった。よく聖《ひじり》がかけた橋や、造った峠道があるのは、そのためである。

山伏はまた罪と穢は、火や水で浄めることができると信じ、垢離《こり》と称する水浴で浄めたり、護摩《ごま》の火によって浄化しようとした。仏教が入ると護摩はシンボリックになって、智慧の火で人間の煩悩をほろぼすものというように観念化された。しかし私は柴燈《さいとう》護摩のような大きな火を焚きあげて、罪をやきほろぼし、災をのがれようとする修験道の野性が好きである。また寒中でも滝に打たれたり、池に身を沈めて垢離をとり、心身をきよめる男性的な修験道が好きである。これが一般仏教ならば本堂の中で、口先だけの懺悔をする。

我昔所造諸悪業《がしやくしよぞうしよあくごう》　皆由無始貪瞋痴《かいゆむしとんじんち》
従身語意之所生《じゆうしんごいししよしよう》　一切我今皆懺悔《いっさいがこんかいさんげ》

(我れ昔造る所の諸悪業は、皆無始《むし》の貪瞋痴に由《もと》づく身語意の三業より生じたものである。一切を我れは今懺悔する。)

ととなえさえすれば、何もしないでも一切の罪は消えるというのである。この懺悔文の意味通りならば、我が罪はすべて生れぬさきの貪瞋痴という原罪にもとづく身語意から生じたものだから、我には責任がないけれども、一切を懺悔する、ということになる。だから口先だけでよいのかもしれない。

しかし修験道では自分の罪業はもちろんのこと、他人の罪まで引受けて懺悔する。そしてその懺悔は実践にうつされ、水垢離をとったり、額突《ぬかつ》きをくりかえしたりする。『源氏物語』（「夕顔」）に、

明け方も近うなりにけり。鳥の声などは聞えで、ただ翁びたる声に、ぬかづくぞ聞ゆる。起居《たちゐ》のけはひ、堪へ難げに行ふ。いとあはれに、「朝の露に異ならぬ世を、何をむさぼる身の祈りにか」と聞き給ふに、御嶽精進《みたけさうじ》にやあらん「南無当来導師（弥勒菩薩）」とぞ拝むなる。

とある額突きは、懺悔の実践（おこなひ）である。しかも立っては額《ひたい》を突き、立っては額を突く、いわゆる五体投地の礼拝をつづけて身を苦しめる。何百回、何千回とつづけるので、「起居《たちゐ》のけはひ堪へ難げ」になったのであろう。こうまで懺悔し滅罪しなければ、聖なる山である御嶽《みたけ》（大峯山上ヶ嶽）には登れなかったのである。それも俗人ならば、家族の重病の平癒を祈るという大願のために、こうして御嶽精進をするのであろう。それを貴族（光源氏）は、「露のような無常の身で、あんなに身をくるしめて、何をむさぼり祈るのか」などと恰好のいいことを言って女（夕顔）をよろこばせる。庶民の野性と貴族の文化は、その間に橋がわたせないほど遠い。

またこの御嶽精進の額突きが山伏であれば、多くの人に代って滅罪の苦行をするのであって、いろいろの災難をはらい、大願をかなえさせるための「代受苦《だいじゅく》」である。そしても

しその罪がきわめて重く、災難が大きければ自分の身体の一部を損壊し、それで足りなければ、命を捨てたのである。身体の一部損壊は腕の皮を剝いだり、腕の上で香を焚いたりすることである。湯殿山で即身仏（ミイラ）になった鉄門海上人のように、眼病がはやれば、自分の眼をくりぬいて祈るものもあった。

懺悔滅罪の極致は死である。これを捨身《しゃしん》というが、その方法には火定《かじょう》（焼身）、入定《にゅうじょう》（土中入定）、入水《じゅすい》、捨身（断崖捨身）などがあった。火定と入定がもっとも多く、入水は天正五年（一五七七）の博多沖の入水を、耶蘇会士が日本通信にのべたのがくわしく、捨身は明治十七年（一八八四）の林実利行者の那智滝捨身がもっともあたらしい。こうした懺悔滅罪の実践が古代に多かった証拠は、大宝律令の『僧尼令』に、

凡そ僧尼、焚身捨身《ふんじんしゃしん》することを得ざれ

と禁止したことで想像できる。そして『日本霊異記』（巻下）には奈良時代に熊野山中で断崖から捨身した山伏の話が出ている。これは原始共同体が饑饉や疫病で全滅に瀕したとき、おこなわれたであろう人身供犠《くぎ》（人身《ひとみ》御供《ごく》）が、このような形で発現したのかもしれないが、修験道は文化的宗教ではかんがえもおよばない原始性を保持しつつ、庶民のための宗教として存在しつづけたのである。

しかし宗教は、つねに原点において生命をもっている。文化的宗教でも「祖師に帰れ」とつねに呼号するように、原点に帰ったとき真剣に燃焼する。宗教の原点は、常識では不

可能なものを求める祈りであり、不可能なことを実現する奇蹟である。それは宗教者の実践と信仰者の祈りが合致したとき、つねに奇蹟は実現して来た。合理的宗教のように奇蹟がないものだったら、宗教はとうに地上から消滅していたはずである。しかし庶民は合理的宗教が、文化人・知識人に迎合して奇蹟を否定すると、別の原始的な新興宗教をもとめる。そのような新興宗教のもつものを、実は修験道はすべて持っていたのである。

原始宗教、そして本来の修験道は一人一人の山伏の実践と一人一人の信者の信仰だけで成り立っていた。しかしそれが文化的宗教になると教団ができ、教祖ができ、教理ができて、実践は儀礼化されて命がけの真剣さをうしなう。同時に信仰は教理化されて合理的にはなるが、生命の燃焼をうしなった。修験道も平安中期から教団化して真言宗または天台宗に属するようになったが、平安時代にはまだ一匹狼のような山伏が、いろいろの奇蹟や験力をあらわしていた。いや少数の一匹狼はどの時代にもおったので、修験道はすくなくも江戸時代までは生命をもっていたのである。しかし一方では教団化で真剣な信仰と実践をうしないながら、ただ空威張《からいばり》だけする野性集団になったため、庶民からも嫌われる修験道ができた。そのようなとき明治維新がおこって修験道が禁止された。

しかし修験道をもとめる庶民の要求によって、各山の修験道は明治中期から復興するものが出て来た。そして原点にかえって、真剣な実践をつづける山伏集団も見られるようになった。とくに戦後は国家神道の廃止で、神社と寺院に分離した旧修験の山にも、協調の機運が出て来たのはよろこばしい。しかも最近は人間にとって文明とは何か、文化とは何かが問われる時代になって、原始宗教、野性の宗教である修験道への関心は高まったように見える。そのようなとき、修験道の歴史と、そこにあらわれた精神を平易に説くために、本書を世に送ることになった。

## 二—修験道研究史と本書の構成

従来も修験道の研究書はけっしてすくなくはない。この得体の知れない宗教はいろいろの面から研究されたが、大別していえば宗教学的研究と歴史的研究であろう。もちろん修験の内部では、江戸時代に仏教や密教の面から、修験道の教理をあきらかにしようとするものもあった。また修験道の故実と伝承を記録して、山伏の便覧に供しようというのもあって、われわれの研究に良き資料を提供してくれる。それは幸いに大正五年から八年にかけて『日本大蔵経』の一部に『修験道章疏』としてまとめられたが、いかにも難解で専門家のほかには利用のしようがないといってよい。

そのような中で宗教学の側から解説書として出されたのが村上俊雄氏の『修験道の発達』(昭和十八年)であった。これに対して同時に歴史的研究として和歌森太郎氏の『修験道史研究』(昭和十八年)が出て、ようやく修験道は学問研究の対象になりはじめた。しかし修験道を宗教と歴史の両面から解明しようとしたのは堀一郎氏の『我が国民間信仰史の研究』㈡「宗教史篇」（昭和二十八年）であって、第二部「山岳仏教の展開と修験者山臥の遊行的機能及び形態」がそれである。これによって山岳宗教の原初形態と他界信仰が仮説として出された。

その後、高瀬重雄氏は『古代山岳信仰の史的考察』（昭和四十四年）で、一般修験道史にあわせて、特に立山修験道を書いた。立山修験道はこのほかに佐伯立光氏の『立山芦峅寺《あしくらじ》史考』の小著と、佐伯幸長氏の『立山信仰の源流と変遷』（昭和四十八年）があって、いろいろの謎が解明された。また宗教学の立場からは宮家準氏の『修験道儀礼の研究』（昭和四十六年）が出され、儀礼の分析が詳細になされた。その後同氏は『山伏』（昭和四十八年）と『修験道』（昭和五十三年）を世に問い、修験道研究の集大成をこころみている。また歴史家としての村山修一氏にも『山伏の歴史』（昭和四十五年）がある。また江戸末期の修験道解説書に訳註をほどこした拙著『木葉衣・踏雲録事・他』（昭和五十年）や『山の宗教』（昭和四十五年）があることも紹介しておこう。

このような中で昭和五十年から修験道の過去の論文をあつめる試みで『山岳宗教史研究叢書』全七巻（名著出版刊）が出版され、また昭和五十二年からはその続刊として、オリジナルな修験道研究論文をあつめた『山岳宗教史研究叢書』第二期、十二巻が刊行中である〔全十八巻となった――文庫編集部注〕。これによって全国には知られざる修験の山が無数にあることもわかって来て、今後の研究の発展が期待されるところである。こうした研究は地方在住の研究者でなければ掘り出せない史料と伝承と、実地踏査によって、はじめて可能なものであって、今後の修験道研究の方向を示唆するものといえよう。

この研究叢書によって、修験道研究はあたらしい段階に入ったし、また歴史学、宗教学、民俗学あるいは地方史、芸能史、美術史、文化史にも一つの座をえたことは確かであろう。すなわち修験道は、ひとり本山派とか当山派というような仏教教団だけにあるのでなく、また山伏にだけあるのでもなくて、庶民生活そのものと密接なかかわりがあり、したがって庶民文化というものも、修験道の面から見なければならないものが多いことがわかった。またもう一つ大事なことは、修験道の歴史はながいけれども、これが秘密をおもんじ、口伝を守るために、不明に帰した部分が多い。したがって各地方にのこった伝承の破片をあつめて、復元しなければならないということである。一つの山でわからないことが、他の山の伝承でわかることもあれば、もう一つの破片ではじめて納得されることもある。すなわちこの得体のしれない修験道は、地方に分蔵された破片を出し合うことで、何が出てくるか分らぬ、おそろしい分野でもある。

私は本書ではそのような復元や考証をできるだけ省いて、一般人にわかりやすい形で修験道をのべることにした。したがって従来の常識では突飛に見えるような説もたくさん出るが、その論証や考証は別の形で出したい。そのような中で、従来修験道は密教と陰陽道によって成り立つようにかんがえられていたことに対して、法花経信仰と浄土信仰(念仏）と禅が基本的に存在することものべる。日本仏教が庶民のものになるためには、山岳宗教を媒介せずには不可能だったからである。

修験道の一つの特色は人間崇拝であって、とくに開祖は神格化され、仏菩薩と同格にあつかわれる。これは人神信仰ともいわれるように、神は人に憑依《ひょうえ》し、人が神になる。そのためには神が憑依するに足るほど、人間は苦行によって浄化されなければならない。これが密教の即身成仏の前提となる「即身成神」であった。神や仏や法が一人歩きするという考え方は、庶民にとっては抽象的なのである。それは生身の人間を通してわれわれの前に顕現するのだとかんがえる。「生身《しょうじん》の仏」というのもこの論理である。また説経・浄瑠璃によく言われる文句に、

何々の仏（神）も昔は人間にておはします

といい、薄幸な主人公が多くの苦難をなめて、最後に仏または神としてあらわれるという不可解な手法は、山伏が苦行を実践して最後に即身成仏（即身成神）することをかんがえれば理解することができる。

そのような修験道の見方から、私はとくに開祖の問題に重点をおいてとりあげる。どこの山にも御祭神は三神三容ととかれ、女体神、俗体神、法体神となる。従来は修験道の縁起ぐらい荒唐無稽《こうとうむけい》なものはないとされ、山伏ほど法螺《ほら》吹きはないともいわれていた。しかし常識的で合理的な縁起ならば、それは縁起でなくて歴史である。不合理な荒唐無稽性こ

そ縁起の生命であるが、それは何らかの宗教的モチーフを表現していると見なければならない。私はこの仮説を荒唐無稽といわれる高野山の開創縁起（偽作とされる『弘法大師御遺告《ごゆい》《ごう》』にふくまれる）から得たもので、山神は女体神（丹生津比売命《にうつひめ》）であり、山神の司祭者である狩人は俗体神（高野明神・狩場明神）であり、開祖弘法大師は法体神として奥の院にまつられる。高野山における弘法大師の異常なまでの信仰は、歴史的人格としての空海をはるかに越えるものであるのは、このような山岳宗教の秘密が根底にある。そしてその他の多くの修験の山の御祭神の問題が、この開祖の神格（仏格）化によって解けるのである。

修験道の問題のなかで、山の聖火も従来まったく注意されない問題であった。私は旧著『山の宗教』でこれをとりあげたが、日本宗教史では、聖火は重要な課題の一つである。その後いろいろの山で聖火または不滅火が、伝承としてわかって来ている。そしてこれは「海の修験」というものの存在を想定させるのであるが、私の実地踏査がまだ十分でないので、現状にとどまっている。今後発展させたいテーマの一つである。

山伏の生命は入峯《にゅうぶ》修行であったが、もちろん初期においては長期の山籠《やまごもり》があったものと、私は推定している。笙《しょう》の窟《いわや》や那智の千日山籠はその名残であろう。しかし大峯山系で吉野と熊野の修験集団の連携ができると、相互入峯という形で、順と逆の峯入《みねいり》が成立する。しかし夏と冬は依然として山籠をしたので、ここに四季峯入という入峯形態が整ったことを仮説として出した。そしてこの大峯の入峯修行形態が、全国の修験の山の軌範であったことも、本書であきらかにする私の仮説である。その意味で本書は「入門」としたけれども、修験道研究のあたらしい仮説を数多く提出したつもりである。

従来の修験道書は、山伏の服装と持物に非常な重点をおいている。これは新客の教育に、服装と持物を実例として、教理を説く方法が、はやくから確立していたためであろうとおもう。無智な庶民を対象とする視聴覚教育のはしりである。しかしそれはいかにも牽強付《けんきようふ》会《かい》の説であることは謡曲「安宅」の「山伏問答」を見てもよくわかる。それで本書では、山中民の生活と山伏の生活の現実面から、これらの服装と持物が発生したことをのべようとおもう。それは山伏の歴史的実態をあきらかにすることに役立つとおもうからである。そしてこれもまた従来不明であった山伏の伝統に、光をあてることになるとおもう。

最後に本書では修験道の文化史的意義をあきらかにするために、はじめて「山伏の文化」をとりあげることとした。修験道を宗教としてとりあげるだけでは、この日本独特の宗教がはたした歴史的役割を十分につくしたとはいいがたい。この宗教は政治史的にも、社会経済史的にも、大きな影響力をもったけれども、造型芸術の上でも芸能の上でも、思いがけぬ文化遺産をのこしたのである。私は二十年も前から民間の神楽や田楽が山伏ののこしたものであることを主張したが、なかなか研究者の賛同をえられずにおる。昭和四十七年には民間神楽が山伏の伝承であることを論証した（『日本庶民生活史料集成』第十七巻

「民間芸能」篇）ので、やや追随者も出ている。したがって本書とは別の形でこれを発表したいが、とりあえず、一部の美術と芸能を山伏の文化として載せることにする。

しかし芸能（神楽・田楽・延年・語り物・祭文等）については、スペースの都合で一部だけとし、続篇において、伝承とともに詳しくのべたい。

このほかに修験道としてとりあげる問題は多い。しかし本のスペースにはかぎりがあるので、本書ではもっともわかりやすい問題だけをとりあげて、不可解とおもわれていた修験道への、一般読書人の関心をよびおこせば、その目的は達するのである。なお、本書は月刊雑誌『武道』に昭和五十一年九月から三か年にわたって連載した「修験道の歴史と精神」に、加筆増補して一本としたものである。

# 第一章　山伏の開祖

# 大峯の開祖

## 一―役行者の伊豆流罪

一般に修験者の開祖といえば、役行者《えんのぎょうじゃ》と相場がきまっている。しかしよくしらべてゆくと、そうとばかりもいえないものが出てくる。

役行者を日本の修験道の開祖に仕立てあげたのは大峯修験道(熊野と吉野)が全国の修験道界を制覇した時代があったためである。しかし日本のいたるところに散在する修験道の山は、それぞれの開祖をもっていた。いやそればかりでなく、それぞれの開祖の前からその山に入って山神をまつる無名の修行者が先行していたと私はかんがえる。

修験道の歴史と精神をあきらかにするには、こうした役行者に先行する有名無名の山岳宗教者をあきらかにしなければならないが、それはまだそのごく一部がとりあげられはじめたばかりである。したがってここではまず役行者の伝記と宗教について概略をのべ、次いでその他の山伏の開祖をあげることにしたい。

多くの山伏の開祖があるとはいえ、その伝記の確実性と宗教者としての偉大さにおいて、役行者は傑出した山伏であった。役行者の信憑すべき伝記は、国家的正史としての『続日本紀』(文武天皇三年五月二十四日)と、奈良時代の民衆側の伝承記録としての『日本霊異記』(上巻第二十八話)とにある。しかし私は『続日本紀』の国家的記録よりは、民衆側の伝承記録の方が史料的価値が高いという庶民史観に立っているので、とくに『日本霊異記』の役優婆塞《うばそく》伝を重視したい。というのは役人の事務的な記録には役行者伝に血が通っていないし、民衆の見た生きいきとした役行者観が出ていないからである。そうかといって役行者の伝説的な奇蹟をそのまま歴史として信ずるわけでもなく、ことに坪内逍遙の戯曲『役ノ行者』のようなフィクションを伝承とするわけでもない。歴史事実といっても、

役行者像(滋賀　石馬寺蔵)

このような古代宗教者の信仰や実践は客観的につかむことはできないので、民衆がこの宗教者をどのように仰ぎ、どのようにイメージしていたかを重視し、そこから役行者像の真実をさぐってゆきたい。

『続日本紀』の役行者に関する記事は、文武天皇三年（六九九）の五月二十四日に、「役《えだち》ノ君小角《きみおづぬ》」を伊豆の嶋に流罪したということを記録したものである。そしてそのついでにこの役君小角の伝をつけたもので、

　初め小角、葛木山《かつらぎさん》に住し、呪術を以て称せらる。外従五位下韓国連広足《からくにのむらじひろたり》、これを師とす。其の能を害《そね》み、讒するに妖惑を以てす。故に遠処に配せらる。世伝へて云く、小角能く鬼神を役使し、水を汲み薪を採らしむ。若し命を用ひざれば、即ち呪を以て之を縛すと。

とあるのがそれである。この記事でおかしいのは、韓国連広足なるものが役小角に師事したところが、役小角の能（験力）がすぐれているのを嫉《ねた》んで、彼は人民を妖惑するものだと讒言したということである。このとき官は広足の訴えもしくは密告が無実の讒言だとわかっていたならば、役小角は流罪にならなかったはずである。それどころか、広足の方が誣告の罪で流されたであろう。そうするとこれは後になってこれが讒言だったとわかった時点で書かれた記事が、この年紀のところに挿入されたものと見なければならない。

このような文献考証を、従来の文献第一主義の歴史家がしなかったのはおかしい。した

がってこの記事はいかにも官庁のその日の公式記録のように見せながら、むしろ民間の伝聞資料（伝承）をもとにして書かれたものなのである。そうするとそのニュースソースは、『日本霊異記』の役優婆塞伝とおなじものではなかったかとおもわれてくる。

しかし文武三年の前後に、役小角という葛木山で山岳修行していた験力のすぐれた山伏が、何かの罪で流罪の宣告をうけたことはみとめてよいであろう。そうとすればその罪は何であろうか。

『大宝律令』は大宝元年（七〇一）に完成し、その翌年に施行されたので、その二年前の文武三年のころには形ができあがっていたであろうが、役小角の流罪が律令に依ったものとすれば、その施行後のこととおもわれる。

そこで律令の『僧尼令』を見ると、この中に流罪に値する罪はない。ただ第二十一条の「准格律条」に僧尼が「謀大逆と謀叛と妖言して衆を惑わす罪」を犯したときは、僧尼の特権としての情状酌量がないことになっているので、死罪にも流罪にもなりうる。このうちで「謀大逆」は天皇を怨んで「山陵および宮闕《きゅうけつ》を謀毀する罪」であるから、役小角がこれにあたるはずはない。つぎの「謀叛」は「国に背き偽に従う」罪で、日本に背いて外国に投ぜんとすることも含まれるので、役小角がのちに日本を棄てて、母をともなって新羅に飛んだという話は、これをもとにしたものかもしれない。そしてこの二罪は八虐の罪であるから、死罪にも流罪にも値するはずである。また八虐の罪に「大不敬」の罪があり、天皇の御薬を調合するのに、誤った処方をすることも大不敬の一であるから、合薬にすぐれていたとかんがえられる役小角の犯しそうな罪でもある。

しかしこの合薬ということは古代山伏の重要な職能であって、韓国連広足は三十三年後の天平四年十月十七日に従五位下で典薬頭《てんやくのかみ》になる人物である。古代では合薬と呪術治病は未分化なので、呪術者としての山岳宗教者も合薬を得意とし、典薬生も山岳宗教者を師として呪術を学んだものとかんがえられる。しかし合薬はまた造毒に通ずるので、山伏がこれをおこなうことは禁じられていた。これは『続日本紀』の天平元年（七二九）四月三日の勅に成文化されていて、役小角はこの罪にふれたのではないかとおもわれる。すなわち、

異端を学習し、幻術《げんじゆつ》を蓄積し、厭魅呪咀《まじなひのろひ》して百物を害《そこな》ひ傷《やぶ》る者あらば、首は斬《ざん》し、従は流《る》せん、如《も》し山林に停住し、佯《いつは》つて仏法と道《い》ひ、自ら教化を作《な》して、伝習して業を授け、印を封じ符《まじなひふだ》を書し、合薬造毒して、万方恠《ばんはうくわい》を作し、勅禁に違犯する者は、罪亦此の如くならん。其《か》の妖訛《えうくわ》の書は、勅出でて以後五十日の内に首《あらは》（自首）し訖《をは》れ。首《あらは》さざる後に糺告（密告）せらるる者は、首従を問はず咸《みな》配流せん。

とあり、このような規定は、いま佚失《いつしつ》した『大宝律令』にあったものかもしれないし、そうでなければ役小角の伊豆配流の記載は、この勅の出た後であったかもしれないのである。

この推定から見ると役小角の山岳修行者としての活動は、密教や陰陽道による呪術（異端・幻術・厭魅・咒咀）とともに、山林修行や説教唱導をおこない、また護符や呪符を出

したり、合薬造毒して不老長生の薬物調合をしていたのであろう。しかもこのような活動をする者は五十日以内に自首せよと規定したのに、小角はそれを怠って誰かに密告されたため、伊豆に流された、という推定が成り立つ。そしてその密告者として韓国連広足の名がつたえられたのである。

## 二―役行者の鬼神駆使

以上『続日本紀』にあらわれた役小角伝から、流罪の原因をさぐるとともに、この中から役小角をふくむ古代山岳呪術者としての、山伏の生態をうかがい知ることができた。しかしこれは宗教の国家統制の立場から罪とされたのであって、民衆の立場から見れば、幻術も厭魅も書符も合薬も、除災招福や治病予言の宗教的救済にほかならなかった。だからこそ役小角の流罪は、ほんとうの罪ではなくて、讒言の密告だったと民衆はうけとったのである。

また民衆は役小角はその呪験力によって、鬼神を役使して汲水採薪《ぎっすいさいしん》の労をとらしめたと信じていた。そして鬼神が命に従わなければ、これを呪縛することができたといっている。しかし、『日本霊異記』の伝には鬼神呪縛のことはなく、『今昔物語』（巻十一第三話）の役優婆塞伝に、葛木山の一言主神《ひとことぬし》を呪縛して谷の底に置いたとある。したがってここに鬼神といったのは山神であって、山伏は山神を使役して汲水採薪のための従者にすると信じら

後鬼像（滋賀　石馬寺蔵）

前鬼像（滋賀　石馬寺蔵）

れていたことがわかる。これが役行者の従者に前鬼《ぜんき》、後鬼《ごき》があったという伝承につながっている。しかし実際には山伏の入峯には山民を従者にしなければならなかったので、その方からも前鬼、後鬼の伝承が生れたものであろう。

役小角が鬼神を駆使して葛木山（葛城山）から吉野金峯《きんぷ》山《せん》に橋を架けようとした話は有名で、これがいわゆる「久米の岩橋」伝説になる。これはもと『日本霊異記』の記事から出て『今昔物語』の話に発展した。すなわち、

鬼神を駈使《くし》して、元《げん》（験）を得たり。自在に諸鬼神を喝《かつ》し、之を催して曰く、大倭国の金峯と葛木峯とに、一椅《はし》を度（渡）して通ぜよ。是に於て神等皆愁ふ。藤原宮に

宇御《くにのうちしろしめ》しし天皇（文武天皇）の世に、葛木峯の一語主《ひとことぬし》の大神、之を讒して曰く、役ノ優婆塞、時を傾けんと謀ると。天皇勅して使を遣して之を捉ふ。

とあり、『続日本紀』はこの一件を抜いて、ただ「咒術を以て称せらる」とだけのべ、神が讒言するのはおかしいというので、韓国連広足の讒言としたのである。しかし神の讒言ということも実際にありうることで、『今昔物語』では、

其後一言主ノ神、宮城ノ人ニ付《つい》（憑）テ云ク、役ノ優婆塞ハ既ニ謀ヲ成シテ国ヲ傾ケムト為《す》ル也ト

と、神子《みこ》の託宣としている。おそらく宗教的事件としてはこの方が正しいであろう。また葛木山から金峯山へ椅（橋）を架けるという話は、葛木山修験と金峯山修験の交流を役小角が企図したことをものがたるものである。

元来役小角は葛木山の山岳宗教者として出発する。そして吉野には神武天皇のころの井《い》光《ぴか》の子孫という日雄寺《ひのおでら》の角乗・角仁・角範・角正などの山伏の名がつたえられている。したがって葛木修験集団と吉野修験集団は成立が別々だったのである。しかも古代宗教では山の神聖空間はそれぞれ閉鎖的であるから、その交流はむずかしい。しかし前奈良期《プレ・ナラ・ペリオド》になると、より大きな修験勢力結成のために、他山との交流提携が必要となり、役小角はその中核的存在となったことが、葛木金峯架橋伝説すなわち「久米の岩橋」となってのこったものとおもわれる。

## 三―役行者の験力

久米の岩橋については、いろいろの伝説が後世に付加されてくるが、役小角に駆使された鬼神がきわめて醜い顔をしていたので、夜しか働かなかったということが『今昔物語』に出ている。とくに一言主神は醜陋《しゅうろう》であったといいつたえる。これをふまえて芭蕉は『泊船集』に、

やまとの国を行脚して葛木山のふもとを過るに、よもの花はさかりにて、峯々はかすみわたりたる明ぼののけしき、いとゞ艶なるに、彼の神のみかたちあし（悪）ゝと、人口《くち》さか（性）なく世にいひつたへ侍れば

猶《なほ》見たし　花に明行《あけゆく》　神の顔

と詠んでいる。葛木山の山の神の顔が醜いと聞くと、この山の朝桜が美しければ美しいほど、山の神のお顔が見たくなる、というのである。

これは一般に山の神は醜悪だという伝承が古代からあったためで、その顔形は鬼として表象されるようになった。そのような恐ろしい顔で力の強い山の神も、山伏の呪験力には征服されてしまうと信じられたのが、この役行者伝説の久米の岩橋に反映している。『日本霊異記』は役小角のこうした呪験力の源は、神仙術と山岳修行と密教の孔雀明王《くじゃくみょうおう》の呪法にあったとする。修験の三つの要素は山林修行（神道）と神仙術（道教）と密教（仏教）で

あることをつたえたものである。

神仙術については、

毎夜、五色之雲を挂《かかげ》て沖虚《そら》之外に飛び、仙賓（神仙）と携《たづさ》へて億載《おくさい》之庭（永遠の生命の世界）に遊ぶ。蕊乎《ずいこ》之苑（草花のかんばしい仙宮）に臥休し、養性之気（生命力の根源を養う天地の気）を吸ひ噉《くら》ふ。

と記されており、神仙術を会得した結果、仙人のように飛行自在になった上、不老不死の生命と天地宇宙に遍満する精神を獲得したというのである。その表現に誇張はあるであろうが、民衆は役小角は飛行自在で、不老不死の生命を持つものと信じていたことがわかる。

山林修行と密教については、

年三十有余（四十余歳ともあり）を以て、更に巌窟に居り、葛《ふぢ》を被《き》て松を餌《くら》ひ、清水の泉に沐《ゆあ》みして欲界の垢を濯ぐ。孔雀《くじやく》の咒法を修行して奇異の験術《げんじゆつ》を証し得たり。

とある。山に入って巌窟に住み、葛布《ふじぬの》の衣を着し松を食物としたり、水をあびて垢離《こり》をとり、禊をして無欲の苦行を実践した。また密教の孔雀明王の呪法をおこなったため、雨を降らしたり、病気を治したり、人々の災をはらうことのできる超人間的な験力《げんりき》を身につけることができた。

『日本霊異記』はこのような役優婆塞《えんのうばそく》の験力を実証する説話をつたえている。それは讒言によって流罪になるとき、役人が彼を捉えようとしても飛行自在で捉えることができないので、行者の母を身代りとして捕えた。それで止むなく行者は母をたすけるために役人に捉えられて伊豆に流されたが、昼はおとなしく伊豆の島におり、夜は海上を陸のごとく歩行し、また富士山に飛び上って山岳修行をした。伊豆にいること三年で、大宝元年（七〇一）正月に大和に帰り、仙人となって天に飛び上り、行方が知れなくなった。このとき役行者は鉄鉢に母を入れて飛び去ったとも伝える。

役行者のような奇蹟の人は終わるところを知らないというのが多く、また後世まで生きていたという話があったりする。『日本霊異記』はいわゆる五百虎伝説というものを載せて、役行者が新羅で虎になっていたという。というのは道昭法師が唐に渡る途中で、新羅の五百匹の虎から説法を依頼されて法花経を講じた。ところが、その中に倭語をもって質問した虎があるので、汝は何者かと聞くと「役優婆塞」と答えたとある。これは年代的に矛盾があり、役行者が仙人になって飛び去ったという大宝元年の前年、すなわち文武天皇四年（七〇〇）に道昭は示寂して、日本最初の火葬にされたことがはっきりしている。したがって彼が白雉四年（六五三）に入唐したとき、役行者に会うはずはない。しかしここに虎といったのは、実は神仙術の修行をする道士を指したものである。したがって『今昔物語』は「新羅国ノ五百ノ道士」の請によって説法したとき、その中に役優婆塞がおったとのべており、この方が歴史的には正しい。そのとき役優婆塞は、

日本ハ神ノ心モ物狂ハシク、人ノ心モ悪カリシカバ去ニシ也。然レドモ于レ今時々ハ

通フ也

といったとあるのは、讒言による流罪を指したものであろうが、この説話は役小角は神仙術と密教をまなぶために、しばしば朝鮮にわたったという歴史的背景があったことを暗示する。そのほか『彦山縁起』では、役行者はしばしば唐へ渡ったといっており、私は民間宗教者の大陸との往来は、記録されずに頻繁におこなわれたであろうとおもっている。それは実に仏教公伝以前からであろうと私は信じており、その根拠は多くの修験道の山の縁起にあることを、のちにのべたいとおもう。役小角はこのように外国との往来をしたことが、「謀叛」の罪に問われたのではないか、ともおもわれるのである。

## 四―役行者の入鮮、入唐

役行者が新羅や唐や天竺へ渡ったという話は、今日から見れば、いかにも荒唐無稽なように見える。しかし神話とか縁起とか説話というものは、その背後にかならずなんらかの歴史事実と庶民信仰の背景をもつものである。それが話者、伝承者の立場から誇張され、ゆがめられ、あるいは別の要素を加えられて荒唐無稽な話に変化する。しかしそれはかつては聞く者を納得させるだけの合理性をもっていたがゆえに、捨てられずに今日まで伝承されたのである。

したがって役行者伝やその他の山の開祖の奇蹟談、霊験談を慎重に分析すれば、その背後に修験道の歴史と精神がひそんでいるのを引出すことができよう。それが今まで出来なかったということは、神話の処理がそうであったように、説話、縁起、伝承の分析が足りないか、あるいは類推比較の資料が足りなかったか、のいずれかといわなければならない。

まず役行者伝については、修験道書ならば大抵これを載せている。その中でもっとも信憑すべき『日本霊異記』（上巻第二十八話）と『続日本紀』（文武三年五月二十四日）でもすでに怪奇な話をのせ、その最後は、

遂に仙と作《な》り、天に飛ぶ

としるし、ついで新羅において五百虎の中の一虎となっていたなどという。もちろんこれは五百人の道士と共に修行していたとかんがえるべきであるが、ここでおこる疑問はそんなに簡単に当時の人が大陸へ往来できたのか、という点であろう。しかし『彦山縁起』では役行者は唐へ二度以上往復したといい、『扶桑《ふそう》略記』、『今昔物語』、『元亨釈書《げんこうしゃくしょ》』などの役小角伝はいずれも新羅へ渡ったことを伝え、『役行者顚末秘蔵記』や『役君形成記』、『役君徴業録』などの修験道書も渡唐、渡天のことまでのせている。『役行者顚末秘蔵記』は、弓削大臣禅師道鏡法王が天平宝字七年（七六三）に、役行者三代の法孫、役義元が神亀元年（七二四）に書いたという『役行者大平記』にもとづいて書いたことになっているが、その偽書であることはいうまでもない。したがって役行者が天竺の六峰と震旦（支那）の六峰で修行したということは、まったくの作り話である。しかし七、八世紀

ごろの日本の民間宗教者が海外へ行き、また海外の民間宗教者が日本へ渡ったという一般的現象があったことを否定することはできない。

私は日本の仏教も欽明天皇十三年（五五二）より古く、民間レベルでの渡来があったものと信じている。これは修験道の歴史から言えるばかりでなく、すべて公式記録だけが歴史だという迷信をすてて見れば、民間的な文化交流を考えない方が不思議である。そのことを裏付けるような類似資料をあとであげたいとおもうが、民間人の貿易や渡航は、安全第一主義の「大過ない」世渡りを信条とする官僚や貴族よりはるかに大胆に、はやくからおこなわれたものと見なければならない。こうした民間的文化交流があきらかにされないかぎり、日本の古代史に庶民は存在しないことになる。

今の古代史が問題としている支配者側の大陸文化導入は、今日の文化人のそれと同様に、模倣と猿真似かあるいは見栄《みえ》と贅沢のためで、庶民大衆とは何のかかわり合いもなかったとおもう。これに対して民間宗教者は、おそらく私費とアルバイトで大陸へわたり、仏教、とくに密教や陰陽道をまなんで、これを日本の民族宗教と融合して修験道をつくりあげたものと、私は推定している。このようなうごきを役行者の入鮮、入唐、渡天説話は暗示している。それればかりでなく、熊野や彦山や白山、伯耆大山などの開創縁起も、おなじような大陸との関係をもっている。

彦山については唐僧善正の渡来はのちにのべるが、役小角は彦山から二度以上入唐したという。これはそのまま歴史事実だというのではなく、そのような民間宗教者のうごきとしてとらえることが、一役行者の伝の真偽よりも大切なのである。『彦山縁起』は『彦山流記《るき》』とともに内容は中世にさかのぼりうる縁起であるが、

大宝辛丑（七〇一）の夏、小角まさに唐に赴かんと欲す。（中略）其の歳六月七日、躬《みづか》ら老母を負つて此の山に飛来し、即日峯に登る。塗深山《みちじんぜん》を経て宝満嶽《ほうまんだけ》（竈門山《かまとやま》）に至り、一の鈴を拾ひ得て、因て宝満権現の内鑒を知り、遂に海浜に下て自ら草座に坐し、母を鉢に載せて、之を挙げて海に泛《うか》ぶ。（中略）彦山一夏《いちげ》の入峯、毎月七日の供像《くぞう》、斯の時より権輿《ごんよ》せり。

と一応見てきたように書かれている。そして彦山の入峯修行は役行者からつたえられたものとするのは、大峰修験道との関係が密接だったことを語ったものとかんがえられる。

## 五―民間宗教者の文化交流

ところがこの『彦山縁起』では、役小角はまもなく帰朝して大峯へ行き、また前鬼、後鬼をつれて彦山へもどって来たが、その後はこの二鬼に彦山をまかせて、自分は七年間も唐へ往来したという。

小角久しく唐土に居り、猶ほ郷を憶ふの情あり。是に由て、崑崙窟《こんろんくつ》を出でて日東に飛び還り、福智山に達し、宇賀原《うがはら》を経て俗体嶽《ぞくたいだけ》（彦山南岳）に至る。時に本朝の慶雲二

年（七〇五）、小角行年七十二の秋なり。此の峯逆入《ぎゃくい》り此に始る。是歳大峰に至つて善妙二鬼（善童鬼・妙童鬼）を将《とも》ひ来つて、此峰に置き告て曰く。汝等此を去つて他所に移ること勿れと。明年二月七日、法体嶽《ほったいだけ》（彦山北岳）より深山《じんぜん》（小石原）を踰歴《ゆれき》し、宝満山に達し、唐国に往き赴く。異域と斯方《このはう》往返すること七年（下略）

とあるのがそれで、彦山は九州だけあって、大陸との関係をくわしく説いている。というのはこの山の開祖にあたる善正は北魏僧で、仏教公伝以前の継体天皇二十五年（五三一）に渡来したとなっており、よほどのことがなければ、公伝以前の縁起をつくれるはずがない。これを彦山山伏の無智とか間違いで片づけるのは容易であって、頭のかたい歴史家のやりそうなことである。そのような歴史家は文献万能だから「そんな馬鹿なことが」と言下にはねつけて、それ以上にかんがえて見ようとしないにちがいない。

吉野修験のあいだにも、仏教公伝以前開創の伝承があったらしい。これを『日本書紀』に採録するとき、編纂委員会があったとすれば、大論争の末、仏教公伝の翌年においたのだろうとおもっている。『日本書紀』欽明十四年夏五月戊辰朔の記事に、この日大阪湾に光明を放つ樟木が流れて来たので、これを引上げて作ったのが、吉野寺の放光仏だとある。この記事は書紀編纂時（天武十年〈六八一〉—養老四年〈七二〇〉）に、『吉野寺縁起』を書紀のこの年の五月一日の記事として採録したもので、「河内国言す」などと事実のように書いているが、寺院縁起が書紀に入ったものと私は評価している。そしてこれは編纂委員が頭のかたい歴史家だったので、仏教公伝の欽明天皇十三年以前ではまずいということになり、遠慮してその翌年においたものとしか考えられない。

熊野の方の伝承も長寛二年（一一六四）成立の『長寛勘文《ちようかんかんもん》』によれば、熊野三所権現は、庚午の年（安寧天皇十八年＝紀元前五三一年）に唐から彦山をへて紀州切部山《きりめやま》に降臨したもので、孝昭天皇五十三年（紀元前四二三）に裸形《らぎよう》上人が新宮に祀りはじめたという、気の遠くなるような開創である。その荒唐無稽であることはいうまでもないが、仏教公伝以前の開創を主張したものとしてだけは、うけとめることができよう。

密教の伝来についても、文献的には正倉院文書の写経所の記録や、玄昉《げんぼう》将来の一切経などというものが用いられるが、奈良時代以前に伝承された形跡はすくなくない。すくなくも天平五年（七三三）以前に良弁《ろうべん》僧正（前身は金鷲優婆塞《こんじゆうばそく》という山伏）は奈良の東山で、密教の執金剛神《しつこんごうじん》を拝んでいるし、天平五年には三月堂現存の不空羂索《ふくうけんじやく》観音という密教経典による仏像を造立した。また『日本書紀』によれば、飛鳥以前の用明天皇二年（五八七）には密教僧の豊国《とよくに》法師なるものが、重病の天皇のために祈禱をする。これはおそらく豊前《ぶぜん》の彦山の山伏なので、豊国法師とよばれたのであろう。またこの彦山の法蓮《ほうれん》上人はそれまで長年の密教呪術による医術を大宝三年（七〇三）と養老五年（七二一）に褒賞せられているる。

従来、密教は弘法大師空海からはじまるように言われているが、密教の根本聖典である

『大日経』ははるか以前から渡っていたのであるし、空海の入唐は、彼が青年時代に無名の一沙門から教えられた虚空蔵求聞持法《こくうぞうぐもんじ》という修験道の呪文の根元をさぐるためであった。したがって空海の入唐もまた公費による公式の渡唐ではなくて、民間レベルの入唐にほかならなかった。このことは従来最澄と共に留学僧（還学僧ともいう）だったといわれる空海が、最澄の公費に対して空海には一文の御下賜金もなかったことの「日本史の謎」を解く鍵である。

その詳細については私は旧著『高野聖』に「優婆塞《うばそく》空海」としてのべたが、空海の入唐は私費とアルバイトによるものであった。そのアルバイトは古くは遣唐大使（藤原葛野麿《かどのまろ》）の薬生《やくしよう》（薬剤師）だったろうとの説があったが、私は通訳だろうと思っている。この通訳も同時通訳のような会話の達人ではなくて、筆談通訳だった証拠がのこっている。しかし通訳だったので、遣唐船第一船の大使側近にもぐりこむことができたもので、空海が優婆塞のままで入唐することは、大使も暗黙の承認をあたえていたであろうとおもう。私費というのも外護者《げごしや》として金を出すものがあったからできたらしく、『三教指帰《さんごうしいき》』（弘法大師青年時代の自叙伝的小説）には「光明婆塞」という檀主（パトロン）があったことを書いている。

空海が遣唐船に乗込むときまで優婆塞（山伏）だったことは、正式の僧侶であることを認められる証明書の「度牒《どちよう》」というものが、遣唐船に乗っている間である延暦二十三年四月七日付で出ていることでわかる。そのためとおもわれるが、空海は華々しいはずの帰朝の後、二年間入京をゆるされなかった。

このような苦労をしてまで民間レベルでの民間宗教家の往来があったので、役行者の入鮮、入唐の伝説は、その当時の一般的歴史事実を反映したものとおもわれる。そしてかれらはいちはやく陰陽道や密教をとりいれた修験道を開いたものであろう。

## 彦山の開祖

### 彦山の善正と法蓮

すでにしばしばふれた彦山の開祖は、北魏僧善正である。これは『彦山縁起』と『豊鐘善鳴録』によるものであるが、善正は北魏孝武帝の子で、孝武帝が五三四年に宇文泰に弑《しい》せられる三年前の継体天皇二十五年（五三一）に日本に渡来し、彦山で豊後日田《ひた》の狩人、藤原恒雄に出会って、二人で彦山の修験道を開いたという。藤原恒雄はこのとき入道して忍辱《にんにく》と名を改めたので、彦山霊仙寺の第二世となった。

これは彦山が渡来僧を開祖とする縁起と、狩人を開祖とする縁起と二つの伝承があったのを一つにまとめたものであろう。狩人は他の修験道の山でも開祖となることが多いのは、山神をまつる原始的宗教者だったからで、これが仏教（法華経）や密教（真言）をとりいれて山伏となる。その仏教と密教をもたらすものが渡来僧だったというケースが彦山の開創である。狩人に弘法大師が密教を教えたケースが高野山開創であり、慈覚大師が教えたケースは山形市郊外の山寺立石寺《やまでらりつしゃくじ》にある。また狩人みずから発心出家したというのは越中立山と伯耆《ほうき》大山《だいせん》である。

彦山はとくに海外との関係が濃厚で、彦山の山神も海外から来たと伝えていた。それは熊野の開創問題の討論集として書かれた『長寛勘文』の「熊野権現御垂迹《ごすいじゃく》縁起」に、熊野が開かれるよりもはるか昔に、中国天台山の王子信というものが、日本国鎮西日子《ひこ》の峰に天降ったが、それは高さ三尺六寸で、八角形の水精（水晶）の形であったとある。要する

彦山開山善正上人と忍辱上人の図（福岡　英彦山神社蔵）

に、はじめ中国渡来の神がこの山にまつられたのであろう。その神はのちに四国の石鎚《いしつち》の峯にうつり、ついで淡路の遊鶴羽《ゆづるは》の峯にうつり、ついに紀州に飛んで、熊野の神になったという。このように伝説的な彦山で、あきらかに歴史的実在の開祖としては、法蓮上人をあげることができるであろう。しかしその前にさきにのべた豊国法師なるものがある。彦山の古い歴史家たちは、五三一年渡来の善正はすなわち書紀五八七年の豊国法師ではないかとかんがえているが、これは時代が合わないし、仏教公伝以前という彦山の縁起をここですてる必要はない。とにかく奈良時代の法蓮が出るまでの二世紀ほどの間は、無名の山伏たちによって彦山修験道はひろめられて来た。そしてこの修験道の特長は医術にあったようである。

すでに豊国法師は用明天皇の病を治すためにはるばる九州から大和へ招かれている。ところがこの法師を招くことに蘇我馬子は賛成したが物部守屋は反対で、これをにらみつけたので治療出来なかった。そののち役行者やその弟子寿元の彦山開創なども伝えられるが、これは彦山が大峯修験の勢力下におかれたことをつたえる伝承であろう。したがって史料的にもっとも確かなのは法蓮であって、『続日本紀』大宝三年(七〇三)九月二十五日の条に、

僧法蓮に豊前国の野四十町を施す。醫術を褒《ほ》むるなり。

とあり、また養老五年(七二一)六月三日には、

詔して曰く。沙門法蓮は心禅枝《ぜんし》に住し、行法梁《ほふりやう》に居れり。尤も毉術に精《くは》しく、民苦を済《すく》ひ治《をさ》む。善い哉、若《かくのごと》き人。何ぞ褒賞せざる。其の僧の三等以上の親《しん》に宇佐君の姓を賜ふ。

とある。禅枝の禅は禅定のことで山岳修行を意味する。すなわち禅枝は禅定の弟子である。法梁はその多くの弟子の頭梁となることで、「禅枝早く茂り、法梁いよ〳〵隆《さかん》なり」（神亀四年十二月十日の詔）などと用いられる。したがって法蓮は山伏を多く弟子としてもっていたことがわかる。また「毉術」は「医術」とちがって呪術（巫）で病気を治す医であって、呪医（medicine man）にあたる。ともあれ彦山の修験道は大陸伝来の毉術をもって人々の病気をすくうことに特長があり、それは渡来僧のおかげであろう。したがって善正を偶像的開祖とすることは正しいことである。しかしこれを中央に知らしめた功績は法蓮にあるので、これを中興の祖とすべきものであろう。

しかも彦山修験は西域や中国のように石窟寺院が多かったのが特色である。これも彦山が大陸仏教の影響下にあったことをしめすもので、善正と法蓮が開いたという彦山霊仙寺は、今の彦山より南の谷にあり、玉屋の窟がそれであるという。この谷には彦山四十九窟の多くがあつまっていて、一大石窟寺院を形成した時代があったとおもわれる。玉屋窟は般若窟ともいい霊泉が湧いている。今は玉屋神社と鬼神社に分れているが霊泉寺も復興されている。そのほか豊前窟（高住神社）、大行事窟（五窟）、大南窟、智室窟などが有名で、山外の宝珠山窟や蔵持山窟などを加えて四十九窟をかぞえるという。これには兜率《とそつ》四十九院の信仰があって、これをめぐる修行があったのであろう。ともあれ修験道に洞窟信仰がつよいのは、きわめて原始的な宗教としては幽界の入口として神聖視されたこともあるが、彦山の場合は大陸の影響がつよかったとかんがえるべきであろう。

## 出羽三山の開祖

### 一 —— 出羽三山の信仰

出羽三山といわれる羽黒山・月山・湯殿山は関東・東北のいたるところに出羽三山碑というものが立っていて、その信仰のきわめて盛んだったことをうかがわせる。私なども修験道に関心を持つまでは、どうしてこんなに三山碑が多いのかという疑問すらもたなかった。関東ではそれが道の分岐点や神社やお堂の境内にあるのがあたり前であった。

それから海岸では三山詣りの精進《しょうじん》ということがおこなわれていた。海辺の砂浜に大きな竹を二本立て、それに縄の注連《しめ》を張り、そこをくぐって海へ入るのである。注連の前で礼拝して何か呪文をとなえるようであった。おそらく「懺悔々々六根清浄」であったかとおもわれる。それから波のうち寄せる中で何回も水にもぐり、やがて磯の上で賽銭の銭を磨く。たいてい三月頃のまだ春の浅い肌寒い季節であったから、褌一本で磯にまたがった白鉢巻の行人はいかにも寒そうであった。行人といってもそれは多くは船主や自営の漁師で、豊漁祈願のためにこの三山詣りの精進をしたのである。磨き銭は神にあげる賽銭に汚れがあってはならないからで、私も出羽三山以外に聞かない。あるいはもっとほかの山にもあったのかもしれないが、五、六年前に羽黒山へ行ったとき、神官にこの話をしたら、今でも賽銭のなかに磨き銭が入っていますということであった。どこかにこの習俗と信仰はつづいているのである。

一家の主人が三山詣りをするところでは、一家中みな潔斎をするので、その家の子供は穴あき銭の磨き銭に糸を通して首から下げていた。一家精進のしるしにするのだが、これがまた学校ではその子供の自慢であった。その家は主人の三山詣りのあいだは蔭膳を供え、不浄を遠ざけるのである。

これは海岸の例であるが、関東の農村にも三山講はあって、精進のための「行屋《ぎょうや》」が各所にあった。私はこれを戦前には常陸の真壁郡・新治郡あたりで見ているが、現在もあるかどうか心許ない。あれば保存してほしいものである。三山詣りは講の二、三人が代参するもので、村中の人に代って行屋にこもり、精進潔斎して村人に村はずれまで見送られて出る。帰れば行屋で「坂迎え」があり、精進落しで酒盛をするとともに、お札を講中の人に頒ける。

このような習俗は、いかに三山詣りが厳粛な共同体の祈願であったかをしめすもので、これを指導したのは羽黒山伏、あるいは湯殿山山伏であったろう。江戸時代には出羽三山は羽黒山が幕府権力と結んで天台宗に改宗し、三山を代表する地位をしめたが、湯殿山は真言宗のままとどまって、最後まで自己主張を貫いた。その自己主張のあらわれが即身仏（いわゆるミイラ）で、真言宗の「即身成仏」という実践を誇り、弘法大師の土中「入定」を身をもって実行したものと、私は解釈している。

このようなことがおこるのは出羽三山の構成が問題で、三山碑でも湯殿山山伏の指導をうけ、湯殿山から月山へ登山する行人は三山碑を建てるにも、湯殿山を真ん中に高く書き、その両側に月山と羽黒山を低く書く。しかし出羽三山の中心は最高峯の月山（一九八〇メートル）なので、その他の山伏は月山を中心にして羽黒山と湯殿山を低く書く。しかしどちらの山伏も月山を目指して北は羽黒山から、西は湯殿山から登るので、どちらも登山口なのである。ちかごろある作家が「月山」と題して湯殿山の即身仏（ミイラ）をあつかっていたが、羽黒山と湯殿山は月山へのぼる登山客の争奪で鎬《しのぎ》をけずったためにミイラができた。

月山へ登るには七口あって羽黒口（寂光寺）と湯殿山側の大網口《おおあみ》（大日坊）と注連掛口《しめかけ》（注連寺《ちゅうれんじ》）のほかに、南からの本道寺口（本道寺）、東南からの岩根沢口（日月寺）、川代口（宝蔵坊・大蔵坊）、東からの肘折口《ひじおれ》（阿吽院）があった。しかし庄内平野をひかえた羽黒山は地理的にも有利な位置をしめ、月山山頂への距離はもっとも遠いにもかかわらず、もっとも栄えた。したがって月山を支配する別当や執行も羽黒山におり、月山の開創も羽黒山から開祖能除《のうじょ》太子（蜂子《はちこ》皇子・照見大菩薩）が開いたという縁起になった。

## 二——開祖、能除太子

出羽三山が中央の文献にあらわれるのは、『三代実録』の貞観六年（八六四）二月五日に、

出羽国正四位上勲六等月山神に従三位を授く

開山照見大菩薩画像
（山形　出羽三山神社蔵）

とあるのと『延喜式』神名帳の出羽九座の中に、田川郡の「伊氏波《いでは》神社」が出るだけである。伊氏波神社は出羽神社で、羽黒山にある。現在は月山も湯殿山も併せて三山合祭殿といっている。

この羽黒山から月山を開き、ここに修験道を開いたのは、崇峻天皇の皇子、蜂子皇子で、異相のために奥羽に流されて羽黒山にたどり着いたという。羽黒山では日本の修験道そのものの開祖が蜂子皇子、すなわち能除太子で、役行者は中興であると主張する。『拾塊集』には、

能除太子肇《はじ》めて修験の事を起し、役《えん》氏小角《をづぬ》修験の事を顕はし、弘俊阿闍梨《こうしゆんあじやり》、事を極《き》はむ。

とあって役行者より前にこの山が開かれていたといって、大峯葛城よりの優位を主張する。それどころか月山八合目には「行者帰り」という小さな岩場があって、役行者は修行が足りなくて、ここから登れずに帰ったなどという。弘俊阿闍梨という人物は能除太子の弟子というけれども、私はこの人こそ羽黒山を開き、能除太子をこの山の神として祭った山伏

入峯本尊能除太子像
（山形　荒沢寺正善院蔵）

の開祖とかんがえ、羽黒山の不滅の火をまもるヒジリだったと推定している。

そうすると能除太子は何かということになるが、山伏が祭り仕える神はその山の山の神であって、仏はその本地仏なのである。出羽三山の本地仏は羽黒山は聖観音、月山は阿弥陀、湯殿山は大日如来を本地仏とするが、その本体はそれぞれの山の山神である。能除太子が異相であったというのは、その木像や画像によれば、口が耳もとまで裂け、眼はするどく光り、狼の擬人化されたものではないかをおもわせる。『羽黒三山古実集覧記』には、

開山能除太子は崇峻天皇の皇子にて、蜂子皇子と申し奉り候。右蜂子の御名乗あらせらる丶程の御姿、至つて醜陋《しうろう》殊に有りがたく、世界厭離《おんり》を御発心《ほつしん》、聖徳太子の御勧《くわん》発《ぱつ》にまかせて、心経等相伝《さうでん》の上、抖擻《とそう》行者と成り、当国へ下向《げかう》在らせられ候。

とあるのは、この狼のごとき異相を言ったものである。狼をもって山の神の化身《けしん》とするのは伯耆大山や秩父三峰山などに実例があり、大峯山でも山伏行者の守護神は狼とされる。すなわち狼は大口真神《おおくちのまがみ》ともいわれて大神《おおかみ》ともいわれるものである。それは決して動物ではなくて神の化身であるから、これをまつり、これに祈れば霊験ありと信じられた。

動物を神の化身とするのは『古事記』が伊吹山の山神の化身(正身《むざね》)を白猪とし、『日本書紀』は伊吹山神の主神《かむざね》を大蛇とするなど、その例はすくなくない。また立山の神は熊の形であらわれ、開山佐伯有頼《ありより》(慈興上人)に射られて阿弥陀如来に変身する。比叡山の山神(山王)は猿となってあらわれるのを、後の神道では神使としてしまう。おなじよう

に伏見稲荷山の山神の狐も神の使者《つかわしめ》とされたのである。

このようにかんがえると、蜂子皇子（能除太子）の異相の説明がつくし、この開山がよく跳ぶことができたという伝説も理解できる。すなわち羽黒山の聖地「お中台」には開山の坐禅石という不思議な巨石が、杉の巨木の二股の上に乗っている。十メートルぐらいの高さで人間の跳べる高さではない。これは神座石《かみくらいし》でこの上に山神が鎮まっていると信じられた時代があって「お中台」とされたのである。これを見ただけでも、開山能除太子は山神だということがわかり、これを人間すなわち皇子ということにしたので、神座石は坐禅石と名をかえた。

狩場明神画像
（和歌山　金剛峯寺蔵）

修験の山にはかならず祀られる山神と、これをまつる狩人、または高僧がある。高野山ならば山神は丹生津比売神《にうつひめ》であり、狩人は高野明神、高僧は弘法大師という組合せでできている。そうすると羽黒山ではどうして山神を皇子などと称し、これを開山としたのであろうか。これは一つには山神を尊いお方とするところから、尊い身分の方である皇族としたのである。したがって戦前の宮内省はこの羽黒の伝承を重んじて、蜂子皇子廟を皇族陵墓の扱いをしていた。

もう一つの理由は羽黒の開山の時代を役行者や、吉野・熊野・大峯より古い時代に置こうとしたことである。これは彦山でも伯耆大山でもおなじであって、このような縁起伝承をつくるのは、熊野や吉野の修験道的支配から脱却し、これより優位に立とうとする時である。そうするとこれは鎌倉末期から南北朝時代以降とかんがえなければならない。羽黒山の冬峰修行にあたる大晦日の松聖《まつひじり》行事（松例祭《しようれい》）に「国分け」といって、日本の六十六か国を熊野と分割して優位を誇示することとおなじ動機から来ている。

## 三―羽黒開山と阿久谷

以上のような羽黒山の開創伝説の分析は、平安中期ごろには熊野修験が羽黒山を支配していたが、羽黒山神すなわち伊氏波《いでは》の神の信仰はそれより古く存在したということを示すであろう。しかもこの神がはじめてこの山に祭られたのは現在の地よりも下の谷においてであった。この谷は阿久谷《あくや》とも阿久屋ともいう谷で、人の入ることを禁じた聖地である。このことを『羽黒三山古実集覧記』は、語るに落ちて、開山太子はここに三山の神をまつりはじめたといっている。

開山太子悲歎の余り、衆生結縁求願成就《けちえんぐぐわんじやうじゆ》の為に、阿久屋権現幽窟の側に、大に土地を切り開き、三山権現の総社を建立いたし、三山権現を勧請仕り候に付、三山の総名を以て此場所を羽黒と号す。是の阿久谷の幽窟は神都の別窟、開山建立の社頭は三山権現影向《やうがう》の総社に御座候。

この阿久谷はおなじ名の谷が大峯山山上ヶ嶽では「阿古谷《あこや》」とよばれ、これを平安中期には「捨身谿《しやしんだに》」とよんだことが、鎌倉時代の『古今著聞集』(巻二)に出ている。ところがこの記事の出典『吏部王記《りぶおうき》』は紀元九世紀末の確実な史料であるが、この名称の谷は葬地に関係がある。京都の鳥辺野にも阿古谷(屋)があり、これは「悪谷《あくや》」または「悪沢《わるざわ》」などとよばれる地名が、葬地に関係があるという説とも一致する。

このような羽黒開創の推理は修験道の山の信仰発祥が、死者の霊のあつまる山という霊山・霊場信仰に発するという山中他界観念にみちびくもので、山に地獄谷があり、賽の河原があり、その救済として山頂に阿弥陀如来をまつり、そこへ至る弥陀ヶ原があるという、多くの山と図式はまったく同じなのである。越中立山はこの図式によくあてはまり、地獄谷ではかつて『今昔物語』の時代には死者供養がおこなわれ、今も石仏や石塔がのこって

阿古屋の塔
（京都　六波羅蜜寺）

月山の祖霊祭の塔婆と幣（山形）

いる。そして山頂雄山《おやま》（三〇一五メートル）の本地仏は阿弥陀如来であった。この出羽三山でも羽黒の阿久谷は地獄谷にあたっていて、ここから三山信仰は発祥し、その死者供養の場所が阿久谷をのぼりつめたところにある「霊祭殿」で、これは出羽神社本殿の横になる。羽黒山では本殿の横で白衣の神官が霊の供養を受付け、戒名を書き、塔婆を立てる奇妙な風景が見られるのは、その発祥が阿久谷だからである。その上、ここで救済された霊は月山の弥陀ヶ原（七合目）を通って、広大な九合目の賽の河原を抜けて行くと、月山頂上本社に阿弥陀如来が待っていて、浄土往生させてくれるという寸法である。月山の本地仏が阿弥陀如来であるのは、このような意味がある。しかもこの月山頂上本社の石囲の中にも「祖霊社」があり、ここでも戒名を書いた紙位牌や、紙塔婆や木の位牌も供物とともに納められる。

また湯殿山神社の御神体石の横にも「霊祭供養所」があって、ここにも位牌や五色幣や故人の遺品や供物が上げられるのである。また「岩供養」といっては、位牌紙に死者の戒名を書き、「先祖代々之霊」などと書いて「祖霊大神」の石牌の横の岩石に、したたり落ちる水ではりつけて供養する。

このように出羽三山の信仰には死者信仰がいたるところにあるが、これはかつての修験道の山に共通した他界信仰のためであって、他の山に失われたものが出羽三山によく残っただけのことである。したがって他の山にも痕跡はいくらでも見られる。そして仏教化のすすんだ高野山や恐山《おそれざん》や山寺立石寺《やまでらりつしゃくじ》などに、とくに納骨納髪信仰としてのこった。月山でも明治維新までは山頂に納骨したということであるが、神仏分離でこれを止めたところ、神社周辺にこっそり勝手にお骨を埋めていくものが絶えないので、堂々と神域内で神官が供養を受付けるようになったのだという。

こうした三山の他界信仰を説明するために、開山能除太子の阿久谷開創の縁起がつくられたのである。『羽黒三山古実集覧記』は、

当山三所権現、本地阿久谷《あくや》は観音、月山は阿弥陀、湯殿山は大日に御座候間、当山三《さん》関三渡《くわんさんと》と申す古実これあり候。其の儀は阿久谷権現の本地は、娑婆有縁《うえん》の化主《けしゅ》に候間、娑婆安穏の加護を祈り、且つ後生《ごしやう》極楽往生の行を修し、此の修行の功力《くりき》に依つて、娑婆の関を越へ生死の海を渡り、月山極楽弥陀の浄土へ往き、又月山浄土にて常に妙法を聞く深重《しんじゆう》の功力に依つて、同居苦域の関を越へ渡り、寂光《じやくくわう》浄土大日法身の地、湯殿山へ入る次第、三関三渡の内にして種々神都不測《しんとふそく》の古実これあり、凡慮恐るべき事共、数品御座候。之に依り、開山太子羽黒口より次第の修行遊ばされ候に付、以来羽黒表口と相定り来り候。(下略)

という具合に、目的は羽黒口を表口と主張するための能除太子開山縁起であった。

したがって、出羽三山の開創はたしかに吉野熊野より古いとかんがえられるが、その開祖は無名の山岳修行者たちであって、その中に弘俊阿闍梨とよばれる山伏もおったのであ

ろう。そして後世の縁起によって能除太子を開創者としたが、これはむしろ霊験きわめてあらたかで、現世には難儀災難を救い、死後は地獄の苦をはらう山霊、山神であったとかんがえられる。それでこそ能除太子または照見大菩薩が霊験あらたかな神として、信仰の対象となった所以というべきであろう。

# 立山の開祖

## 一――越中立山と狩人

修験道の山は大は日本九峰《にっぽんきゅうぶ》といわれる大峯、出羽三山、彦山、立山、白山、富士、日光、伯耆《ほうき》大山《だいせん》、石鎚の各山をはじめ、中、小の山々が無数にあって、それぞれの開祖と歴史と信仰をもっている。それは山に個性があるように、その歴史にも個性があるといってよい。日本人はこの狭い国土を隅々まで開拓したとおなじく、いたるところの山を神々の座として、また信仰の拠りどころとして開いたのである。

私は日本人ぐらい特殊性をもった民族はないとおもう。これは山と海にはさまれた狭い国土に生活したということと、殺生を罪とする宗教のために、菜食を主としたことによるものだろうともおもっている。そのために共同体の団結がつよく、没個性的な犠牲的精神

磐次磐三郎木像（宮城　大梅寺蔵）

が発達し、罪や穢に潔癖で、いさぎよく、体格は矮小だけれども賢い民族になったとおもう。

　このあいだ、ある酪農組合からの依頼で牛供養塔の設計をし、その開眼供養に参列したが、畜牛を廃牛として屠殺《とさつ》にまわす心の痛みにたえかね、その霊を供養したいという申出に、私はいたく感動した。こんな民族は地球上どこにもないだろう。それも近ごろでこそ珍しいけれども、一時代前まではいたるところに牛馬供養石塔が、馬頭観音や馬力《ばりき》神（馬櫪《ばれき》神・蒼前《そうぜん》神）としてまつられていた。これはかならずしも仏教の影響とばかりはいえないのであって、むしろ動物を山の神の化身《けしん》とする固有信仰から出たものと、私はかんがえている。したがって狩人は狩の獲物の霊を祀ってからでないと食べない。それは獲物の心臓などを山の神にささげるという儀礼になったが、動物を単なる食用の肉として狩るのでないところに、狩人を山の宗教者、したがって山伏の祖先とした理由があるとおもわれる。

狩人を開祖とする有名な霊山としては、伯耆大山や彦山や高野山、山寺立石寺《りつしやくじ》、紀州粉河寺などがある。開祖としてまつらないでも、開創伝説に狩人の出る山は日光をはじめ東北地方の山に多く、磐次《ばんじ》磐三郎《ばんざぶろう》という兄弟の名が多く出る。しかしその狩人はあとから来た高僧に山を譲ったということになって、名目的には高僧の開山となる。これに対して立山や伯耆大山は狩人が発心《ほっしん》して出家入道し、事実山の開山としてまつられるのである。

和歌森太郎氏は、山伏を山の司霊者《しれいしゃ》と名づけたが、これは山の神をはじめ山に棲息するもろもろの霊物を祭ったり、支配することを意味する。霊物の中には狩の獲物の動物霊や、山の神の化身である鬼や天狗もふくまれる。それよりも一層多く麓の住民の死者の霊が、山の宗教者である山伏の司霊の対象になる。高野山のような山の霊場化はそのためにおこるのであって、この山を開いた「南山《なんざん》の犬飼《いぬかい》」とよばれる無名の狩人は、高野明神としてまつられ、その後裔は高野行人《ぎょうにん》という山伏である。

立山の開創者は佐伯有若《さえきありわか》または有頼《ありより》といわれ、そのいずれかが狩りをするために鷹にみちびかれて立山へ入り、熊を見つけてこれを射た。たしかに矢は熊にあたったとおもうのに、熊の姿が見えなくなった。そこで、なおも山にわけ入って見ると、一洞窟に自分の矢を胸に射立てた阿弥陀如来像が立っていた。これを見て、有若または有頼は発心入道して、慈興上人とよばれる立山の開祖になったという。

ところが平安時代に編纂された近世に増補された『伊呂波《いろは》字類抄』の十巻本は、この狩人を越中守佐伯宿禰《すくね》有若とする。また『立山縁起』では有若の嫡男、有頼として、立山の開山堂は佐伯有頼の入道した慈興上人をまつっている。おもうに立山修験のあいだでは、中世まで有頼なる狩人を開山としていたのに、近世の研究者の誰かが『随心院文書』(延喜五年七月十一日付、佐伯院付嘱状《さえきいんふしよくじよう》)の署名を見て、越中守従五位下佐伯宿禰有若なる人物が実在することを知り、開山佐伯有頼の父として、もう一人の開山に仕上げたものと私はかんがえている。

それでは有頼は実在人物かどうかということになると、これも狩人の司霊者に名づけた一般的名称が、固有名詞化したものであろう。というのは神霊が憑依して託宣や奇蹟をおこなうものを、アリマサ(尸)とかヨリマサというからで、神の現われることをアリ(アレ)といい、神霊が憑依することをヨリということからアリヨリの名が生まれたものであろうとおもう。

そうすると真実は何かといえば、鎌倉時代に書かれた『類聚既験抄《るいじゆうきけんしよう》』(神祇十)に、

越中国立山権現、文武天皇御宇、大宝元年始めて建立する所なり。相伝に云ふ。立山に狩人有り。熊を射て矢を射立て、追入り出す処(マヽ)、其の熊矢を立てながら死し了んぬ。之を見れば皆金色《みなこんじき》の阿弥陀如来なり。仍て此の山を立山権現と云ふなり。地獄を顕現

すと云々

とあるのが、もっとも信ずべき開山で、これこそ無名の狩人開山であった。

## 二―立山芦峅寺と開山堂

一つの大きな修験集団ができあがれば、その統合の中心となる開祖ができる。それは国家統合には、その国を開いた祖先にあたる神とその子孫を象徴とするのとおなじである。修験集団の場合は、無名の狩人や山伏や修行者によって開かれることが多いので、その山の神霊を開祖とし、実際の開祖をその従者とする開創縁起もできる。出羽三山がそうである。また高野山を開いた狩人のように、無名のままで神にまつられてしまうものもある。この狩人のまつった山の神は丹生津比売《にうつひめ》神といったが、狩人は弘法大師を高野山に案内したので、丹生津比売神とともに高野明神としてまつられた。そしてのちには丹生津比売の夫であるとか、弟であるというような解釈ができる。立山の場合は無名の狩人に有頼という名称ができ、やがて有頼が越中守佐伯宿禰有若などという偉そうな人物におきかえられ、有頼と有若を両立させる折衷説として、その父子説ができたのである。

もしはじめから有若が実在の開祖であれば、有頼が出るはずもないし、立山修験の本拠である芦峅寺《あしくらじ》の開山堂に有頼をまつるはずがない。いま芦峅寺は立山ガイドの村として地名にのこるだけで、明治維新の神仏分離で「立山雄山《おやま》神社」に名を変えた。しかしこの境内に有頼の墓と称する跡がのこっており、その背後の開山堂は中世の建築である。このような芦峅寺の中心堂宇にまつられる慈興上人が、無名の狩人ではまずいので、有頼の名が出たのであろう。

因みに立山修験は山麓の芦峅寺の中宮から発生して、一つは山頂の上宮（雄山神社奥社）と、他は里宮（下宮）としての立山寺（岩峅寺《いわくらじ》の前立《まえだち》社壇）に発展して、上宮、中宮、下宮の三宮三院制になった。したがって芦峅寺には別に中宮寺《ちゅうぐうじ》があって、この方は媼堂《うばどう》を中心とする三途川の奪衣婆《だつえば》の信仰であった。これは立山は死者の霊の行く地獄として信仰されたので、その入口がこの中宮寺だったからである。そして立山修験統合の中心として芦峅寺（いまの立山雄山神社）の開山堂があり、その境内にあった大講堂で山伏の集会《しゅうえ》や法式儀式がおこなわれたのであった。

いま立山へ登ろうとすれば、富山から電鉄で千寿ヶ原終点まで行き、ケーブルで美女平への

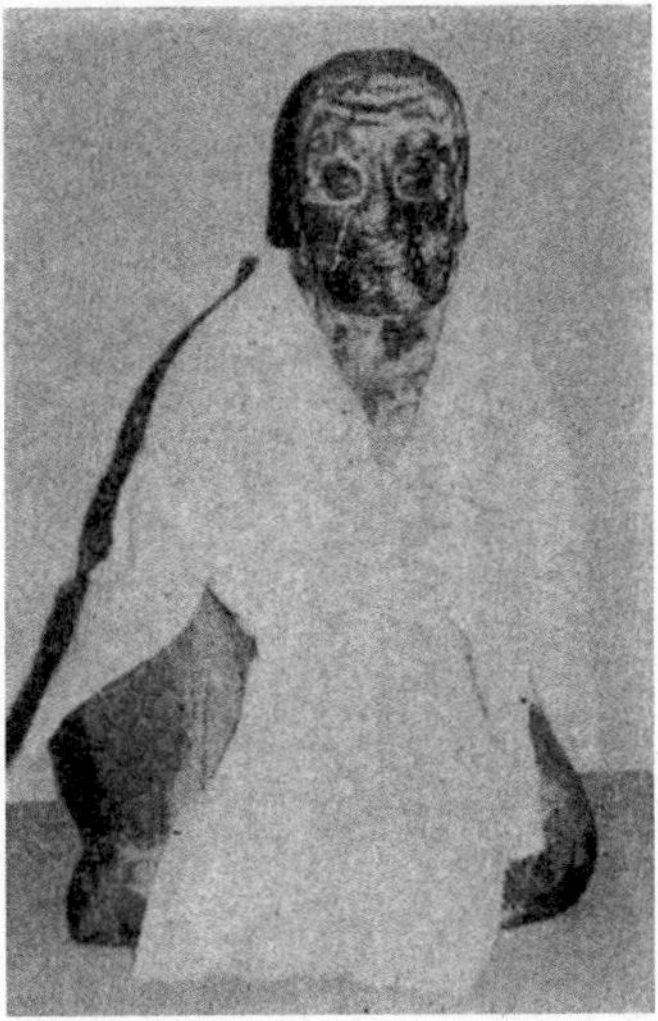

御媪尊像（富山　芦峅寺蔵）

ぼると、バスに乗換えて室堂《むろどう》の二四五五メートルへ着いてしまう。いわゆるハイヒール登山である。したがって芦峅寺の存在さえ知らぬ立山登山者が多い。しかも人間はそれでも足りないで、立山の最高峰、雄山（御山）の真下をトンネルでぶちぬいて、黒部にぬけるアルペンルートをつくってしまった。修験も神秘も地獄も浄土も、はるか遠い夢となった。かつてここに真剣な信者や、肉親の霊に会いに行く遺族をみちびいた立山修験は、いまは黄色い声をはりあげるバスガイドに代った。清澄な高山の空気にひびいた山伏の錫杖の音は、今やエンジンやモーターの濁音、騒音である。

しかしこのような開発による変貌をとげるまでの立山禅定は、里宮である岩峅寺（上滝町）の前立社壇に詣でてから、三里の道を芦峅寺へのぼり、山伏の宿坊に一泊して藤橋から材木坂を美女平まで難行苦行した。それからはゆるい弥陀ヶ原の登りを、いろいろの行場をへて、弘法小屋、追分小屋にやすみながら室堂へ着いた。九里の山坂道であった。昔は雄山（大汝山）の三〇一五メートルの山頂へのぼるよりも、地獄谷で死者供養することが目的だったので、信仰の中心は地獄谷とそれを見下す帝釈嶽《たいしゃく》（立山別山）にあった。室堂からこの地獄谷へ下るところに玉殿窟《たまどののいわや》があり、ここで佐伯有頼は自分の矢の立った阿弥陀如来を見つけたのだという。立山山伏の唱導説経《せっきょう》の絵解《えとき》にもちいられた「立山曼荼羅《まんだら》」には、この窟の前で佐伯有頼が髻《もとどり》をおとして出家するところがえがかれている。

しかしこの玉殿窟というのは魂殿《たまどの》または霊堂であって、死者の霊のまつられる窟であったろう。したがってこの山を開いた狩人、すなわち初期の山伏たちは、ここに阿弥陀如来をまつって山上の本堂とし、死者供養をするとともに、自分たちも籠ったものとおもわれる。いまはその阿弥陀如来はなくなって、石仏や石塔や神道の祠などがあるにすぎない。これは修験集団や参詣者が多くなると、窟だけでは窄《せま》くなるので、室堂をつくって阿弥陀

有頼の発心（「立山曼荼羅」 佐伯幸長氏蔵）

如来をまつり、自分たちの山籠堂と登山者の宿坊にしたのである。これがもとどの程度の規模だったかははっきりしないが、神仏分離で阿弥陀如来はなくなり、私が昭和三十年ごろのぼったときは、まったくのバラックであった。小さな売店があって、餡パンやラムネやキャラメルを売っていたが、たいていの登山者は板の床でつめたい握飯を頬張っていた。

この室堂小屋の横にも石仏石塔の一群があった。これらはすべてアルペンルートのトンネル造りと、あの殺風景なターミナルビルを建造するためのブルドーザーにかかって、破壊された。そのとき出た骨壺の破片を見たことがあるが、平安時代末か鎌倉時代の灰釉《はいゆう》の須恵《すえ》壺であった。

## 三──地獄と中語

立山を開いた狩人の開祖たちは、おそらく熊をもとめてこのあたりまでのぼったであろう。熊は毛皮や食肉としても、熊胆の医薬としても、山民にはなくてはならないものであったからである。しかしそれは山の神の化身、または神の霊のやどる動物であったから、その霊を鄭重《ていちょう》にまつるべき呪術と儀礼をおこなっていたものとおもわれる。アイヌの熊祭などもそのような儀礼の一種であるし、クマ（KUMA）という語そのものがカミ（KAMI）という語と同根だといわれている。熊が射られて阿弥陀如来に変身したという話は、現代の合理主義からは荒唐無稽といわれるかもしれないが、古代宗教や庶民信仰では、ちゃんと筋道が通っていたのである。

そのうえ、この狩人たちはこの山中でたいへんなものを見つけた。それは室堂の「みくりが池」から下った谷に、噴湯と噴煙の地獄もかくやとおもわれるすさまじい光景を見た。「みくりが池」の冷水は八寒地獄に、地獄谷は八熱地獄にちょうどあてはまった。その湯の色や噴出音によって、叫喚《きようかん》地獄と名づけたり、黒縄《こくじよう》地獄と名づけたり、焦熱地獄や無間《むげん》地獄になぞらえられるものもあった。また鍛冶屋地獄、団子屋《だんごや》地獄、紺屋《こうや》地獄、百姓地獄、鋳物師《いもじ》地獄にあたるものもあった。

その光景は現代では大分穏やかになっているが、平安時代中期の様子は『今昔物語』（巻十四）の「越中国書生の妻、死して立山地獄に堕つる語第八」に描写されている。

> 地獄毎ニ行テ見ルニ実ニ難レ堪気《げ》ナル事共無《ことどもかぎりな》レ限シ。燃エ焦《こが》レテ有リ。其ノ地獄ノ有様ハ湯ノ涌キ返ル焔、遠クテ見ルニスラ、我ガ身ニ懸ル心地シテ、暑ク難レ堪シ。何《いか》ニ況《いはん》ヤ、煮ユラム人ノ苦《くるし》ビ思遣《おもひや》ルニ、哀レニ悲シクテ、僧ヲ以テ錫杖供養《しやくぢやうくやう》セサセ、法花経講ゼサセナド為《す》ル程、地獄ノ焔、宜《よろし》ク見ユ。如レ此ク地獄十許《とをばかり》ヲ廻テ見ルニ、中ニ極テ勝レテ難レ堪気ナル地獄ニ至テ（下略）

とあるのは、越中国府の書記の妻が死んだとき、三人の息子が母の行った立山の地獄で、母の霊に会ったり、その霊を供養して、死後の苦を軽くしてあげようとした話である。このとき、「巌の迫《はざま》」から母の声で「太郎々々」とよんだとあるのは噴気《ふんき》音《おん》の錯覚ともとれるが、私は立山修験が恐山のイタコのように、死霊をその体に憑依させて、アリマサ（尸）あるいはヨリマサとなって死霊の口寄せをしたものと解釈している。これは芦峅寺《あしくらじ》の立山修験が「立山中語《ちゅうご》」と、よばれて来たことと符合する。

立山中語については柳田国男翁の「立山中語考」があって、神の言葉を人に伝える「中《なか》がたり」だといったのは卓見であるが、もう一歩すすめれば、霊と人との「中がたり」だったのである。こうした中語あるいは、霊媒がなければ『今昔物語』のこの説話は成立しない。それから母の霊は息子と問答して法花経千部書写の善根をたのむのは、中語を介しておこなわれたものと、私はかんがえている。すなわち立山が開山されたというのは、この地獄谷の発見と、ここに日本国中の罪を造った死者が堕ちてくるという信仰が成立したということであって、それは大宝年間よりももっと古いことだったろうとおもわれる。

したがって立山修験道はきわめて民間信仰的な性格をもって出発したが、やがて法花滅罪の信仰から天台系の修験が入ったらしく、これをもち込んだ園城寺（寺門）系修験として、康済律師の名がつたえられる。寺門派の『師資相承』系譜に「越中立山建立」とあるので、これを開祖とかんがえる人もあるが、修験の山は狩人のような民間宗教者によって開かれたあとに、天台や真言の僧が入ってこれをゴッソリ横取りしてしまい、狩人から変質した山伏を従者や雑役者にしてしまう。その横領者の親玉が康済律師だったとかんがえなければならない。『天台座主記』には、

八世律師康済和尚　蓮華房　治山五年
越前国敦賀郡人、紀氏、
智証門徒、師主別当大師、智証大師受法灌頂ノ弟子
寛平六年甲寅九月十二日座主宣命年六十七臈四十八（中略）
昌泰二年己未二月八日入滅　年七十二

とあるので、若い時に立山修行に来て天台教学や儀礼を植えつけていったのであろう。しかし立山修験は賢明にも、狩人有頼を開祖として永くまつったが、この横領者についてはほとんど書きのこすことがなかった。

## 白山の開祖

### 一―白山と泰澄

白山は立山と富士山とあわせて三名山とも、三禅定ともよばれる代表的な修験道の山である。したがって一時は大峯修験道に匹敵する勢力をもったことがあり、全国に白山社の分布をみることになった。

白山が奈良・平安時代から都人の注目をあつめて、歌や小説に出てくるのは、「しらや

泰澄大師木像（石川　林西寺蔵）

ま」という名から連想される、清浄でうつくしい山のイメージのせいではなかったかとおもう。しかし麓からはなかなか山頂を仰ぐことは困難で、たいてい前山にさえぎられてしまう。むしろ近江や美濃から雲際《うんさい》にかすかに見える姿がうつくしく、越前や加賀からの山容は平凡である。

白山を開いた「越の泰澄」は越前の海岸にちかい越知山《おちさん》の行者であった。越知山は八一二メートルの中山級の山であるが、海上からよく見えるので、海上航海者の信仰の対象になる「海の修験」の山であった。したがって泰澄の従者、臥行者《ふしぎようじや》はつねに越知山から鉢を飛ばして、日本海を通る船に食を乞うていたという。これは山伏の験力《げんりき》として伝えられる飛鉢法《ひはつほう》というものであるが、その解釈はあとでのべようとおもう。ともあれ泰澄ははじめから白山を開いたのでなく、低い越知山の修行者から出発した。この越知山からは白山が真正面に仰ぎ見ることができるので、泰澄がいつの日かあの山頂に初登頂して、白山修験道を開こうと発願したのは当然のことであった。

ところで泰澄の伝記でもっとも古いと思われたのは、大江匡房《まさふさ》（一〇四一―一一一一）の書いた『本朝神仙伝』である。これには役行者の次に泰澄がのせられているので、泰澄は役行者に次ぐ山伏の開祖と信じられたことがわかる。また泰澄は加賀の人で、「越《こし》の小大徳《こだいとく》」とよばれ、「翼なくして飛び、白山の聖跡を顕はし、兼ねて其の賦《ふ》を作る」とあるが、越知山のことは出ていない。これは中央の文人である大江匡房が、都にいて、聞いたところを作文したからなのであって、泰澄の白山賦よりも越知山の方が大切である。

それでは越知山のことは何に見えるかといえば、鎌倉末期の僧伝である『元亨釈書《げんこうしやくしよ》』（一三二二）の「越知山泰澄」伝に出る。この両伝を比較すれば、誰がみても十四世紀の『元亨釈書』より、十一世紀の『本朝神仙伝』を信用するのが、歴史学の「いろは」であろう。ところがこの場合はそうはいかない。というのは『元亨釈書』という本は鎌倉時代までの僧伝を見るにはたいそう便利な本だけれども、その出典を記していないために、その使用は警戒しなければならないこと、私は平常から学生に注意している。それにもかかわらずこの「越知山泰澄」だけは、出典とその年代をあきらかにしている。『元亨釈書』の著者、虎関師錬《こげんしれん》はよほど泰澄に傾倒し、その伝に自信があったと見えて、長文の伝記のあとに「賛」と「論」を付けて大いにその徳を讃美した。その「賛」に、

予此の書（『元亨釈書』）を修するに、広く諸記を索《もと》む。澄師（泰澄）の事を得る者多し。其の間佸誕寡《くわいたんすくな》からず。弊朽《へいきう》せる一軸有り。後に題して云く。天徳二年（九五八）

浄蔵の門人神興《しんこう》、口受《くじゅ》を受けて伝を作る。蔵公は霊応博究なり。思ふに興の聞く所、妄ならず。今の撰纂《せんさん》は諸《こ》の興の伝を采《と》る。

とあって、白山にも登って修行した平安中期の偶像的山伏の浄蔵貴所《じょうぞうきしょ》（八九〇―九六三）が泰澄について聞いたことを門人に語った『泰澄伝』があったのである。

ところが虎関師錬が見たとほぼ同じ内容の『泰澄和尚伝』が、金沢文庫に現に保存されていて、これは正中二年（一三二五）に称名寺の剣阿《けんな》によって書写されたものである。このことから見て、『元亨釈書』の「越知山泰澄」伝は、大江匡房の『本朝神仙伝』よりもたしかであり、泰澄がまずあまり高くない越知山の修行者から出発して、のちに白山に挑んだことがはっきりする。これは泰澄の伝をかんがえる上にも、日本の修験道というものの歴史をかんがえる上でも大切なことである。というのは、修験道はまずその地方地方の低い山から出発するという私の仮説は、役行者と葛木山《かつらぎ》（今の金剛山で、一一二五メートル）の場合にもあてはまり、大峯信仰のもとをなす金峯山《きんぷせん》は今の八五八メートルの青根ヶ峰である。そのほか元慶二年に「七高山」に指定された愛宕山《あたご》は九二四メートル、比叡山は八四八メートル、神峯山《かぶさん》はわずか一八五メートルで、千メートルを越えるのは葛木山と比良《ひら》山（一二一四メートル）と伊吹《いぶき》山（一三七七メートル）だけなのである。もちろん熊野山も高野山も千メートル以下である。このことはその麓の民が祖先の霊のこもれる山として、すなわち、「神奈備《かんなび》の御室《みむろ》の山」として、山を信仰の対象としたことから修験道が出発することをものがたるものといえる。

## 二――越知山の泰澄と臥行者

泰澄は越前麻生津《あそうつ》の三神氏（または大神氏）に生まれた。麻生津はいま福井市浅水《あさみず》（旧丹生郡麻生津村）にあたり浅水川に沿って泰澄寺がある。ここに三十八社《さんじゆはつしや》の地名があるのは、泰澄の生まれた産所《さんじよ》八社のことではないかといわれ、泰澄産湯《うぶゆ》の水という池もある。ここから越知山まで二十キロぐらいあるのに、泰澄は十四歳の時、毎夜越知山に通って修行した。あるとき兄の三神安方が後をつけてみると、越知山の巌洞に入って「南無十一面観世音神変不思議者」と高唱しながら、数百遍の礼拝をしていたと『元亨釈書』にある。この礼拝をすませば山頂にのぼって白山を拝み、夜明けまでに家へ帰った。のちにこの山麓にうつり住んだのが今の大谷寺で、山上に越智神社がある。

泰澄のこの山での修行は山岳修行者として重要な意味をもっており、白山開創はその帰結にすぎない。登山家の著名な山への初登頂が、平素の訓練の結果であるのとおなじである。泰澄はここで自度《じど》の沙弥となって苦修練行《くじゆれんぎよう》した。

自ら髪を薙《そ》り、比丘《びく》と為る。藤衣を衣《き》、松葉を食し、修懺《しゆせん》年を積む。智解《ちげ》を発得《ほつとく》し、自然《じねん》に密乗を感悟せり。

とあるが、虎関師錬も体制側の禅僧であったから、反体制的自度（私度）の山伏の生態を知らなかったらしい。というのは「自ら髪を薙る」のは体制（古代ならば『僧尼令』、中世ならば公認された宗派の教団）の公的得度《とくど》とちがって、私的な得度なので、「沙弥」にしかなれない。したがって「比丘と為る」というのはおかしい。山伏はむしろ優婆塞《うばそく》といって、得度もせずに長髪のままが本来である。役行者（役《えんの》優婆塞）や、入唐前の山岳修行時代の弘法大師も優婆塞であった。だから泰澄も自度沙弥であって比丘ではない。比丘とした方が沙弥より偉いとかんがえるあたりが、虎関師錬の体制人的体質なのである。修験道の精神というものは、僧正とか座主《ざす》とか門跡とかの権威をもって民に臨むのではなくて、一個の聖《ひじり》や沙弥として民と共に半僧半俗、非僧非俗の生活をすることであった。

越知山で修行している泰澄をしたって、大宝二年（七〇二）に一人の「小沙弥」が能登島から訪ねて来た。そこで泰澄はこれを従者として、昼夜風雨をとわず長時行道礼讃《ちょうじぎょうどうらいさん》をおこなったが、この小沙弥はつねに雪の中に横になって臥していた。それで「臥行者《ふしぎょうじゃ》」とよばれた。これを怠けているのではないかと咎めるものがあれば、私は身行（苦行）をおこなうのでなく、心行を修行するのですと答えたとあるが、雪中寒風裡に臥すことが苦行でないはずはない。しかしこれが中世には観念化されて、

八苦の寒風に当り、罪障の積雪に臥し、阿字《あじ》の大空を仰ぎ、大日の光照を見る、浄菩提心は観《くわん》と慧《ゑ》とを相応し、増進す。豈《あ》に心行《しんぎやう》の微趣《びしゆ》に非らんや。

という哲学になった。

ただこの臥行者の事跡として重視すべきものは、飛鉢の法を行なったという伝承である。彼はつねに日本海を租税の米を積んで通る船があれば、越知山の山上から鉄鉢を飛ばして食を乞うたという。ところが和銅五年（七一二）のこと、出羽の租税米をはこぶ船に鉢を飛ばしたところ、船頭の神部浄定《かんべのきよさだ》はこれを拒んだ。すると船中の米俵が翼の生えたように飛び出して、越知山頂に積み重なった。これには浄定もおどろいて越知山までのぼって泰澄にあやまった。そこで臥行者に命じてもとのごとく、米俵を船へ飛び戻らせた。浄定は

臥行者像（岐阜　石徹白大師堂蔵）

浄定行者像（岐阜　石徹白大師堂蔵）

発心して、官米を輸送し終わると再び越知山に登って泰澄の従者となり、採果拾薪汲水《さいかしゅうしんぎっすい》の雑役に服した。名も浄定《じょうじょう》行者とあらため、臥行者とともに泰澄に仕えた。

この話は山中修行者はよく飛鉢法をおこなう験力をもっていたこととともに、かならず前鬼《ぜんき》・後鬼《ごき》とおなじような、従者がおったことをものがたっている。しかし私の見解ではこの従者が事実上の山伏というもので、その主人にあたる役行者や泰澄はその棟梁《とうりょう》である。こうした従者は実際は山中生活民であるから、狩りをしたり川漁をしたり、採果拾薪によって生活をたてる。その宗教として山の神をまつるために、平地の農民の知らない異常な験力をもっていると信じられる。したがって雨乞いとか厄除・安産などの祈願をたのみに行くこともあれば、村へ招いて祈禱の火祭（のちの修験道の柴燈護摩《さいとうごま》）や神楽（のちの山伏神楽）をしてもらう。この性格はのちのちの山伏に引きつがれ、その験力をかたるものとして飛鉢、飛行《ひぎょう》がつたえられたのである。

山中民（山人）が村へ出て行くときは杖や鉞《まさかり》を持ち、裁着袴《たつつけ》に草鞋《わらじ》・脚絆《きゃはん》という異様な風躰《ふうてい》であったろう。また肩には注連縄《しめなわ》をかけたり、毛皮を着ていたにちがいない。この注連襷はのちに山伏の結袈裟《ゆいげさ》になり、皮衣は山伏が尻に下げる曳敷《ひっしき》になった。また杖はいわゆる股木《またぎ》で、山中ではいろいろの効用があるので、山人のシンボルであったが、やがて金剛杖や錫杖になる。いまも狩人をマタギといい、鉄砲をかまえるときの台木になるというし、獲物をとれば股木を逆に地上に立てて輪注連《わじめ》を掛け、心臓を供えて山の神をまつる。

空也の鹿角杖《わさづえ》などはこのようにして山人の持物が、山伏・聖《ひじり》のシンボル的持物になったものと私は推定している。

役行者や泰澄の開山は、こうした山中生活民の援護《サポート》と補給《サプライ》なしには不可能である。私は有名な山伏の業績や高僧の事業が伝えられるのを見るとき、その背後にあってこれを支え、縁の下の力持ちとなった無名の山人をおもわずにはおられない。私がこのような山伏の歴史が書けるのも、無名の修行者たちの伝承に支えられているからである。そうした無名の山人の中で、役行者の前鬼・後鬼(妙童鬼・善童鬼とも義覚・義玄ともいう)や泰澄の臥行者・浄定行者はその名をのこした稀なる例である。

## 三―飛鉢法

私が泰澄をかたるのに臥行者と浄定行者を出したのは、これが泰澄の分身であるとともに、修験道の歴史の重要な問題をふくんでいるからである。白山が大峯(吉野・熊野)に次いで日本の修験道界に雄飛するのも、泰澄の事蹟と伝説に拠るところが大きい。そして泰澄像の両脇にはかならず脇侍として臥行者と浄定行者がまつられている。これはすでにのべたように歴史的には山中生活民が従者として開山を案内し、食糧を補給し、雑役に服した姿であるが、宗教的には山の神の化身として異常な験力を有し、飛行自在で、開山泰澄の使役霊《しえきれい》としての機能をはたすものであった。そしてその能力のもっとも不思議な現象

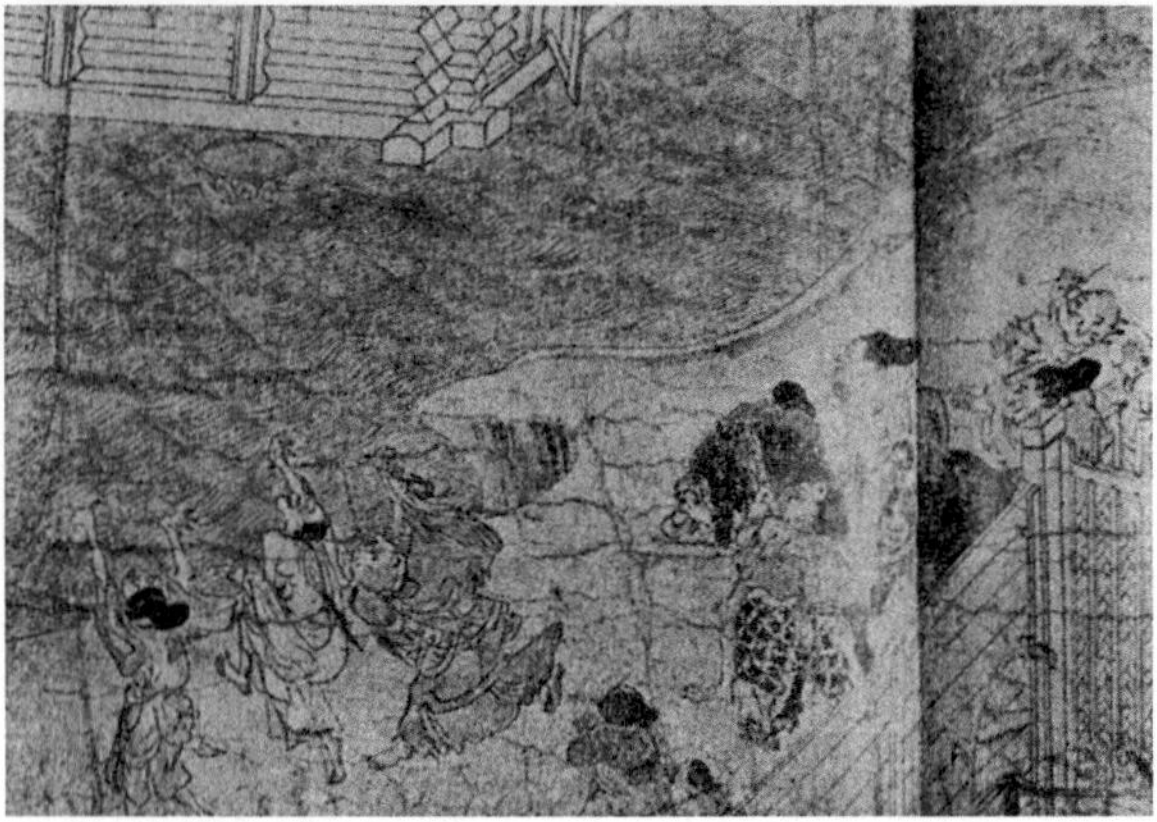

「飛倉の巻」（『信貴山縁起絵巻』）

が飛鉢である。

有名な『信貴山《しぎさん》縁起絵巻』の「飛倉の巻」では、信貴山におこないすます山伏の命蓮聖《みようれんひじり》が鉄鉢を飛ばして食を乞うていたが、ある日山崎の長者がこれを拒んだため（忘れたためとなっているが）、倉が鉄鉢に乗って信貴山まで飛んだ話である。泰澄の従者、臥行者の話によく似ている。越後の米山《よねやま》もおなじように、船頭が拒んだので米が飛んで来て米山になったという。そのほか『今昔物語』（巻十九第二話）や『宇治拾遺物語』（巻十三）には寂昭《じやくしよう》法師（大江定基）が唐において飛鉢くらべをおこなったことや、清滝川の聖が鉢を飛ばして水を汲んだ話、あるいは『古事談』（巻三）にはすぐれた山伏の浄蔵貴所《じようぞうきしよ》の飛鉢が他の山伏の飛鉢と空中で供物の奪い合いをした話など、ますます尾鰭のついた奇蹟談、霊験談となってしまった。

これにたいして『元亨釈書』（願雑三・神仙）は法道仙人の飛鉢を説いて「千手宝鉢法《せんじゅほうほつのほう》」としているが、これが神仙術の一種とかんがえられていたことも事実である。久米仙人の飛行術《ひぎょう》で知られるように、神仙術を成就すれば飛行自在《ひぎょうじざい》と信じられ、これが修験道の中に入って来た。しかし中国はいざ知らず日本では実際に人間が飛ぶことはないので、これを単なる説話と見るか、何らかの信仰の表出と見るか、あるいは「飛ぶように走る」という語が示すように、疾走と跳躍の比喩であるかのいずれかとしなければならない。そこでまず説話であるが、中国の説話が採り入れられるにしても、それを信ずるに足る日本人の庶民信仰がなければならない。そうとすれば、それは霊魂の飛翔と使役霊の観念であろう。神仙術にも式神《しきかみ》（識神）のような使役霊があるが、わが国でも幸魂《さきみたま》・奇魂《くしみたま》あるいは少彦名《すくなひこな》神などは大己貴神《おおなむち》（大国主神）の使役霊である。いわゆる遊離魂（生霊・死霊）であって、虫（死霊）が知らせたり生霊が取り付いたりする。それは護法童子や、鬼や天狗で表現されることもある。そのような使役霊（遊離魂）を山伏は使って食を得たという信仰が、飛鉢の中にあらわれている。

次の現実的飛鉢は従者の山伏が飛ぶように走って、山中から里に出て鉄鉢に食を乞うて山へ帰ってゆく。こうしたサプライ（補給）がなければ千日山籠《やまごもり》のような長期の山中修行はできない。これにはいろいろの伝承があるし、常識的だが現実的な飛鉢であろう。だから泰澄の飛鉢は従者の臥行者がこれをおこなうのである。

ところがこれにもいろいろの方法がわかって来ている。その一つは琵琶湖東岸の伊《い》崎《さき》不動（近江八幡市）の竿飛《さおと》びで、崖の上から湖水に突き出した竿の先に桶を綱で下げて、下を通行する船から食物を引上げたという。しかし現在はこの竿の先端から若者が湖水に飛込む遊びになってしまった。もう一

鞍馬寺のふごおろし（『案内者』）

つは鞍馬の「畚下《ふごおろ》し」で、江戸時代には正月の鞍馬詣でには人々は七曲り坂で畚（もっこ）に銭を入れると、それが引上げられて、代りに火打石が畚に入って下りて来たという。この方式で山伏は山上で食物を得たものとおもわれ、これも現実的な飛鉢法である。北村季吟の俳諧季寄せである『増山《ますやま》の井《い》』（寛文三年）にはこれを説明して、

上の寅の日、鞍馬に参ることとなり。七まがりといふところのわたりに、畚に火打ち石を入れて、上より細縄にて下げて売ることを、畚下しとはいへり。

とあり、これが山伏の食を得る方法であることは忘れられた。今日でも京都では地蔵盆の

福引に、景品を会所《かいしょ》の二階から地上に下すのに、畚下しを用いている。

## 四―泰澄と求聞持法

『元亨釈書』の泰澄伝は十世紀前半の偶像的山伏である浄蔵貴所の語った『泰澄和尚伝』を史料とした点ですぐれていたが、二つの欠点をのこした。その一は『本朝法華験記』(下巻第八十一話)の「越後国神融法師」伝を泰澄伝と誤って挿入したことと、虚空蔵菩薩についてふれるところがなかったことである。

『泰澄和尚伝』では、養老六年の天皇の不予にあたって治療祈禱の法験をあらわしたので、神融禅師の禅師位をたまわったとある。これを見て『法華験記』の神融法師と混同したのであろうが、泰澄は越前の人であり、神融は越後国古志《こし》郡の人である。また泰澄は越知山《おちさん》で修行したが、神融は国上山《くがみやま》で修行しただけで白山とは全く関係がない。ただ法華持経者で雷神を征服した話がのせられたにすぎない。これを虎関師錬が混同したのは、神融に「古志小大徳《こしのこだいとく》」の俗称があったことと、神護景雲年中の入滅とあるのが、泰澄の神護景雲元年入滅と偶合したからであろう。

次に越後国神融法師が法華持経者であったのに対して、泰澄は雑部《ぞうぶ》密教の修行者であった。よく弘法大師以前の密教を雑部密教、または雑密《ぞうみつ》というが、この雑密こそ真の「宗教」としての密教であると私はかんがえている。これに対して、正統密教というのは雑密を金剛界《こんごうかい》・胎蔵界《たいぞうかい》の曼荼羅《まんだら》によって、体系的哲学的意味を付与したにすぎない。密教の呪術で病気を治したり、雨を降らしたり、豊作を祈ったりするのは、雑密的な修法と実践（苦行）によるほかはない。したがって修験道の密教は弘法大師の前も後も雑密であった。その雑密の中で泰澄のえらんだのは十一面観音法といわれ、六世紀に北周の耶舎崛多《やしやぐぶた》の訳した『十一面観世音神呪経』によって伝えられたものである。

この経によると、一切衆生の憂悩や病難や横病死、障難災怪あるいは諸魔鬼神の障難を除く効験のある法であったから、わが国の修験道にもっともふさわしい密教であったということができる。この効験を表現するために、十一面観音というものは、左側の三面は忿怒《ふんぬ》相であり、右側の三面も両牙を出した降魔《ごうま》相であり、前面三面を慈悲の菩薩面とし、背面の一面はもっとも強烈に降魔の力のある大笑面《だいしようめん》である。そして最後の頂上面だけは仏面である。しかし十一面観音はその起源が婆羅門教の十一荒神（ekadasa-rudra）にあるので、もとはすべておそろしい忿怒面であった。この観音は古代の山岳修行者に多く信仰され、長谷寺の十一面観音や東大寺二月堂、大和三輪山の大御輪寺《だいごりんじ》、室生寺、京都清水寺や六波羅蜜寺、近江伊吹山の鶏足寺《けいそくじ》や飯道山《はんどうさん》の飯道寺などがとくに有名である。

それらの中で泰澄はいち早く越知山に十一面観音をまつり、のちに白山主峰の大御前《おおごぜん》峰（白山妙理権現）の本地仏としたものとおもわれるが、それより早く彼がおこなった雑密修行は虚空蔵《こくうぞう》菩薩求聞持《ぐもんじ》法だった、と私はかんがえている。求聞持法は記憶（聞持《もんじ》）をよくする法として、吉野系の山岳修行者に実践されていた。青年時代の空海もその修行をする「一人の沙門」からこの法を習ったという。とくに『今昔物語』（巻十一第五話）の「道慈《だうじ》唐に亘《わた》り三論を伝へて帰来し、神叡《しんえい》朝に在りて試る語」にかたられたように、元興寺法相《ほっそう》の神叡は記憶をよくしたいとおもって、吉野現光寺《げんこう》（吉野寺とも比蘇《ひそ》寺とも世尊寺ともいう）の塔の頂上の杓形《ひさごがた》に、虚空蔵菩薩の像を鋳付けて、これにむすんだ緒を引きながら虚空蔵求聞持法を修した。その結果、自然智《じねんち》をえて大安寺三論の道慈との問答論議で勝ったという。しかし実は虚空蔵求聞持法を日本にもたらしたのは道慈であったといわれる。

なぜかといえば道慈は大宝元年（七〇一）に入唐して養老二年（七一八）に帰朝したが、求聞持法は養老元年、すなわち唐の開元五年（七一七）に、天竺僧善無畏《ぜんむい》三蔵《さんぞう》によって翻訳された。この事実は『宋高僧伝』（第二）や『開元釈教録《かいげんしやくきようろく》』（第九）の記事でうたがうことはできない。したがって道慈は帰朝間際に善無畏三蔵に会って、求聞持法を教わり、これを持ち帰って弟子の善議に伝え、善議は勤操《ごんぞう》に伝え、勤操は空海に伝えたという説が一般的である。

しかし神叡が求聞持法を修したことは疑うことができないので、道慈は多くの人々に求聞持法を教え、それは一部北陸にも伝えられ、泰澄がこれを修したと、考えるべきであろう。なぜかといえば、北陸には善無畏三蔵が来朝止住したという伝承の寺があるのは、求聞持法との関係で善無畏の名が伝えられたとおもわれるからである。たとえば越中砺波平野の安居寺《あんごじ》（小矢部市）は善無畏三蔵止住の寺として有名である。これに対して泰澄の白山開創が養老元年（『本朝続文粋』の『白山上人縁起』）あるいは養老三年（『白山之記』）といわれるのは、この求聞持法伝来に関係があるであろう。泰澄伝に「智解《ちげ》を発得《ほっとく》し、自然《じねん》に密乗を感悟す」とあるのは、求聞持法成就の結果として自然智恵《じねんちえ》を発得したことにちがいないとおもわれるからである。神叡の求聞持法は自然智宗ともいわれたし、これを「自然智を発得す」というので、泰澄伝がこのような言葉をつかうのは、求聞持法をはなれては理解できない。その上に泰澄の本地仏を虚空蔵菩薩とした事実があるので、この推定はいよいよたしかなものになるのである。

## 五―石徹白の泰澄

いうまでもなく求聞持法は虚空蔵菩薩を本尊とする雑密の修法であるが、これを本地仏として祀ったのは白山山麓のうちで石徹白《いとしろ》の中居《ちゅうきょ》神社であった。白山は越前、加賀、美濃の三方馬場《さんぼうばば》から登山するので、それぞれに下宮《げぐう》と中宮《ちゅうぐう》があり、山頂の上宮《じょうぐう》とともに三宮《さんぐう》制となる。加賀は鶴来《つるぎ》町の白山比咩《ひめ》神社が加賀馬場の下宮で、中腹の尾添《おぞう》村（いま尾口村）に笥笠《けがさ》中宮と中宮寺があった。これに対して越前の下宮は平泉寺《へいせんじ》白山神社で、中宮が石徹白村の白山中居神社だったものと、私は推定している。ところが美濃側の中宮は白鳥町の長滝《ながたき》白山神社と長滝寺《ちょうりゅうじ》だったといわれるが、実際には長滝は下宮で、中宮は越前と共同で石徹白中居神社をもちいたにちがいない。そのうち越前は平泉寺から市瀬《いちのせ》（白峰村）に出て山頂を目ざす道がひらかれたために、距離の遠い石徹白は放棄されて、美濃馬場だけの中宮中居神社となった。

しかし越前から白山にのぼるには、九頭龍《くずりゅう》川の水源をもとめて遡れば、当然石徹白に出る。『白山禅頂私記』によれば、養老元年（七一七）に夢に貴女があらわれ、我は「安久《あく》濤《と》の淵」を中居と定めて濁世末代の不浄汚穢《おえ》の衆生を済度し、本地は雪峰の禅定（禅頂）にある、と告げたという。したがってこの「安久濤の淵」の中居は石徹白の中居とかんがえなければならず、泰澄はここから養老元年六月十八日に白山禅定に成功したことになる。これとほぼおなじ伝承は、『泰澄和尚伝』にも見られ、この方は大野隈笞《くまむち》川東伊野原の東の林泉を中居とせよ、という白山妙理権現の告をうけて、白山禅定する。いずれも越前大野郡内の中宮（中居）を基地として白山山頂へのぼったことがわかる。したがって石徹白は泰澄のもっともたしかな旧跡として、信仰されたばかりでなく、その本地仏虚空蔵菩薩は、美濃馬場各地の白山社の本地仏として祀られたのである。

この虚空蔵菩薩像は、明治維新の神仏分離で開山堂の泰澄像とともに、中居神社の境内の外に出されて観音堂にまつられている。鎌倉時代の美しい像であるが、もとはもっと古い像があったのであろう。これが中居神社の本地仏だったことは、中居神社の前に架せられた板橋の「布橋」という名称が、この観音堂の前の橋にうつされているのでよくわかる。

従来美濃側の長良川筋に分布する白山神社が、なぜ本地仏に十一面観音をまつらないで、虚空蔵菩薩をまつったのかは疑問とされていた。白山神社ならば当然、主峰大御前峰《おおごぜんほう》の白山妙理権現の本地仏である十一面観音をまつるはずである。そのほか大汝山《おおなんじ》の大己貴《おおなむち》（越南知《おなんじ》）の本地仏である阿弥陀如来と、別山大行事の本地仏、聖観音をまつるならば話はわかるが、虚空蔵菩薩が実に多いのである。たとえば白山信仰圏に入る美濃市と郡上八幡町《ぐじょうはちまん》と美並村《みなみ》、および洞戸村《ほらと》にまたがる高賀山《こうがさん》周辺に虚空蔵をまつるところが多く、星宮神社《ほしのみや》と新宮神社はとくに有名である。星宮というのは虚空蔵求聞持法が成就すれば、その行者の前に明星が天降るといわれるところから名付けられたものらしい。このような現象は美濃馬場の信仰が、石徹白《いとしろ》中居神社の泰澄の本地仏がまつられたものと解釈すれば、疑問は解けるであろう。またこの地方には泰澄の子孫と称する東神頭《ひがしごとう》、西神頭《にしごとう》家が神主として勢力をもっていたのも、白山信仰といいながら、石徹白系の泰澄を信仰対象にしていたことをものがたる。

このようないろいろの証拠で、泰澄は越前の人としては九頭龍川をさかのぼって石徹白に達し、ここを根拠地として別山《べっさん》を経て白山山頂を極めたものと推定できる。これは日光開創の勝道上人が、古峯《こぶ》ヶ原の「巴の宿《ともえしゅく》」を根拠地として、男体山頂を極めたこととよく似ており、そのような登頂基地が、開創ののちは中宮となり、山伏集団が成立する。もし泰澄が石徹白から別山を経て登頂したのでないとすれば、白山山頂とはまったく切りはなされた別山が三山にかぞえられる理由がない。白山山頂は大御前峰と大汝山と剣御前峯《つるぎごぜん》（金剣宮《きんけんぐう》）とで十分に三山が成り立ち、別山を加える必要はないはずである。しかもこの剣御前峯は『白山之記』に、

後の山の一少(小)高山は剣の御山と名づく。神代のみささぎなり。是の麓に池水あり。翠池《みどりいけ》と号す。適《たまたま》其の水を得て之を嘗《なむ》れば、延齢の方(薬)なり。大山の傍に玉殿有り。翠池より権現出生し給ふ也。西に小社有り。別山の本宮也。権現に譲り奉り、南の山に渡り給ふ也。

といわれる重要な峯であった。ところがそのために別山の神（大行事）はもと白山山頂の剣御前峯の西の小社におったのだが、白山妙理権現に土地を譲って南にはなれた別山に移ったのだ、というような無理な説明をせねばならなくなったのである。

## 六―泰澄の法力

さきにのべたように、泰澄の白山開創は『白山上人縁起』（『本朝続文粋』所収）では養老元年（七一七）、『白山之記』では養老三年（七一九）となっている。もっとも後者はこの年にはじめて御託宣があったというので、開創は養老元年か二年なのだが、白山妙理権現の神名を泰澄に託宣したのは養老三年ということなのであろう。すなわち、

養老三年己未七月三日、御宅宣(託)成り始む。此の長寛元年癸未に至るまで、四百四十五ケ

年也。

とある。この託宣は山頂の翠池《みどりがいけ》でおこなわれたらしく、九頭龍《くずりゅう》の姿で池からあらわれたという。したがってこの池の水は霊水となって、飲むものは寿命が延びるという信仰ができた。また富士山開創の末代《まつだい》上人は、この池の水で大般若経の写経をしたという。写経の浄水を取ったので「水取《みずと》りの池」が「みどりの池」となったのであろう。

翠池の西に万年雪の千歳谷があり、その南を龍尾と名づけたと『白山之記』にあるのは今の「千蛇《せんじや》ヶ池」らしく、その麓に泰澄の行道《ぎょうどう》の跡があるという。

其の麓に泰澄大師の行道の跡、四百余歳を経《ふ》と雖も、其の跡に草木生せず、聖跡新《あらた》也。若しは是れ大師入滅の後と雖も、常に行《ぎやう》じ給ふに、凡眼《ぼんがん》の及ばざるか。即ち彼の山（剣御前峯）は泰澄大師行《おこな》ひ顕し給ふ也。池の上に一岡あり。稲倉峯《いなくらたけ》と云ふ。或は大師の縛石《しばりいし》と云ふ。

とあって、泰澄は不滅であると信じられた。白山山頂は火山岩の礫石で草木が生えないのであるが、それは泰澄が死後もつねに行道しているためだ、という伝説が生まれたのである。また泰澄は非常な行力《ぎょうりき》があって、石を呪縛《じゆばく》すると、動かすことも飛ばすこともできると信じられ、縛石《しばりいし》、または「縛《ばく》の石」の伝説もあったことがわかる。

泰澄の行力については、大江匡房の『本朝神仙伝』にもいろいろの話が書かれている。

世に之を越の小大徳と謂ふ。神験多端なり。万里の地と雖も一旦にして到る。翼無くして飛ぶ。白山の聖跡を顕はし、兼ねて其の賦を作る。今に世に伝ふ。

などとあり、吉野山（実は葛城山《かつらぎ》）に到って、葛城山の山神、一言主神《ひとことぬし》の縛《ばく》を解かんとした。この神は役行者の行力で呪縛されていたといわれている。そこで泰澄は「苦加持《にがかじ》」を試みたというのだが、それはどんな加持かわからない。この加持で一言主神の縛られていた縄は三まわりまで解けたとき、どこからか叱る声がしたと思ったら縄は元のとおりに巻かれていたという。これは役行者が叱ったもので、泰澄の行力も役行者にはおよばなかった、という説話なのであろう。

また、『本朝神仙伝』は泰澄が各地の神社をめぐったといっているので、平安時代に各地でその名を知られていたことがわかる。したがって平安時代に役行者よりも多くの伝記がつくられたのである。泰澄が稲荷社に詣でて数日念誦していると、夢に一女性があらわれて、わが本地は観世音である。常には補陀落《ふだらく》世界に住んでいるが、衆生の済度のために稲荷大明神としてあらわれたのだ、と告げたという。このような点を見ると、泰澄は行力がすぐれていたばかりでなく、すぐれた託宣者でもあったということができる。そして本地垂迹の本地仏というのも山伏の託宣によってあらわされたことがわかる。

また泰澄は九州の阿蘇社へも詣でたとある。すると池から九頭龍《くずりゅう》があらわれたので、泰澄は龍にむかって「汝は畜類の出身でありながら、どうしてこの霊地を領しているのか。真実の姿を示すべし」と言った。すると日が暮れかけたときに池の上に夕陽にてらされた金色の三尺の千手観音があらわれたという。これなども泰澄がすぐれた託宣能力をもっていて、神霊と交流問答ができ、その化身や本地仏をあらわすことができたということをあらわす説話であろうとおもう。そして『本朝神仙伝』は、

泰澄数百年を経て、其の終り死せず。(知らず)

とむすんでいて、大江匡房の時代まで不死の信仰があった。これは弘法大師の入定信仰があったとおなじで、行力すぐれた山岳修行者には不死の信仰が多い。役行者にも不死の信仰があって、笙《しよう》の窟《いわや》にいるとか、那智の滝にいるなどという。那智の大滝の途中にその窟があるといわれていて、滝の水が少ないとき、水が風で横に流れるとその姿がおがまれると伝えている。

ともあれ泰澄は密教系の山岳修行者で、白山の開祖であったばかりでなく、役行者に次ぐ行力のある山伏と信じられていた。したがって白山は中世には熊野の修験道界における頽勢に乗じて、全国にその勢力を拡大し、大峯を圧倒する勢があった。これも泰澄の名声に負うところが大きかったであろう。

## 日光山の開祖

## 一──日光修験と輪王寺

日本九峰の一にかぞえられる日光山は勝道上人によって開かれた。日光山はいうまでもなく古代以来、関東地方に雄飛した修験道の山である。今でこそ観光だけの山になったが、古代、中世の関東平野を耕作する人々は、鍬をやすめながら、はるかに仰ぎ見る日光連山に、霊験あらたかなる神の実在をみとめていた。

勝道上人坐像

私なども北関東に生まれたので、冬の通学は真っ白に雪をかむった日光を見ながら、田圃を横切って走った。その顔を切るような北風は日光颪《おろし》とよばれ、筑波颪《おろし》より凜烈なものと感じていた。それは北にあるということよりも、厳しい神のいる山から吹き下す風という宗教的感覚に裏付けられたものであった。

その日光修験は江戸時代に、家康をまつる東照宮の造営から弱体化してしまった。宗教というものは人間の精神の高揚であるが、これが権力の保護をうけると弱体化するという良い例である。芸術もおなじで、芸術家が物心両面の困難を克服しようとする、精神力の高まりの中で傑作を生む。暖衣飽食の宮廷画家などに、生命力のあふれた芸術を創造することができないように、権力の庇護をうけた宗教は生命力を失うのである。

修験道は生命の限界にいどむ野性の宗教である。生か死かの境で神や霊の実在を体験し、自我が悠久の大生命（仏）と一体であることを自覚し、即身成仏を実現（証得）する。そのような自我にしてはじめて、病を癒し諸人の難儀を救う超人間的能力を発揮できる。また神の言葉を託宣することもできる。こうした死生一如の宗教体験なしに、加持祈禱したり、オカルトをやったり、説教したりするものはインチキ宗教家である。

しかし宗教が頽廃すると、苦行的実践をさけて安易につこうとする。その頽廃は政治的には国家や封建的権力の保護をうけることであり、経済的には荘園や寄進物による生活の豊かさからおこる。これはキリスト教も、仏教も神道もおなじことである。したがって日光修験にとってここに東照宮が造営され、これをまつるための輪王寺《りんのうじ》が出来たことは、頽廃の第一歩だったといわなければならない。それまでの兜巾《ときん》篠懸《すずかけ》は、絹の色衣や金襴《きんらん》の袈裟に替えられ、草根木皮の粗食は美膳に替えられたであろう。

日光山のもとの名は二荒《にこう》山であり、そのもとは補陀落《ふだらく》山であった。「ふだらく」が「ふたら」となり二荒（ふたら）と書かれ、音読みで二荒（にこう）となった。江戸時代の学者は日光山と二荒山のおこりをいろいろやかましく考証しているが、この単純な推論がもっとも正しい。この山の山霊の本地を千手観音としてまつるのが神宮寺とよばれ、中禅寺とよばれ、中世には四本龍寺とよばれたり満願寺とよばれたりしたのである。これを輪王寺と改名したのは天海で、明暦元年（一六五五）の改称であったが、ここには後水尾天皇の第二皇子守澄法親王を初代門跡として、関東天台宗総録とし、比叡山よりも上の寺格とした。まったく政治的に利用され、造営された寺であった。輪王寺と東照宮の百年訴訟は、政治的に利用された宗教の、あわれな末路を天下にさらしたものといえよう。双方ともに開山勝道上人の原点、したがって日本的宗教の原点にかえるべき好機と私はかんがえる。

ところで輪王寺の寺号は、吉野修験の総号であった金輪王寺《きんりんおうじ》からとったものといわれている。金輪王というのは須弥山《しゆみせん》四州の天下を統一した王ということで、仏説では小国（一州）の王は鉄輪王、中国（二州）の王は銅輪王、大国（三州）の王は銀輪王、そして四天下に王たるものが金輪王であった。これをとって後醍醐天皇が吉野に皇居をかまえたとき、これを金輪王寺と称したものである。その寺阯、すなわち皇居阯はいまも吉野蔵王堂《ざおうどう》（金《きん》峯山寺《ぶせんじ》）の下にのこっている。しかし日光に輪王寺が出来てからは、吉野は金輪王寺を称することが禁じられたと、吉野側ではつたえている。そのかわり大峯山中の前鬼の一山（不動坊・行者坊・中之坊・森本坊・小仲坊）の本堂は、あとまで金輪王寺を名乗っていたというから、大峯修験は幕府にかくれて、この名誉ある寺号をのこしたことになる。

ともあれ宗教都市日光は二社一寺といって、輪王寺と東照宮と二荒山神社がならんでいて、参拝者や観光客は、どこまでがどのお宮、どのお寺の境内かに迷う。しかし日光山の宗教的発祥はあくまでも二荒山（現在の男体山）を中心とする山岳信仰である。その山岳信仰の歴史と厳しい地理的景観が日光の魅力であり、宗教に裏打ちされた奥行のある観光地となっている。

## 二――古峯ヶ原の天狗

日光修験が天台宗の教学を研究する輪王寺となって、多くの修験行事もおとろえを見せたが、明治維新以後は有名な強飯式《ごうはんしき》と延年舞いをのこして、回峰行《かいほうぎょう》（三峰五禅頂など）も失われてしまった。こうした信仰の間隙をついて伸長を見せたのが、古峯《こぶ》ヶ原信仰であった。

古峯ヶ原といえば天狗を思いうかべるほど、ここの天狗は民衆のあいだに滲透しているのに、古峯神社では天狗を疎外している。明治には宗教というものを民衆中心にかんがえない宗教家、政治家、文化人が多すぎたのである。私が修験道の歴史をとりあつかうのも、山伏が好きだったり、天狗が好きだったりするからではない。修験道は近世幕藩体制や明治維新の宗教政策によって、日本の宗教がゆがめられる以前の、日本人の庶民信仰をあくまでも固持して、庶民の意地を通して来たところに魅力を感じるからなのである。この庶民信仰を追求し、分析することによってのみ、日本人の原点をさぐることができる。ほん

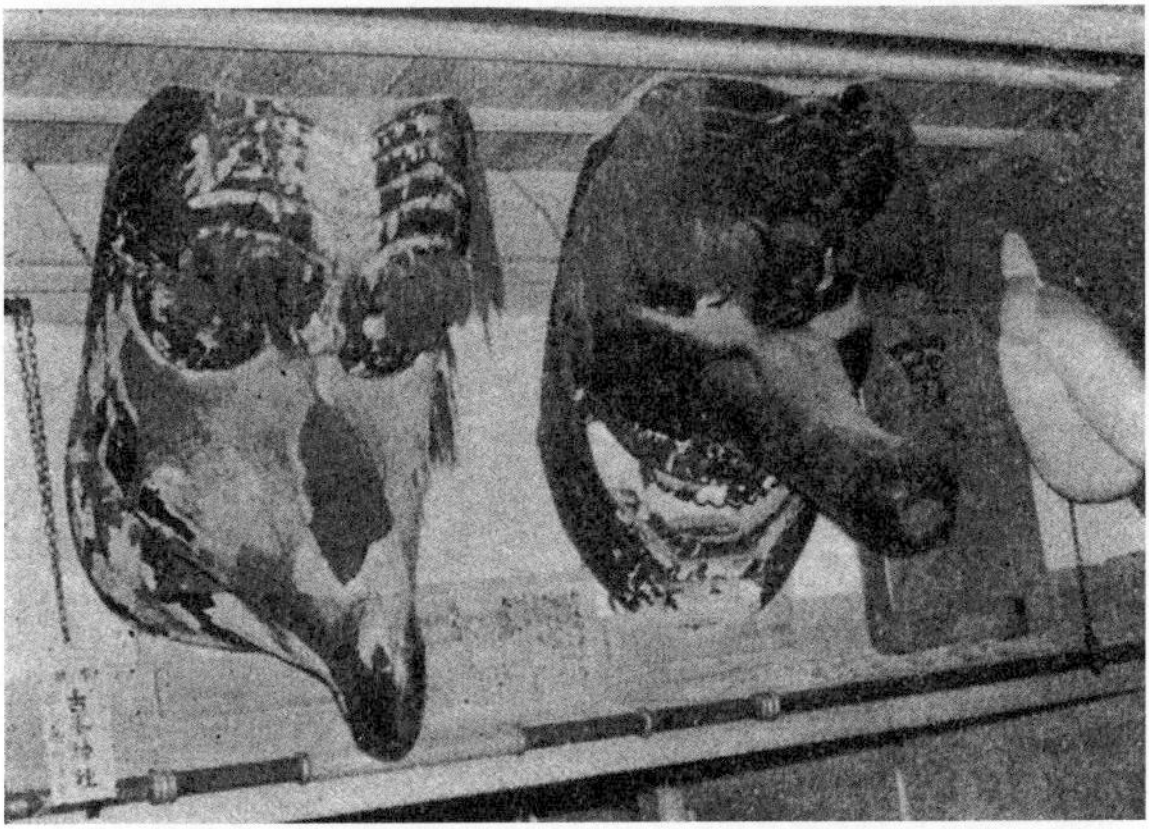

旧御本尊の大天狗面（栃木　古峯神社蔵）

とうの日本精神というものは神道や武士道にあるのでなくて、それらを生み出す原点である「庶民の心」の中にある。

日本人の大部分を構成し、「日本の伝統」を虚偽にみちた文字でなしに、心から心へ、口から口へと伝えてきた庶民は、あまりにも長いあいだ宗教からも学問からも思想からも無視されて来た。庶民は無知であり、うす汚なく、非合理的、非文化的存在とされた。したがってその信仰も、神道とも仏教とも陰陽道ともつかぬ雑信仰、あるいは迷信と評価されている。それが実は原修験道とでもいうべきものなのだが、そこから鬼や天狗などという怪物が生まれてくる。

しかしそれが怪物であればあるほど、強力に火難や盗難からまもってくれると、関東の農民は信じて来た。いまも古峯ヶ原天狗の火難除け、盗難除けの信仰は関東から東北にかけて、きわめて一般的である。したがって農村の初物や、特別大きな西瓜や南瓜ができれば、古峯ヶ原に上げにゆく。それは古峯神社の神前に山をなすが、この神社の御祭神は明治維新以後、国家神道によって、天狗ではなくて日本武尊にすり替えられた。

庶民は天狗の霊力を信じてまいったり上げたりするのに、神社はちがったものを拝ませるというのも酷な話である。しかし、そうかんがえるのは私がインテリの端《はし》くれだからで、農民は別に気にもせずに、御本殿から大広間の方へまわると、大小の天狗面が欄間に所せましとかけてあるのを見て安心する。これを見ただけで、自分は天狗充満の世界に入って、その恩寵につつまれた安堵感にひたることができるのだろう。その上、大広間の廊下におかれた「消えずの火」の大鉄瓶のお茶をいただき、お札をうけて帰れば、火難盗難の心配は当分しなくなって、枕を高くしてねむることができるのが、庶民というものである。

ところで古峯神社大広間から廊下にかけてのおびただしい天狗面のうち、最も大きい畳一畳敷ほどの二面（鼻高面と烏天狗面）は、明治維新まで、日光修験の脇大宿《わきおおじゆく》、金剛堂の本尊であったという。修験道禁止令にしたがってこの天狗面を御本殿から出して、代りに日本武尊を御祭神とし、古峯神社の社号を名乗った。こうしなければ維新政府の命をうけた木端《こつぱ》役人が承知しないから、止むを得ぬ仕儀だったのだろうとおもう。

この天狗は修験時代には金剛童子とよばれたので、ここを金剛堂といったが、こうした金剛堂は日光修験の八峯の回峯路には拝所・行所（宿《しゅく》ともいう）ごとにあったのである。結論的にいえば、その峯の山神・山霊が天狗であって、これが勝道上人の行力《ぎょうりき》や歴代山伏の験力《げんりき》に征服されて、修験の寺と山伏を守る守護霊あるいは護法となったものである。山伏に使役され、これに奉仕するので童子（ボーイまたはギャルソンの意）とよばれ、これを密教の外《げ》金剛部《こんごうぶ》の一尊にくみ入れて金剛童子といったものと、私は解釈している。

ところで日光修験の金剛童子はたくさんあるのに、古峯ヶ原金剛堂の金剛童子だけが、どうして特別の信仰をあつめたのだろうか。これは古峯ヶ原が日光修験にとって特別に神聖な場所であったばかりでなく、脇大宿というように、日光山内の山伏集会所である大《おお》宿《じゅく》に次ぐ集会所だったからであろう。入峯の山伏はここで入峯前の訓練や訓戒をうけたり、山伏出世の正灌頂《しょうかんじょう》の準備もなされたとおもわれる。したがって日光山内が輪王寺の出現によって、修験の山から学問と儀礼の山として貴族化するにしたがい、修験行事は古峯ヶ原脇大宿の方にあつまった。いわば日光山内とその宗教的機能を分化したのである。これが古峯ヶ原信仰を大ならしめたものであって、古峯ヶ原天狗信仰とは帰するところ、古峯ヶ原に分化した日光修験の山伏への信仰ということになる。日光が将軍や武士の信仰であったのに対して、庶民は古峯ヶ原の庶民信仰にあつまった。

私は関東に生まれ、小さいときから古峯ヶ原の名をきき、不思議な世界の感をいだいていた。両親も祖父母も親戚もそこへまいった話をよくきいた。その不思議な世界の不思議

深山巴の宿

な謎が、親不孝しながら修験道の歴史を研究させてもらったおかげで、この程度までは解けたのである。

## 三―深山巴の宿

古峯ヶ原が日光修験にとって特別な聖地だったために、天海僧正が日光領を輪王寺に設定するとき、今市近郷と古峯ヶ原をふくむ草久《くさきゅう》を寺領とした。これは古峯ヶ原が日光の発祥としての聖地だったことにもとづくもので、勝道上人の日光開山は古峯ヶ原の「深山巴《じんぜんともえ》の宿《しゅく》」からはじめられた。

勝道の日光開山については、ほぼ同時代人の弘法大師空海が執筆した碑文、

沙門勝道、山水を歴《へ》て玄珠を瑩《みが》くの碑、
　並びに序

にくわしい。史料批判の常識からいえば、

これほどたしかな記録はないし、当時随一の文化人であり、お大師さまのことだから嘘は書かないだろうとおもうと、大きな落とし穴がある。

実はこの弘法大師の碑文は遠い京都できいた伝聞であって、これを伝えたのは下野国師をつとめて京都へ帰った尹《いん》博士というものであった。だから伝聞資料の聞書である『魏志倭人伝』のように、そのままに歩いたとすると、地理的にまったく矛盾する、とんでもない場所に行きつくことになる。実証の学問というものは、第一史料といわれる同時代の記録すら、文字で書かれたものは無批判に信じられない。文字ぐらいあてにならないものはないと、私はつねづねおもっている。また公式記録ぐらいあてにならないことは、議会の議事録に書かれた大臣の答弁を見ればよくわかる。

第一にこの碑文には古峯ヶ原のことは出ない。しかし二荒山（男体山）は古峯ヶ原の方向から、すなわち南から細尾峠（一一九一メートル）を越えて茶の木平から中禅寺湖畔へ出なければ、「補陀落山」とよばれた理由が理解されない。補陀落山というのは海の彼方にうかぶ山のことで、反対の湖岸から湖をへだててこれを拝するとき「補陀落山」となる。もと中禅寺のあった中宮祠（今の二荒山神社）からは、二荒山は近すぎて見えないのである。

そうすると日光修験の伝承を鎌倉時代に記したとおもわれる『補陀洛山建立《こんりゅう》修行日記』の方が、真実をつたえていることがわかる。これによると勝道は天平勝宝六年（七五四）、二十歳のときから伊豆留《いずる》岩屋（栃木市・出流《いずる》山満願寺）に四年間たてこもって修行し、それから夢想によって大剱峯にのぼって三年間の苦行をしたとある。この大剱峯は現在の横根山（一三七三メートル）にあてる説があるが、私は古峯高原の最高峰である三枚岩《さんまいいわ》（三昧石＝一三七七・七メートル）にあてるべきだろうとおもう。ここは山頂に不思議な三枚の岩を重ねたような岩室があって、参籠修行が可能であり、またこの古峯高原の湿地帯こそ、大芦川の水源地なのである。大芦川は流れて小倉川となり、思川となって下野平野をうるおすのであるから、山岳信仰のもとをなす水源信仰からも、古峯高原三枚岩こそその原点となる。もちろん三枚岩は勝道上人修行の地として、今も山伏ののぼるところである。

古峯高原の湿地の中心、すなわち大芦川の湧水《ゆうすい》水源が「巴の宿」である。清冽な水が湧いて「巴《ともえ》」の字のように円く流れて、この百坪ほどの一劃を俗界からへだてている。ここも勝道上人修行の地として秘所となり、日光修験の「深山《じんぜん》」修行がおこなわれた。「深山」というのは日光修験が大峯の影響下にあったとき、大峯にならってつくった行場名で、大峯では熊野から吉野までの七十五靡《なびき》（宿《しゅく》とおなじ）のちょうど中間にあたる第三十八宿が「深山宿」である。古くは神仙とも神山とも書かれ、現在は「深仙」と書く。ここでは入峯中のもっとも重要な儀式として正灌頂がおこなわれ、それまでの修行の総決算である即身成仏の印可証明があたえられる。大峯の場合は熊野側を「胎蔵界の峰」といい、吉野側を「金剛界の峰」というので、深山宿では胎蔵界の正灌頂である。また金剛界の正灌頂は

「小篠宿《おざさ》」でおこなう。日光修験も入峯修行の総決算を、開山勝道上人ゆかりの「巴の宿」でおこなったので、ここを「深山」と称したのであろう。

「深山巴の宿」に対して古峯ヶ原金剛堂はその麓にあたり、日光入峰にも「巴の宿」参籠にも、その準備と補給の基地になる。その宿坊も大きかったために一般信者の参籠をゆるし、この金剛堂だけが異常な信仰をあつめ、古峯ヶ原天狗の名を天下にとどろかすことになった。しかしそうなるためにも、ここが勝道上人開山前の参籠修行の伝承があったればこそであった。その記録は勝道当時のものはないけれども、こうした修験伝承は地理的にも信ずべき理由があり、鎌倉時代には『補陀洛山建立修行日記』として記録された。

勝道は大劔峯、すなわち古峯ヶ原を出て、一度下野薬師寺戒壇で出家受戒したとされているから、それまでは優婆塞《うばそく》だったことはたしかであり、この出家受戒にもいささか疑いがある。しかしそれはのちにのべるとして、勝道は神護景雲元年（七六七）から二荒山山頂に登る心をかため、天応元年（七八一）から天応二年にかけて再度登頂をこころみ、その三月に山頂をきわめた。しかしそこにはいろいろの問題がのこされていた。

## 四―勝道の二荒山登頂と船禅定

勝道の二荒山《ふたら》登頂の経過については、空海の勝道上人碑にかなりくわしい。この碑文は弘仁五年（八一四）八月に書かれているので、弘仁八年三月一日の勝道の入定より前になるから存命中の伝記である。しかしなにしろ伝聞と美文なので、あまり正確とはいいがたいと私はおもう。これによれば神護景雲元年（七六七）四月に一度登頂をこころみたが、雪深く巌けわしく、雲霧や雷鳴に迷って登ることができず、半腹（中禅寺湖畔）に三七二十一日とどまって退却した。第二回目は天応元年（七八一）四月にのぼろうとしたが、これも失敗した。そして第三回目はその翌年の天応二年三月で、

我もし山頂に到らずんば、亦菩提に到らず

と神に誓って白雪と霧氷をふんで攀《よ》じのぼり、ついに頂上を見ることができたという。

空海は、このとき勝道が山頂からはじめて中禅寺湖を見たと記しているが、中禅寺湖側からのぼったとすれば、これはおかしい。これはむしろ『補陀洛山建立修行日記』の方が真実に近いものとおもわれる。この記録は弘仁九年（八一八）に記したことになっているが、実際は鎌倉時代に成ったものとおもわれ、二荒山の本地仏は、大日輪《だいにちりん》中の五大尊であるという。この書は神護景雲元年に勝道は、山頂にのぼらんとして途中で一大湖を見つけた、と登頂前に中禅寺湖を見ている。古峯ヶ原からのぼれば当然こうなるのである。しかしこのときは山頂に到ることはできなかったとある。

その後十四か年練行坐禅したというのは、このときは中禅寺湖そのものが崇拝の対象であって、山頂を踏むことはタブーとされていたのであろうとおもう。このタブーがしばしば登頂をこころみながら、失敗したり、湖岸まで行きながら十四年間も登頂しなかった、

という縁起になったものと私は推定する。事実湖岸からは二四八四メートルの山頂までは垂直高度一二〇〇メートルぐらいで、天気がよければ六、七時間でのぼれるのに、十四年間ものぼっていない。

ともあれ天応元年にも登頂に失敗し、同二年三月、四人の弟子とともに山頂をふみ、やがて中禅寺を建てた。すると湖上から一白蛇が出て来て、

吾は此の所の鎮神《しづめかみ》なり。公（勝道）の願ふ所に酬《こた》へて、今顕現す。

といったが、やがて湖中から金色の千手観音があらわれた、とある。これを見ると日光修験のなかに密教が入った段階では、二荒山の山神は大日五仏の教令輪身《きょうりょうりんじん》としての五大尊（不動・降三世・軍荼利《ぐんだり》・大威徳・金剛夜叉）であって、千手観音は中禅寺湖の水神の本地仏だったとおもわれる。

したがって勝道は船をつくって中禅寺湖をめぐったといい、これを「船禅定」といって今もつづいている。これは「補陀落禅定」とおなじで、湖水湖岸の霊地を船で巡ることが修行であった。とくに第一の霊地は勝道の頭骨を埋めて千手観音をまつったといわれる上野島《こうずけじま》で、これは中禅寺湖の南岸近くにある。また南岸には大日崎、梵字岩などもあって、密教修験は南岸に本拠をもって、中禅寺湖をへだてて二荒山を拝していたものである。平安時代末の保延七年（一一四一）に藤原敦光《あつみつ》の書いた『中禅寺私記』には、ここに日輪寺があって大日五大尊をまつったとしている。

大湖あり。五色の浪を揚げ、八功徳池の如し。湖の南涯《きし》に別所あり。歌浜《うたがはま》と称す。弥勒大士・妙吉祥天霊験の場なり。湖の坤《ひつじさる》(西南)に一梵宮あり。日輪寺と号す。不動・降三世・軍荼利・大威徳・金剛夜叉等の霊像を安置す。蓋し是れ本願勝道上人修練の砌《みぎり》なり。其の前に小島(上野島)あり。彼の上人此の島に止住して、之(二荒山の大日五大尊)を礼拝す。

とある。

日光修験ははじめ密教修験が優勢だったとおもわれ、中禅寺湖南岸にその本拠をもっていた。そのために勝道上人碑を空海に委嘱することになったのだし、密教的縁起である『日光山滝尾建立草創日記』では、弘仁十一年(八二〇)に空海が来山したと説いている。そのときお伴の弟子、真済《しんぜい》(高雄山神護寺第二世)が、法華密厳寺《みつごんじ》と江尻華厳寺《けごんじ》を建てたというのが「華厳の滝」の名称の起源である。

平安時代の修験道には密教的修験に対して法華経的修験があった。これは別に天台宗というわけでなく、山岳修行の持経者《じきょうしゃ》が法華経を読誦しながら苦行していたが、日光ではこれを慈覚大師来山とむすびつけて、山下(現日光町)の四本龍寺を本拠とした。これが満願寺となり、現在の日光輪王寺《りんのうじ》となって天台宗にくみこまれた。そのため中禅寺湖畔の中禅寺や、神宮寺や日輪寺のような密教修験の寺はおとろえたものである。

## 五―勝道の求聞持法と密教

日光修験がはじめ密教修験であったのは、開山勝道上人が虚空蔵求聞持法《こくうぞうぐもんじ》を修したためであろう。求聞持法はすでに白山開山の泰澄についてのべたように、養老元年(七一七)に中国で善無畏三蔵によって訳経されて以来、まもなくわが国に将来されて、ひろく山岳修行者におこなわれて来た。とくに吉野修験の特技だったらしく、元興寺法相《ほっそう》宗の神叡が、吉野山の現光寺《げんこうじ》(吉野寺とも比蘇寺ともいう)で五重の塔の頂上に虚空蔵菩薩の像を鋳付けて、これから引いた緒を持って求聞持法を修したことはすでにのべた。このような緒は「善の綱」とよばれるもので、阿弥陀如来の手や幡足に五色の糸をつけて、これを握って往生したり、東大寺開山の良辨僧正のように執金剛神《しっこんごうじん》の足首にむすんで、それを引きながら祈るものである。その修法の中心は虚空蔵菩薩の真言を、百日間の苦行のあいだに百万遍となえることにある。そうするとその最後の暁に明星が行者の前に天降るといい、流星の飛ぶのを見たり、星の夢を見れば、この修行は成就《じょうじゅ》して、自然智《じねんち》が得られる。すなわち記憶がすばらしく良くなるのである。空海が吉野修験のあいだに交って無名の一沙門からこの法を伝授され、ついに真言密教の祖師になったという輝かしい歴史をもった法である。

この法は密教の中でも空海以前の「雑密《ぞうみつ》」とよばれる一尊法で、行者から行者へ伝えられるので、勝道がいつ、どこで、誰から伝授されたかは、まったくあきらかでない。しかし勝道の日光開山をしるした縁起『補陀洛山建立修行日記』では、七歳のとき明星天子があらわれて「無師智」と三帰依文、四弘誓願偈《しぐせいがんげ》をさずけたとある。誰からともなくこの法を授けられたということであろう。「無師智」というのは「自然智」のことである。

勝道は二十七歳のとき、天平宝字五年（七六一）、一説には六年に下野薬師寺戒壇が設置されたので、六年七月十五日に具足戒《ぐそくかい》をうけ、法名を厳朝《ごんちょう》と号したが、のち自ら勝道と改めたと、先の縁起にある。しかし彼は二十七歳で伊豆留《いずる》岩屋（出流山満願寺）で四年間、大剱峯の古峯ヶ原で三年間の修行のあいだは、公式得度も受戒もしない私度僧であった。いわゆる優婆塞《うばそく》であり聖《ひじり》であり、山伏であった。したがってこのとき下野薬師寺で、具足戒（二百五十戒）をうけて官度僧になったという伝記は、生涯勝道という沙弥名を用いたことから見ても、うたがわしい。これは空也が比叡山で受戒して光勝という得度名をもらっても、生涯沙弥名を用いたこととおなじで、民間遊行者や庶民仏教者である聖《ひじり》は、形式的な受戒や官度を屁ともおもわないのである。したがってわざとらしく勝道を厳朝といったり、空也を光勝といったり、一遍を智真といったりするのは、贔負《ひいき》の引き倒しで、本人の意思ではない。

勝道はまた、山下の大谷川《だいや》の南にある精進峯《しょうじんがみね》でも求聞持法を修行したらしい。というのは、ここには虚空蔵菩薩にゆかりの星御前（明星天子）がまつられていたことが『補陀洛山建立修行日記』に見える。

河（大谷川）の南涯《きし》に当り、嶺山あり。精進峯と名づく。神をあがめて星御前と号す。上人恒に弟子に語って曰く、我此の寺（中禅寺と四本龍寺）を興隆するに、精進修行する事、是れ明星天子の力なり、其の故は我七歳の時、天道に香花を供ふるに、明星影向して、吾に三帰等の法を授くと。

とあって、この精進峯は鳴虫山（一一〇三メートル）にあたるという。ここは山下の日光修験が入峰するとき、化星宿《けしょうしゅく》（化粧宿《けはひのしゅく》）から入って、精進潔斎するところで、古峯ヶ原脇《わき》大宿《おおしゅく》とおなじ機能をもったらしい。しかし古峯ヶ原から入峯すれば、ここへ降りて来て「出《で》成《なり》」の作法をしたという。

また現在の輪王寺の基をなす四本龍寺も、もとは龍神信仰があって密教だったらしい。縁起では勝道が大谷川の急流を精進峯から北に渡ろうとしたが、橋がなかった。困っていると川の北岸から夜叉のような高さ一丈の一大化《け》神《しん》が出て来て、右手に巻きついた二匹の蛇をほどいて橋をつくらせた。二匹の蛇は尻尾をからみ合せて蛇橋（今の小菅橋）をつくって、勝道を渡したというのである。この化神は大般若経守護の流沙《りゅうさ》の神、深沙《じんじゃ》大王（大将）であったが、両手両足に蛇をたくさん巻きつけ、首飾りに髑髏をたくさん下げた、赤色忿怒形の密教の神王である。

日光修験は密教修行と、大般若経修行と、法華経修行をおこなったことはあきらかで、『日光山滝尾建立草創日記』には密教修験の自己主張がみられる。そして『満願寺三月会日記』には法華三昧会のことを、『二荒山千部会縁起』には法華千部会のことを説いている。しかし平安時代（保延七年）の文献として信憑できる『中禅寺私記』には、密教と大般若経と法華経の三修行をのべるのである。おそらくこの三修行の山伏のあいだに勢力争いがあったのであろうが、大別すれば山上の中禅寺湖の修験は密教を、山下の修験は法華経と大般若経を中心に修行したと推定される。

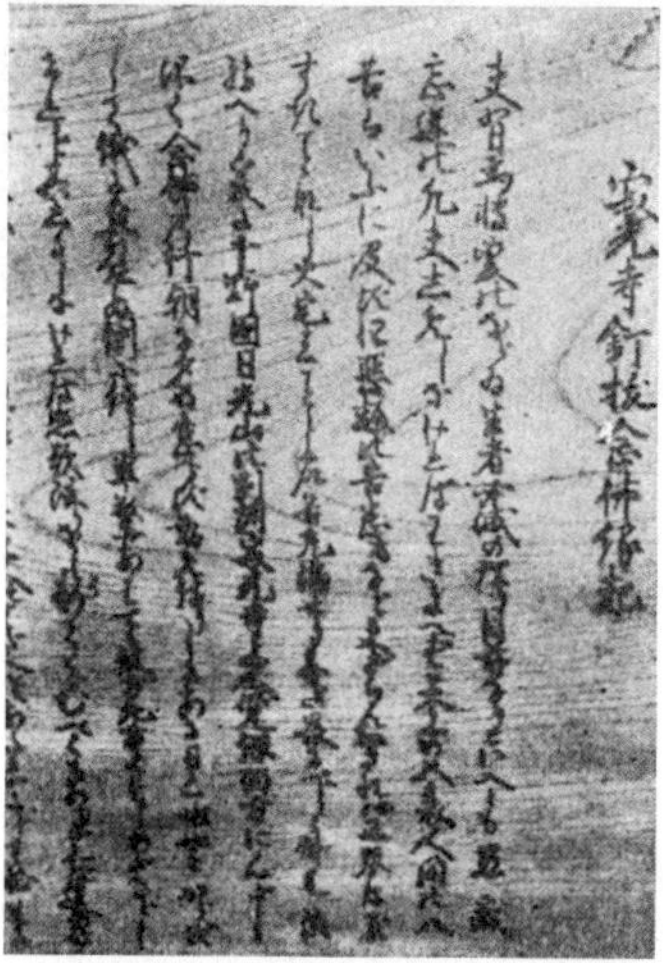

釘抜念仏縁起の木額（栃木　輪王寺蔵）

その中にあって特別な立場をとったのは寂光の滝の下にあった寂光寺で、「釘念仏」をもって全国に知られた。釘念仏は「釘打念仏」とも「釘抜念仏」ともよばれ、津々浦々まで死者供養の念仏和讃にうたわれた。私も各地の六斎念仏や歌念仏の採訪で、この陰惨な念仏に出会ったが、これが日光修験から出ていることを知ったのは、日光の「寂光寺釘抜念仏縁起」の版木を見たときであった。この縁起は龍泉上人が急死して、一七日たって蘇生した。そのかたるところによると、閻魔大王が地獄の有様を見せてくれたが、死後四十九日の間に死者は四十九本の釘を身体の各所に打たれてくるしむのを見た。それは三十三年たたなければ抜けないが、娑婆にあるあいだ善根をつみ、四十九万遍の念仏を修すれば、この苦をまぬがれる。またのこったものがこれをとなえれば念仏一万遍毎に死者の釘は一本ずつ抜けてゆくというのである。

これを龍泉上人が版木として世にひろめたものが、いま輪王寺にある文明十三年(一四八一)六月の版木で、これとおなじ巻子本の縁起もある。

## 六―千手観音と補陀落

二荒山の信仰は山岳信仰であるとともに湖水信仰である。いま二荒山の本地仏は中禅寺千手観音といわれ、もと中禅寺湖畔の中宮祠、二荒山神社とともにあった。これは伝勝道上人御自作の立木《たちき》千手観音で、明治の山津波(観音薙《なぎ》)のために湖水に押しながされたのを、拾いあげて歌ヶ浜の中禅寺にまつった。しかしこれを二荒山の山神の本地仏とすることには疑問があるとおもう。

千手観音も密教の観音であるけれども、中禅寺の密教の中心だった日輪寺が衰えてから、その信仰に変化がおこった。すでにのべたように二荒山のもとの本地仏は、日輪寺にまつる大日五大尊であった。これは山神を荒ぶる神とする概念にも合致する。これに対して千手観音は水に縁のある観音で、熊野那智の千手観音も、駿河の久能山にあった久能寺千手観音も補陀落信仰があった。琵琶湖にのぞむ竹生島宝厳寺も観音正寺も千手観音であるし、四国の蹉跎《あしずり》岬の金剛福寺や屋島寺など、海にのぞむ千手観音は多い。このようなところから、中禅寺湖の水神信仰が千手観音になった、と推定するのが自然である。

このことはすでにのべたように『補陀洛山建立修行日記』の千手観音出現の縁起にもあきらかで、

西の湖に到れば、海中に金色千手観音現はる。その長《たけ》八尺有餘、威徳魏々《ぎぎ》たり。相好《さうがう》円満にして、青蓮に坐して大光明を放ち、忽然として海中に入る。（中略）神宮精舎を建て、中禅寺と号し、丈六の立木千手の霊像を造り、之を安立し奉る。側に社殿を造り、権現を崇敬し奉る。

とある。このように見てくると、中禅寺湖の水神信仰が中禅寺の千手観音となり、二荒山の山神信仰が日輪寺の大日五大尊となることはあきらかであろう。従来は山岳宗教といえば山ばかり見ていたが、水や海も見なければならないことは言うまでもないし、これは日本民俗学の山の神と水の神の同一性という発想を裏付けるものである。

なお『補陀洛山建立修行日記』の付記は、勝道の御骨は中禅寺の西、菖蒲沼の千手の座口に埋められ、御首骨は上野島《こうずけじま》に埋めて千手観音を安置したとのべる。これはまことに不思議なことで、首と胴を別々に葬ったという伝承があったのであろう。山伏の葬法には特別なものがあったことはみとめられるが、ここで「千手の座口」というのは千手ヶ原の河口に沈めたことではないかともおもわれる。すなわち「補陀落渡海」とよばれる水葬形式ではなかったか。いま千手ヶ原には千手ヶ浜があり、その水際に千手堂がある。熊野那智の「補陀落渡海」も本来は水葬で、死体を船にのせて大海に放つようにいうけれども、私は船にのせてその船とともに海底や湖底に沈めたものと推定している。

また二荒山麓西の湿原、戦場《せんじょう》ヶ原も、もとは千手ヶ原とよばれたであろう。立山や白山や月山などの山上湿原を弥陀ヶ原とよぶのを、この山では千手ヶ原とよんだのである。それほどにこの山では千手観音と水の関係が密接なのは、天下に冠たる風光の中禅寺湖をひかえているからであった。千手ヶ原が戦場ヶ原と訛ってから、日光山の山神（大蛇）と赤城山の山神（むかで）との神戦の説話ができたのか、それとも神戦の説話ができてから戦場ヶ原となったのか、それは定かではない。

しかし至徳三年（一三八六）の『日光山縁起』に神戦のことがあり、また安居院《あぐい》の『神道集』（巻五）の「日光権現事」には、

抑、日光権現は下野国の鎮守なり。往昔、赤城大明神と沼を諍《あらそ》ひて、唵佐羅麼《おんさらま》を語りたまふ事は、遥に遠き昔なり。

とあって、これが書写された延文三年（一三五八）には、すでに神戦の伝承があったことはあきらかである。唵佐羅麼《おんさらま》というのは、オン・サラバ（一切の）の意で、私は小野猿丸《おのさるまる》の梵語的な隠語と想像している。すなわち日光と赤城の山神が神戦をしたのを小野猿丸が

日光神をたすけて勝たしめ、狩場権を神からあたえられたという「語りごと」である。これを合理的に解釈すると、かなり早い時期に赤城山の狩人と日光山の狩人とのあいだに狩場の争いがあって、その結果、猿丸大夫の子孫という日光の狩人は、日光の狩場権を主張するようになったのであろう。しかし『神道集』では日光山神は男体（本地千手観音）と女体（本地阿弥陀如来）となっており、室町時代のお伽草子『辨の草子』ではこれに太郎坊山（本地馬頭観音）が加わって、日光三社権現となる。やがて、これを本尊とする三仏堂が建てられたが、今は滝尾（田心姫《たごりひめ》）の阿弥陀如来を加えて女体をのぞき、本宮の馬頭観音を加えて太郎坊をのぞくのである。

## 伯耆大山の開祖

### 一――伯耆大山の開祖

日本九峰の一にかぞえられる伯耆大山《だいせん》の開祖についてはいささか複雑である。これは鎌倉時代初期の『撰集抄』（巻七）の「伯州大智明神《だいちみようじん》ノ事」によれば、「俊方《としかた》と云ける弓取」となっており、その時代は奈良時代である。この弓取が狩をしているとき、あまりたくさん鹿の獲物があるので、よくよく見れば、わが家の持仏堂の千体地蔵に矢を射立てたので

大山寺縁起模本（東京国立博物館蔵）

あった。これを見て殺生のおそろしさを知り、髻《もとどり》を切って出家したばかりでなく、わが家を堂として地蔵菩薩を本尊にまつった。

これに対して鎌倉時代末期にできた『大山寺縁起』によると、その開祖は出雲玉造の猟師、依道《よりみち》というものであるという。この開創縁起はまったく『撰集抄』とちがっていて、山の猟師であるけれども、美保の浦の海底から出現した金色の狼を追って、大山の山ふかくわけ入った。その一洞窟で狼をみつけて一矢に射殺さんと弓をかまえると、その矢先に見えたものは地蔵菩薩であった。この奇瑞におどろいた依道は、信心をおこして殺生をやめた。ところがこの金色の狼はやがて姿を老尼の形と変じ、我は登攬尼《とらんに》であると名告った。

我は是れ登攬尼なり。汝を導き、此の

山に入らしめんが為に、化して獣となりき。我れ已《すで》に三生《さんしやう》の行人《ぎやうにん》として、此の山を守る山神となれり。汝又宿縁《しゆくえん》我に有り。願はくは、此の洞に行きて諸共に地蔵権現の利益にあづかり給へ、とさまざまかたらひ申しければ、道心速かに発《おこ》りて髪をそり衣を染めて、同心に行ひすましつつ、金蓮《こんれん》聖人とて、練行《れんぎやう》年つもりにけり。

とあって、金蓮聖人を開祖とする。

ここで俊方を開祖とするか依道を開祖とするかは、誰も現場を見た人があるわけではないから、どちらとも決しがたい。より時代の古い、中央の記録である『撰集抄』に史料価値をおけば俊方ということになるが、これとても絶対の信憑性があるわけではない。その上、『大山寺縁起』の依道（金蓮聖人）には子孫があって、出雲玉造で長谷川氏を称し、大《だい》智明権現《ちみやうごんげん》の祭礼にはかならずお供せねばならなかった。現在は玉造温泉の保静館主人である。

しかし『大山雑考』の著者、沼田頼輔氏は、この玉造の依道を俊方と混同して書いている。そして『大山寺縁起』を俗書ときめつけている。これはおかしな話で、『大山雑考』が従来唯一の大山史研究書である価値は十分みとめるとしても、俊方を金蓮上人とする理由はまったくない。これは「縁起」などというものは、どうせ俗書であてにならない、という中央文献第一主義の下心があったためであろう。ところが『撰集抄』は西行法師の述作を中心として、多くの附帯説話をまとめたものではあるが、事《こと》大山に関しては所詮は遠方の伝聞である。したがって地元で編集されて、地元の人々の承認をえた縁起は、たとえ荒唐無稽に見えても、それなりの理由があったとかんがえなければならない。

神道や仏教の歴史は、寺社縁起を無視してはあたらしい道を見出すことはできない。その妄誕《もうたん》に見える記述のなかに、かくされた宗教の歴史を読みとることが、仏教史や修験道史の今後の課題である。『大山寺縁起』も応永本と洞明院本と二種あるが、洞明院本の方が根本で、鎌倉時代末期を降らないものである。そうすると『撰集抄』の俊方という弓取はどうなるかといえば、この方は大智明権現の神官の家筋をのべたものであろうとおもう。というのは、このような修験道の山神をまつるには、神官と山伏と僧侶が関与する。はじめは山中の狩人が山神をまつっていたものが、仏教や陰陽道を導入して山伏化し、その修験集団ができあがると、神社の祭祀だけをあつかう神官と、神社と寺院の建物を管理し、警備し、経済的経営を担当する山伏と、仏事や教理教学を専門とする僧侶とに分化する。したがって神官の家筋と山伏修験、あるいはその総括者としての別当や俗別当の家筋ができる。

俊方が神官であったろうとおもわれるのは、『撰集抄』に、

さるほどに称徳天皇の御時、（地蔵を）社にいはひたてまつれと云託宣《たくせん》侍りにき。やがて堂（地蔵堂）を社になして、大智明神とは申侍り。利益あらたなれば、かの所のいさご（砂）は、ゆふべ（夕）にさかのぼり、朝にはくだりて、参り、下向《げかう》の相をしめす。

と書かれていることである。この伯耆大山の土砂はきわめて崩落しやすいので、朝から日中にかけては絶えず崩落しているが、夜になるともとの頂きへのぼってゆくので、現状が維持されていると信じられ、それは土砂が参詣したり下向したりする姿をあらわすのだという。ここの神官は社家とよばれて、実際には祝詞や神楽をつかさどった。しかも祭事には拝殿（庁舎）に僧侶が三十人ずつ左右にならんで読経するとき、神官はその後で楽を奏するもので、その地位は低かった。

## 二――登攬尼の正体

そこで一応歴史的開祖を依道の入道した金蓮聖人とすることができるが、この縁起にあらわれる登攬尼《とらんに》とは一体何者であろうか。

この登攬尼は洞明院本縁起の呼名で、応永本は光攬尼とする。しかしこれは登攬尼が正しく、『本朝神仙伝』（大江匡房著）の都藍尼《とらん》と同一であることは容易に想像がつく。『本朝神仙伝』は役行者、泰澄、日蔵、弘法大師、慈覚大師、教待和尚とともに都藍尼の伝をのせたもので、修験道に著名な人々の伝であるが、教待和尚と都藍尼の実在性はうたがわしい。いや、それが全く実在しなかったというのではなく、教待和尚は霊山・霊地に神仙の修行をする山岳修行者の群れのなかの一人を固有名詞化したものであろうし、都藍尼は山の巫女を固有名詞化したものとおもわれる。

『本朝神仙伝』によれば都藍尼は吉野山麓に住んで修験道の修行をしたので、数百歳の寿命を保った。それで金峯山《きんぶせん》（大峯山上ヶ嶽）に登ろうとしたところが、雷電霹靂で登ることができなかった。これは弥勒《みろく》出世のときに地に敷くべき黄金を、蔵王権現が護っているので、女人禁制となっていたからであるという。もちろんこれは全くの伝説であるが、吉野山の金峯山（今の青嶺《あおね》ヶ峯）には巫女がいて、神楽や白拍子《しらびょうし》舞をしながら託宣もおこなっていた。『梁塵秘抄《りょうじんひしょう》』（四句神歌）に、

金《かね》の御嶽《みたけ》に　ある巫女《みこ》の　打つ鼓　打上げ打下し　面白や
我等も参らばや、ていとんとうと　響き鳴れ〳〵　打つ鼓、
いかに打てばか　此の音の　絶えせざるらむ。

とある。また『古事談』（巻三）には恵心僧都がこの巫女の託宣をもとめに行った話ものせている。

このような巫女が都藍尼とよばれたのであって、山伏はこの巫女を妻としたようである。したがって伯耆大山の登攬尼は、大山の山神の化身である金色の狼から変じて依道（金蓮上人）と夫婦になった。縁起に「同心に行ひすましつつ」とあるのは、登攬尼と金蓮上人が「宿縁」があって夫婦になったことをあらわしている。またこの登攬尼が金色の狼の変身であるということは、巫女に山神が憑依《ひょうえ》して託宣するとき、その巫女は山神と一体化することを意味するものである。金色の狼が変じて老尼になる、というような馬鹿げたこと

があるものかと合理主義者ぶると、この巫女の本質を見失うことになる。
もっともこの縁起の第三十五段には伯耆大山の巫女白拍子が、神聖なるべき山上においてけしからぬ行為をしたため、「男女相離せざる稀代の不思議」があったことを載せているから、巫女はやがて遊女化したものであろう。しかしそのはじめには山伏は巫女を妻としたことが、開祖金蓮上人と登攬尼の「同心に行ひすましつつ」ということの意味である。したがって金蓮上人の子孫という玉造温泉の長谷川氏が存在することになり、妻帯世襲の山伏だったのである。

縁起は金蓮上人が地蔵菩薩を本尊とする中門院と、釈迦如来を本尊とする南光院と、阿弥陀如来を本尊とする西明院という三院をつくったとしているが、これは平安時代に入ってからのことであろう。しかし金蓮上人は発心入道した狩人であり、妻帯の半僧半俗の聖《ひじり》であるとはいっても、ながく開祖として尊崇されたものらしく、霊像権現という一社にまつられていた。開山堂としなかったのは別の理由があるとおもうが、その木像は烏帽子、狩衣に弓と箙をもつ姿であったという。そしてこの社では毎年一月十八日に一山の大勤《ごん》行《ぎょう》があった。これはおそらく金蓮上人の命日ということではなかったかとおもう。しかしこの社も木像も昭和十四年一月十四日の火災で焼失してしまった。

金蓮上人がかならずしも聖僧として遇せられなかったことは、縁起が妄執によって往生することができなかったとしていることでわかる。

目出度き聖人なれば、速かに浄土の往生を遂げ給ふべかりけれども、我れ此の洞に余執有りと、参詣の人に託しつつ、此の山建立の願ひなり、執心爰《ここ》に有りとて、常住護法の社坦の上、磐石をくだき、住所と定めて、法験神《ほつけんしん》と名付くべしと示し給ふ。況んや凡夫卑劣の妄執尤《もつと》も之を恐るべき者か。

とあって、もとは「常住護法」すなわち天狗として遇せられたのではないかとおもう。というのは僧や山伏が執心や妄執があれば、天狗になると信じられ、天狗となって満山を護り、奇蹟をあらわす法験神となったという意味である。おそらく霊像権現はもと鬼か天狗の像ではなかったかとおもう。それがのちに本地観音となり、本地地蔵の大智明権現と、本地文珠の利寿権現とともに大山三所権現と称せられるようになった。これというのも金蓮上人が開祖であるという信仰がこの山にながくのこっていたからであろう。

## 三—誤解された『大山寺縁起』

ところで、以上は歴史的に見た大山の開祖の問題である。しかし修験道というものは悠久の時間を内包する歴史を想定した壮大な縁起をつくることが多い。私はこれを密教的縁起というジャンルに入れることにしているが、それは空間的にも、九山八海《きゆうせんはつかい》をふくむ須弥《しゆみ》山《せん》世界への広がりをもっている。ほとんど誇大妄想ともいうべき世界観を表現したのが密教的縁起であり、それは大部分が修験道の所産にほかならない。

そこで『大山寺縁起』は、この山が兜率天《とそってん》の一角が落ちて出来たものだとして、角盤山《かくばんざん》の山号を説明する。

昔日《そのかみ》、兜率天の第三院巽《たつみ》の角より化して、一の磐石おちたり。彼の石三にわれて、一は熊野山に留まり、二は金峯山と顕じ、三は此の大山と成りにけり。此の故に、此の山を角磐山と名づけて、日本第三の名嶇《めいく》とは申すなり。

とのべて、ここに兜率天の金剛手・金剛光の二菩薩が天下って、密勝仙人と仏覚仙人という二人の仙人となって、この山を開いたとする。

このような縁起は、仏教が入る前からこの山には神仙術をおこなう修行者がいたという主張を表現したものである。そしてその次には兜率天第十六院の宝光菩薩が天下って智勝仙人となり、如法経《にょほうきょう》書写をおこなおうとすると、八人の神仙があつまってこれを書写したとある。その八人の神仙の中の智覚仙人がこの山をはじめて大山と名付けたのだ、というほど仏教以前の神仙の開創を主張する。

これは修験道全般の問題で、日本の山岳宗教は本来、山の宗教家である狩人、あるいは木を伐り、金属を掘る山人たちのものであったが、そこにはじめ中国の神仙術が半島を経由して入って修験道ができた。役行者ですら、きわめて濃厚に神仙術や陰陽道を実践していたことは伝記にあきらかである。したがって日本の山岳宗教に仏教がむすびついて修験道が成立する以前は、日本人の山の神の信仰をもつ狩人と、大陸の不老長生と医薬の知識をもつ仙人が、霊山・霊場を占拠していた。

このことを『大山寺縁起』は、きわめて壮大な構想で、仙人の出現を説いたのが、文献第一主義と合理主義の歴史家からは、荒唐無稽にして妄誕なる「俗書」と誤解されたのである。修験道のような宗教は、その背後に日本民族の生活と歴史をもちながら、民族の精神現象を幻想的な神話や物語文学として表現するものなのである。

伯耆大山のような狩人開創を説くのは、狩人の狩猟というものが、山神から獲物としての鳥獣を賜わる宗教儀礼をともなったことをしめすものであろう。したがってその御礼として山神への生贄《いけにえ》を奉献する儀礼となり、のちには猪や熊をとれば、心臓を山神に供えてまつる習俗になった。しかしそうはいっても山の動物は山神の眷属と信じられ、ある場合には山神の化身動物もいるという神話があるから、その生命を奪い血を流すことは罪あるいは穢《けがれ》と意識されたとおもう。

そのような宗教観や罪業観があるところに、前奈良期《プレ・ナラ・ペリオド》ごろに仏教が導入された。その仏教は密教（雑密）や法華経の信仰によって、山岳宗教家（のちの山伏）の呪力を増す目的であったが、その条件として不殺生の戒律がついていた。これは山神の眷属を殺し血を流す罪穢観と結合して、狩人の出家入道という現象をおこした。したがって伯耆大山の開祖を依道《よりみち》とし、その出家入道を金蓮《こんれん》上人とする縁起は、この山への仏教の導入と修験道の成立をしめすものであり、それは奈良時代であったということになる。

しかしそれ以前にもこの山には、神仙術をおこなう仙人による山岳宗教があった。そこにまず法華経信仰が入ったので、如法経修行《にょほうきょう》がおこなわれるようになり、明治維新期までつづいた。この山の如法経修行というのは、毎日山頂までのぼって九合目の中池の水を汲んで来て、これで朱泥をとかして法華経を書写することであったと私は推定している。その間のきびしい潔斎はいうまでもない。これを八人の仙人がはじめたのが中池であったということから、写経し終わった法華経は、この中池に沈められたというのが、私の伯耆大山修験の夏の峯入についての結論である。これは縁起に、

新経壱部、本経一部、金箱に入れ、玉の篋《はこ》に納めて、阿字《あじ》出現の中池の底に納め奉る。

其の次第委しくは仙人の伝にのせられたり。

とあるのを、単なる荒唐無稽な山伏の大法螺か寝言とせずに、修験以前の反映と見ることによってあきらかにされる。

私は如法経という写経と埋経は従来の通説のように、お経を弥勒菩薩の出世する五十六億七千万年の後まで保存しようとしたものとはかんがえない。むしろ写経にともなう潔斎と苦行で、本人や共同体や死者の罪業をほろぼすのが目的であった。すくなくも修験道の写経は滅罪が目的である。したがってこれをタイム・カプセルに入れて保存するのでなく、滅罪のもう一つの方法として水による「きよめ」のため、川へ流したり、池にしずめたりする。『当道要集』三月二十四日の「御経流し」のように、盲僧は平家一門と安徳天皇の

滅罪のために、法華経を書写して、これを鴨川へ流したのである。したがって伯耆大山修験は、大山九合目まで写経水（浄水）をとりに登る苦行で写経し、その写経を九合目の中池へ沈めたものと推定すれば、この縁起がこれを開創仙人のはじめたことと記した背景があきらかになる。そして写経浄水を中池まで汲みにのぼったことは、江戸末期まで六月十四日から十五日にかけて「弥山禅定《みせんぜんじよう》」といって浄水を汲みにのぼったことにのこったものとおもう。これを蓮花会《れんげえ》といったのは、四月十五日から六月十五日までの夏峯入の如法経修行を、この日だけに結願蓮花会としてのこしたものと推定するのである。このように『大山寺縁起』の開創伝説は、多くの修験道の秘密を、妄誕とも見える説話にかたっていることが注目されるのである。

## 石鎚山の開祖

### 一—石鎚山の寂仙

『日本霊異記』という説話集は、きわめて荒唐無稽とおもわれる物語をあつめているので、従来は歴史の史料にはならないとかんがえられて来た。私なども史学科の学生だったころは、歴史的事件を目撃した人の記録や公式文書が第一史料で、これを公的に編集したものが第二史料、その伝聞記や見聞記、旅行記のような私的な記録は第三史料で、文学作品や説話集は史料にはならないというふうにおしえられた。しかしそのうち、事件の目撃者といってもその地位や派閥や思想信仰によって、偏見が加わって信用できない面もあるし、公的編集史も編集者の私見で取捨され、ゆがめられたものがあることがわかって来た。しかも第一史料、第二史料は支配者側の記録なので、国民の大多数をなす民衆の歴史がほとんど出て来ない。

そのために第三史料や、文学作品や説話集ばかりでなく、無知な民衆の民俗伝承まで歴史の資料として利用する道がひらかれるようになった。これは古代の神話的歴史、中世の宗教的歴史、近世・近代の実証的歴史に対する第四のあたらしい歴史学の黎明であろうと、私はかんがえている。それは決して実証を否定するのではない。ただその方法を、歴史事象の外面だけによるのでなく、事象にかかわる人々の心の中まで見ることによって実証の範囲を拡大し、かつ深めるという方法である。いくらそれが安全な方法だからといっても、いつまでも古い歴史観、というよりも古い方法論に固執していては、馬鹿の一つ憶えといわれてもいたし方がない。

このような新しい歴史観に立つとき、それぞれの時代に生まれたり、民衆からひろく愛好された文学や説話が、その時代の歴史の基底をなした民衆の心をしめす、歴史的資料の一つとなることはあきらかである。そうすると史料学における第一史料、第二史料、第三史料などの序列はむしろ不必要で、民衆の歴史創造の精神から照射をうけてはじめて、史資料というものはその歴史的価値をもつようになる。このような意味で、奈良時代と平安初期の民衆の精神をしめす説話群が、『日本霊異記』のなかにおさめられている。その精神が、行基とその徒衆の宗教活動や社会活動としてあらわれるのであって、『続日本紀』の行基関係記事とか『行基舎利瓶記』、あるいは正倉院文書の「優婆塞貢進解《うばそくこうしんげ》」師位僧記事などで、行基とその運動がつかめるはずはない。むしろ行基の真実は『日本霊異記』の全篇にあふれていると、私はかんがえる。

そのような記事のなかにだけ、石鎚山の開祖と目さるべき寂仙が出てくる。しかも戦前の『校本日本霊異記』（国学院大学修錬報国団学術部編）などでは、

> 本条は本文妄説なれば此を省き、題目及訓釈のみを存す

などと、本文全部を削除している。本文妄説といえば、『日本霊異記』全篇が本文妄説になる。とくに寂仙説話が削除されたのは、その生まれ代りが嵯峨天皇であるというので、皇室にかかわるためであろうが、千余年にわたって読みつがれ語りつがれた古典を、本文妄説ときめつけて抹殺するのは不遜であろう。それはそうかたるべき民衆が存したことを虚心にみとめて、はじめて歴史の真実を把握することができるのである。

ともあれ、『日本霊異記』下巻の第三十九話には、石鎚山に浄行禅師の寂仙菩薩がいたことが出ている。

又伊与《いよ》国神野《かんの》郡部内に山あり。名づけて石鎚山と号す。是れ即ち彼の山に石槌神あるの名なり。其の山高崪《かうしゆつ》（崒）にして、凡夫登り到ることを得ず。但、浄行人のみ登り到りて居住す。昔、諾楽《なら》宮に廿五年天下を治《しろしめ》し勝宝応真聖武太上天皇の御世、又同じ宮に九年天下を治しし帝姫阿倍天皇（孝謙）の御世、彼の山に浄行の禅師ありて修行す。其の名を寂仙菩薩となす。其の時世の人、道俗、彼の浄行を貴む。故に菩薩と美称す。

この記事から見れば、寂仙をただちに開祖とすることはできないし、寂仙以前にも石鎚山中に入って山岳修行する無名の山伏がいたこともたしかであろう。しかし民衆から菩薩として美称されたところを見ると、石鎚山の山伏集団から開祖として偶像視されていたことがわかる。

ところがのちに空海が優婆塞時代にここで修行したため、大峯修験道が入り、寂仙の影はうすくなってしまった。その上、役行者開創縁起がつくられたり、石槌神を蔵王《ざおう》権現とする石鎚修験道がつくりあげられたのである。しかし寂仙の名は、『日本霊異記』に見られるように畿内まで知られていたのであり、その伝承は平安時代になっても、多少変化しながら伝えられていた。そして寂仙の名や、のちの灼然《しやくねん》、上仙《じようせん》の諡名からかんがえて、神仙的な山岳修行者だったのではないかとおもわれる。

## 二——上仙と橘の嫗

『日本霊異記』の寂仙説話は、彼がすぐれた浄行者であったことがまず注目される。のちの修験道も浄行を重んじないことはないが、奈良時代以前から平安時代末期にかけては、浄行は山岳修行者、すなわち山伏の第一条件であった。しかしこれは山岳修行のあいだだけの条件であって、山から降れば在俗生活が待っていたものと、私はかんがえている。このことは『文徳天皇実録』の嘉祥三年（八五〇）五月五日の条を庶民信仰史にてらしてよく読めば、寂仙が橘の嫗《うば》という妻をもっていたことが推定されるからである。山岳修行者も『日本霊異記』では聖（ひじり）であって、浄行（聖《せい》）と在家（俗《ぞく》）と饒益《にょうやく》衆生（社会救済）の三条件をみたさなければならなかった。しかもこれこそ「菩薩」であるというのが『日本霊異記』の根本思想なのである。しかしそのことはあとにして、寂仙説話の重点は転生信仰にある。

というのは寂仙は考謙天皇九年、すなわち天平宝字二年（七五八）に入寂するとき「録文」なるものを留めて遺言し、自分の死後二十八年たったら、国王の子に生まれて「神野」と名づけられるだろうといったとある。これが印度の本生譚《ジャータカ》にある転生とおなじかどうかわからないが、日本人の固有信仰にも「先祖の生まれ代り」という信仰があるから、そのような転生かもしれない。それはともかく、その予言の録文どおり二十八年後の延暦五年（七八六）に、桓武天皇の御子が生まれて偶然、神野親王と名づけられた。これが今（というのは弘仁年間に『日本霊異記』がつくられた時）の賀美能《かみの》天皇、すなわち嵯峨天皇で、死刑を廃止した慈悲ぶかい天皇であったという。

この転生説話は、おそらく神野郡の石鎚山で修行した山岳修行者が相人《そうにん》となって、誕生した皇子を占ったときに語られたのかもしれない。そしてその占によって神野親王と名づけられたか、あるいは乳母の名をとったかいずれかであろう。その因縁によって後年嵯峨天皇は、石鎚山で修行した体験をもつ弘法大師空海に、とくに親近感をもたれたものとおもわれる。したがってこの話は朝野にわたって語りつがれたらしく、そののち六十四年たった嘉祥三年（八五〇）五月五日の『文徳天皇実録』にあらわれることになる。

これは嵯峨天皇の皇后であった檀林《だんりん》皇后、橘嘉智子《かちこ》の崩御にあたって、その御伝をしるした中に出た説話である。ここでは寂仙《しゃくねん》は灼然の弟子上仙《じょうせん》という浄行者となってかたられる。

故老相伝ふ。伊予国神野郡に、昔高僧、名は灼然なるものあり。称して聖人と為す。諸弟子、名は上仙なるものあり。山頂に住止して精進練行すること、灼然より過ぐ。鬼神等皆頤指《いし》に随ふ。上仙嘗て従容《しょうよう》として、親しむ所の檀越に語つて云く、我れもと人間《じんかん》に在り。天子と同じき尊にあつて、多く快楽《けらく》を受く。その時是の一念を作《な》す。我れ当来《とうらい》に生れて天子と作ることを得んと。我れ今出家し、常に禅病を治するに、余習《よしふ》遣《や》るといへども、気分猶残る。我れ如《も》し天子とならば、必ず郡名を以て名字と為さんと。其の年上仙命終《みやうじゆう》す。

とあり、寂仙が訛伝されて灼然と上仙という二人の名に分れたものとおもわれる。

しかもこの檀林皇后の御伝は、次に上仙と親しくした橘の里の一老女の生まれ代りが橘嘉智子だったと語っている。すなわち前生の上仙が嵯峨天皇と生まれ、橘の里の一老女が橘嘉智子と生まれ代って夫婦になったというのだから、前生の上仙と橘の里の一老女も夫婦だったということになる。

是より先、郡下の橘の里に孤独の姥《うば》あり。橘の嫗《うば》と号す。家産を傾け尽して上仙に供養す。上仙化《け》し去るの後、嫗に審《つまびらか》に問ふを得れば、泣涕横流して云く。吾れ和尚と久しく檀越と為る。願くば来生にありて倶会一処《ぐゑいつしよ》にして相親近《しんごん》することを得んと。俄に嫗亦命終《みやうじゆう》せり。其の後幾ばくならずして天皇誕生す。乳母の姓神野と有り。先朝の制、皇子生るごとに、乳母の姓を以て名と為す。（中略）いはゆる天皇の前身は上仙是なり。橘の嫗の後身は夫人是なり。

ここに「家産を傾け尽して上仙に供養す」といったり、「倶会一処」といったりするのは、まさに内縁の妻であったとかんがえるべきものであろう。このような説話は、寂仙、すなわち上仙に妻にひとしい女性があったという伝承から生まれるもので、山岳修行者の妻帯が別に破戒とも何ともかんがえられなかった証拠である。

## 三──優婆塞空海と蔵王権現

石鎚山の歴史にとって大きな影響力をもったのは弘法大師空海であるが、彼は寂仙の示寂後十六年たった宝亀五年(七七四)に讃岐国に生まれ、十八歳から二十四歳までのあいだに、一優婆塞(山伏)として、石鎚山で修行した。このことは空海の自叙伝的小説『三《さん》教指帰《ごうしいき》』(下巻)であきらかなのである。

或るときは金巌に登つて、雪に遇うて坎壈《かんらん》たり。或るときは石峯に跨つて、粮《らう》を絶つて轗軻《かんか》たり。

とあるのがそれで、金巌は吉野金峯山《きんぷせん》、石峯は石鎚山とするのが古来の定説となっている。しかし石鎚山は、石鉄山とも書かれ、近世には石鉄山という文字も用いたところを見ると、金《かね》を産する巌山として、石鎚山を金巌といったかも知れない。

事実、吉野金峯山には金巌というべき巌山はないが、石鎚山は「鎖禅定」と称して鉄鎖でよじのぼる大巌峰である。頂上の弥山《みせん》(一九六〇メートル)の奥には天狗岳(一九八一メートル)の、西日本最高峰があって、「跨る」という語がぴったりする尖峰である。「巌」を「嶽《たけ》」の借字として吉野の「金の御嶽」にあてることに反対するわけではないが、青年時代の空海にとってわすれがたい郷土の名山であった。

空海はここでいろいろの宗教的体験をするが、そのなかに、或るときは雲童《うんどう》の娘《らう》を眄《み》て、心懈《たゆん》で思を服《つ》け、或るときは滸倍《こべ》の尼を見て、意を策《はげま》して厭《いと》ひ離る。霜を払つて蔬を食ふこと、遥に伋（子思）が行に同じ。雪を掃《はら》ひて肱を枕とすること、還《ま》た孔（孔子）の誡に等し。

などとのべて、積乱雲の形が豊満な娘の姿に見えて心をうごかしたり、水辺に洗濯する尼を見ては、かくしてはあらじとそこを離れて行った。優婆塞空海にも払うことのできぬ懊悩があり、また身辺に尼僧の姿もあったことがわかる。

頂上石鎚本社の鎖禅定

このような空海の体験から、真言系の山伏がここにあつまり、空海を石鎚山の開祖とあがめるようになったのだとおもわれる。その結果、石鎚山の山神である「石槌神」（あるいは石鎚毘古神）は大峯山の蔵王権現におきかえられるようになり、中宮にあたる奥前神寺《おくまえかみじ》には、吉野蔵王堂とおなじ三体蔵王権現が本尊としてまつられた。そうするとどうしても蔵王権現を祈り出したという役行者も、開祖

の一人に加えざるをえないことになり、『石鉄山横峰寺縁起』（宝永年中写本）に、

吾朝ニ生レテハ役ノ優婆塞ト号スル者ナリ。石土《いしつち》ノ峯ニ石泉《せっせん》菩薩ト現レ、大峯ニハ金剛菩薩ト現レ、三徳山ニハ智積《ちしゃく》菩薩ト現レ、金剛山ニハ法喜《ほふき》菩薩ト現レ、箕面《みのお》山ニハ不動明王ト現レ給フ。

というように書かれた。しかしそれは信仰上のことで、歴史事実ということではない。したがって『深仙灌頂《じんぜんかんじょう》系譜』（『修験道章疏』㈢）などに、役行者の弟子の五大山伏の一人である芳元《ほうげん》に、

天平勝宝五年大峰修行縁起相伝。三十四歳。伊予国石撮峰ニ熊野権現勧請。嵯峨天皇弘仁七年入滅九十七歳

とあるのは、そのまま信じがたい。

ところで石鎚山修験の本拠は奥前神寺のあった常住《じょうじゅう》であるが、ここは石鎚山の中腹で一四五〇メートルの高地である。積雪期には常住僧あるいは山籠《さんろう》僧だけをのこして、里前神寺に下ったものとおもわれる。明治維新にこの奥前神寺は成就《じょうじゅ》社と改められ、本尊三体蔵王権現（金銅製）は山下におろされた。しかし里前神寺の方も石鎚神社となったので、その一支院である医王院にうつされ、前神寺住職もここに移って、現在の石鎚修験宗本山前神寺となったものである。

いま成就社は石鎚神社の摂社で、ここに石鎚登山者の関所があって入山料をとっている。

拝殿には木槌があげられているのは祈願のためであろうが、石槌神の名にちなんだものかもしれない。いまその下までケーブル・カーが通じている。石鎚大祭といわれるのはその山開きで、このあいだだけ女人禁制をまもっている。おそらく夏峯入の名残ともおもわれ、江戸時代には六月朔日より三日までであった。これが明治二十五年には旧暦五月二十一日から六月朔日までとなっているが、現在は七月一日から十日間の大祭のうち、はじめの三日間だけ女人禁制となる。もちろん昔は成就社の女人返王子社（第十七王子）が女人堂で、その上は全山全期間女人禁制であった。これはかつての浄行者の修行場だったからである。そしてこの女人禁制のあいだ、前神寺本尊の三体蔵王権現は成就社のすぐ下の仮宮までのぼる。これは神仏分離のときの異常な処置であったのだから、石鎚大祭のあいだだけでも蔵王権現は成就社のなかにまつって、庶民の信者の信仰にこたえてほしいものである。それが石鎚山の開祖である寂仙や空海の願いであろうし、信仰上の開祖である神変大菩薩、役行者の加護をうける道であろう。

なお旧常住《じょうじゅう》は石鎚山の東方の瓶《かめ》ヶ森山（一八九六メートル、西日本第五の高峰）の中腹にもある。これは石鎚山系中には各地に山中修行者の本拠があったことをしめすものであるが、その詳細な歴史は不明である。

# 富士山の開祖

## 一――富士山と神山信仰

（前略）国のみ中ゆ　出で立てる　不尽の高嶺は　天雲も　い行き憚り　飛ぶ鳥も　翔《と》びも上らず　燎《も》ゆる火を　雪もて消ち　降る雪を　火もて消ちつゝ　言ひもかね　名づけも知らに　霊《くす》しくも　坐《いま》す神かも　（中略）日の本の　やまとの国の　鎮《しづめ》とも　坐《いま》す祇《かみ》かも　宝とも　なれる山かも　駿河なる　不尽の高嶺は　見れど飽かぬかも

（『万葉集』巻三）

とよまれた富士山もまた修験道の栄えた山であった。その開祖は役優婆塞とされて、これは『万葉集』のできた奈良時代の伝承をあつめた『日本霊異記』（上巻第二十八話）に見えるのだから古いものである。

しかし『万葉集』の歌のように「天雲もい行き憚り、飛ぶ鳥も翔びも上らず」という富士山に登頂できたかどうかは疑問である。しかも『常陸風土記』には、「富慈《ふじ》の神」のいます山は人が登れなかったといっている。

汝《いまし》（富慈の神）の居《す》める山は、生涯《いのち》の極《きはみ》、冬も夏も雪霜ふり、冷寒重襲《さむさかさな》り、人民《ひと》も登

らず、飲食《をしもの》も奠《まつ》る者なけむ

とあるから、これは登ることをタブーとされた山であった。すでにのべたように、奈良時代以前の山岳信仰は、中腹（のちの中宮）でまつるか、山麓の洞窟か谷で修行するだけであったろうと、私はかんがえている。したがって富士の登頂は九世紀ごろ、すなわち、平安初期ではなかったかとおもう。一般には平安末期の末代《まつだい》上人が登頂者とされているけれども、都良香《みやこのよしか》（八三四―八七九）の『富士山記』には頂上に平地があり、その中央は窪んでおり、中に虎石がある。気を吹くこと飯を炊く甑《こしき》のようだと書いているので、すでに頂上と噴火口を見た人があったとしなければならない。

　この『富士山記』では延暦二十一年（八〇二）三月に噴火があって、山東脚下（東方山麓）に新山ができたといっている。しかし『三代実録』（貞観六年七月十七日）の大噴火についてはしるしていない。このときの土石溶岩流は本栖《もとす》と剗《さい》湖を埋めたとある。しかもそれは禰《ね》宜祝《ぎはぶり》が斎敬《さいけい》をいたさなかった神の怒りという。したがって山麓にはこの山をまつる神主もおったのである。しかも貞観十七年（八七五）には、吏民が富士山を祭ることが旧例となっていたという。

『富士山記』によると、この年の十一月五日は快晴で、山峰を仰ぎ見ていると白衣の美女二人が、頂上で連れ舞（双舞）をしているのが見えたという。この天女は地上一尺ぐらい足が離れていたというが、麓から見てどうして一尺がわかったなどと理窟をいうのは野暮である。とにかくこの山には天女はもちろん役行者にしても、のちにのべる聖徳太子にしても、飛ぶことが一つの特色になる。冬期の晴天に山頂から雪煙《せつえん》の舞うときは、まさに天女の舞の幻想もありうるが、これはまた羽衣説話の成立につながるものであろう。

南無帰命月《きみやうぐわつ》天子、本地大勢至《せいし》、東遊《あづまあそび》の舞の曲、あるひは天つ御空の緑の衣、又は春立つ霞の衣、色香も妙《たへ》なり乙女の裳《もすそ》、左右左《さうさ》、左右颯々《さうさつさつ》の、花をかざしの天の羽袖、なびくもかへすも舞の袖、（中略）時移つて、天の羽衣、浦風にたなびきたなびく、三保の松原、浮島が雲の、愛鷹《あしたか》山や富士の高嶺、かすかになりて、天つ御空《みそら》の、霞にまぎれて、失せにけり。

「南無帰命月天子」といったのは、中世の富士山修験道では、本地を大日如来としたことや、薬師如来としたことに対応している。

また『富士山記』によると、この山は神仙の住むところであるという。

蓋し神仙の遊萃する所なり。承和年中、山峯より珠玉落ち来る。玉に小孔あり。蓋し是れ仙簾《せんれん》の貫珠なり。

とあり、山麓の遺跡でひろわれたらしい管玉か勾玉まで、この山に神仙の宮殿があることの裏付けとされた。しかしまたこの山には浅間《せんげん》大神という神がいるともいう。

古老伝へて云ふ。山を富士と名づく。郡名を取るなり。山に神有り。浅間大神と名づく。

ともあって、山そのものが神体であるのでなく、山に神や神仙が住んでいるのだという。天女というのも富士山の神仙居住説から出たものとおもわれるし、山頂の池に竹が生えているということも、竹と神仙の関係からいわれたことであろう。

このような富士山神仙説がもとになって、役行者開創や聖徳太子飛行伝説を生じたものとおもうが、これは日本の山岳信仰に中国神仙説の扶桑国や蓬莱山の影響があったためで、やがて富士山の異名が蓬莱山といわれ、また印度の須弥山《しゅみせん》をうけて「蘇迷盧《そめいろ》の山」ともいわれた所以でもあった。

## 二―役優婆塞と聖徳太子

『日本霊異記』(上巻第二十八話)によると、役優婆塞《うばそく》は神仙術を会得して飛行《ひぎょう》自在であり、つねに神仙と交っていた。さきにあげたように、

沖虚之外に飛び、仙賓と携へて、億載《おくさい》之庭に遊ぶ。蘂乎《ずいこ》之苑に臥休し、養性之気を吸ひ噉《くら》ふ。

とあるのは、沖《はるか》なる虚《そら》の外まで飛行して、神仙の友とともに、何億年とも知らぬ不老不死のユートピアに旅をしたり、香ぐわしい仙境に臥して、永遠の生命を養う気を呼吸し噉食《かんじき》した、という意味である。これはまさに神仙術の達人のなしうるところであるから、役優婆塞は奈良時代には神仙術を自由自在に駆使できる、葛木山の山岳修行者と見られていた

ことがわかる。

このような役優婆塞は葛木峯の山神、一語主大神《ひとことぬし》に訴えられて、母を救うために飛行をやめて捕えられた。その結果伊豆に流罪になったが、

即ち之（役小角）を伊図《いづ》の島に流す。時に身を海上に浮べて、走ること陸を履《ふ》むが如し。体は万丈に踞《きよ》し、飛ぶこと翥鳳《しよほう》の如し。昼は皇命に随つて嶼《しま》に居て行ひ、夜は駿河の富𡶌《ふじ》の巌に往きて修す。

とあるように、万丈の断崖に腰かけたり、鳳のように空を飛んで、富士山に登って修行したという。このような記述は事実そのものを述べたというよりは、役小角の神仙的能力（奇表）と富士山の神仙信仰を表現したものというほかはない。しかもこれは役小角が伊豆の島に流されたというので、富士山とのあいだを飛行往来したという話に発展したのである。ただこの山が神仙術の理想郷《ユートピア》たる蓬萊山に擬せられて、神仙術を修行する人々があつまる山であったために、役優婆塞や天女や聖徳太子の伝説が生まれたものかもしれない。

聖徳太子の富士登頂は平安中期の太子伝である『聖徳太子伝暦』にあるので、もしこれが事実ならば、富士山は聖徳太子が開祖ということになる。しかしこれも太子の神仙術と富士山の関係をとくためにつくられた伝説であろうとおもう。しかもこの伝説が奈良時代の『上宮聖徳法王帝説』や『太子伝補闕記』に見えないで、『聖徳太子伝暦』にだけ見えるということは、『富士山記』の書かれた平安初期のころに、語り出されたものであるこ

とを推測させる。この話は太子二十七歳の推古天皇六年（五九八）夏四月の記事に、

太子左右に命じて善馬を求め、幷びに諸国に符して貢せしむ。甲斐の国、一烏駒《うく》の四脚白き者を貢す。数百疋の中に太子此馬を指して曰く、是れ神馬なりと。餘は皆還さる。舎人《とねり》調使麻呂《ちやうしまる》に命じて之に飼養《しやう》を加へしむ。秋九月、試みに此馬を馭して雲に浮かんで東に去る。衆人相驚く。三日の後轡《くつわ》を廻して帰り来る。左右に謂ひて曰く。吾此馬に騎《の》り、雲を躡《ふ》み霧を淩いで、直に附神《ふじの》岳上に至る。転じて信濃に至り、飛ぶこと雷震の如し。三越《さんゑつ》（越後・越中・越前）を経竟《へをは》り、今帰り来るを得たり。麻呂、汝疲を忘れて吾に随ふ。寔《まこと》に忠士なり、麻呂啓して曰く、意《こころ》に空を履《ふ》まず。両脚猶歩みて陸地を踏むが如し。唯諸山の脚下に在るを看《み》るのみと。

とあるので、聖徳太子も足で登ったのではなくて、甲斐の黒駒（烏駒）の神秘的な力で、雲に乗って富士山頂へ飛翔したとかたられている。

甲斐の黒駒の神秘性については、すでに『日本書紀』（雄略天皇十三年秋九月）にもかかれていて、

烏玉《ぬばたま》の　甲斐の黒駒　鞍置《くらき》せば
命死なまし　甲斐の黒駒

の歌が出ている。馬というものは山の神の乗物として、初午《はつうま》などに馬の絵馬を買って帰る信仰や行事があるが、これはまた霊の乗物ともされたことは、お盆の盆棚にあげる精霊馬

としての真菰馬《がつきうま》、胡瓜馬、茄子馬のあることでもわかる。とくに黒駒というものは霊の乗物という信仰があったのではないかとおもう。したがって霊を黒駒に乗せてそれぞれの地方の霊場とされる山におくるという伝承があったのだろうと、私は推定する。というのは、聖徳太子の絵伝のなかの、この甲斐の黒駒の部分をとくに抽き出して描いた掛軸を、葬式の棺の上でヒラヒラとかざして、死者を引導する民俗があったからである。

　この民俗の有名な事例は、天保十一年（一八四〇）に書かれた鈴木牧之《ぼくし》翁の『北越雪譜《ほくえつせつぷ》』（初編中之巻）の「秋山（郷）の古風」という一文に、

> 冬は雪二丈余もつもりて人のゆきき（往来）もたゆる（絶）ゆゑ、此時人死すれば、寺に送る事ならざれば、此村に助三郎といふもの、家に、むかしより持伝へたる黒駒太子と称する画軸あり。これを借りて死人の上を二、三べんかざし、これを引導として私に葬る。寺をさだめざるいぜん（以前）は、むかしよりこれにすませたり。秋山は山田と福原の氏のみなり。右の助三郎は、山田の総本家なり。（中略）牧之、助三郎が家にいたり、かの一軸を見んとこひしが、正月七月のほかをがませずとてゆるさざりき。

とあるが、これは東北地方の「マイリのほとけ」とよばれるものとおなじで、葬式と祖霊供養におがむものである。図柄は富士山の上の白い雲に黒駒に乗った太子が画かれ、うしろから調使丸がついてゆく。太子信仰というものには、こうした祖霊信仰が二重写しになっているが、おそらくもとは聖徳太子はなくて、黒駒だけの絵だったのではないかとおも

う。富士山には中世には、たしかに祖霊のゆく他界があると信じられ、それが『吾妻鏡』（建仁三年六月四日）の新田四郎忠常が人穴に入って地獄を見て来た話となり、室町時代には『お伽草子』の「富士の人穴草紙」になって、凄惨な六道地獄のありさまがかたられる。この草子では、信濃の小泉小二郎とともに謀叛をおこす和田平太胤成《たねなり》が失敗して出て来た富士の人穴に、新田（仁田）四郎忠常が奥まで入り、浅間大菩薩に会って一百三十六地獄の六道めぐりを見せられる。その六道の奉行というのが箱根権現、伊豆権現、白山《しらやま》権現、富士浅間《せんげん》大菩薩、三島大明神、越中立山滝蔵《りゆうぞう》権現であるとする。

一昨年（昭和五十三年）、中世絵物語絵本（お伽草子または奈良絵本）の国際学会があって、

黒駒太子像
（岩手　東和町阿弥陀堂蔵）

アイルランド、ダブリンのチェスター・ビーティー美術館で日本から流出した『義経地獄やぶり』を見た。これも一旅僧が東海道を下る途中で、富士山麓に来かかると、不動明王があらわれて山伏の結袈裟をさずけて、富士の人穴の地獄に案内するという話である。この地獄には義経主従が堕ちていて、閻魔大王への謀叛を計画している。地獄における有名な豪傑のほかに、平家一門の亡霊をかたらって、源平連合軍で地獄の鬼を打ち殺して地獄やぶりするのを見て、旅僧はこの世に帰ってくるという、人を喰ったお伽草子である。

この種の草子はひろく普及して富士信仰をひろめたとおもわれるが、その挿絵にはどれも美しい富士山とともに恐ろしい地獄図がえがかれている。これに聖徳太子を結合させたのは、おそらく善光寺の勧進聖ではなかったかとおもう。というのは善光寺聖は善光寺如来と一緒に聖徳太子信仰をすすめてあるいたからで、黒駒太子信仰が東国にかたよっているのも、そのためかもしれない。

## 三―末代上人と富士修験道

以上神仙思想の上から富士山の開祖に擬せられる役優婆塞や聖徳太子に対して、足で登った開祖としては、都で富士上人とよばれた末代上人の名がつたえられる。もし文献だけを史料として論ずるならば、末代上人以前の伝説や詩文はみな嘘になる。しかしすでにのべたように、都良香の『富士山記』に山頂のありさまが知られていた以上、無名の登頂者が平安時代初期からあったのである。もちろんその登頂にはきびしい精進を要したにちがいないので、きわめて少数にかぎられたであろう。

そうした精進修行者のなかで、とくに傑出した山伏が末代上人であった。彼の名は都に出たために『本朝世紀』（久安五年〈一一四九〉四月十六日）に記録されてのこった。

近日、一院（鳥羽上皇）において、如法《にょほふ》大般若経一部書写の事あり。卿士《けいし》大夫《だいふ》男女《なんにょ》素緇《し》多く営々す。此の事は是れ即ち駿河の国に一上人有り、富士上人と号す。其名は末代と称す。富士山に攀登する事、数百度に及ぶ。山頂に仏閣を構《かま》へ、之を大日寺と号す。

とあり、大日如来を本地とする修験道があったことがわかる。登頂数百度というのは誇張であろうし、山頂の仏閣というのは伝聞で書いたからであろう。これもおそらく富士山曼荼羅ならば、頂上に大日如来が円相の中に画かれているのを、仏閣と書いたのかもしれない。このころはもちろん一般人の登山はなかったろうから、中腹の中宮にも寺はなかったはずである。またこの上人は白山にも登って、山頂龍池の水を酌んで如法経書写をおこなった。主として関東の民庶に勧進して一切経論の如法書写をしたのであるが、久安五年には京都にまで出て来たために、記録に名をのこすことになった。関東というのは東国ということで、駿河もふくんでいたとおもわれる。

末代上人以降は富士山の中世はあまり分らないが、いま室町初期から戦国末ごろの富士

富士曼荼羅（静岡　浅間神社蔵）

曼荼羅がのこっていて、中世以後はかなりの道者がのぼったことはたしかである。曼荼羅は南の海上から富士山をながめた図柄で、船で来て三保あたりに上陸する道者が画かれている。遠く都や奥州からも登るものがあったであろう。その登山口も、もと村山口とよばれた大宮口で、いまの富士宮市の浅間神社にまいって、村山の中宮をへて山頂奥社にのぼるコースである。しかし今は元村山の山伏村はすっかりおとろえたので大宮口になった。富士曼荼羅ではここで水を浴びて潔斎する道者が画かれている。そのほか中世には須山口（裾野町）からものぼったらしいが、御殿場が開けるとともに須走口《すばしり》が栄えて須山口はおとろえた。江戸時代にもっとも栄えたのは吉田口であるが、明応五年（一四九六）の北条早雲の登山や、のちの武田信玄の登山も吉田口であったというから、この方もはやくひらけたのであろう。

ともあれ中世には富士山は修験道の山として栄えた。しかし江戸時代に入って神道化の傾向をたどり、その修験道の伝統は箱根や丹沢方面の修験にのこされたといわれる。富士山の山岳信仰としての歴史は、はじめ陰陽道にもとづく神仙信仰から、平安時代以降の中世を通じて密教を中心とする修験道になり、近世には神道化するという、典型的な三段階をへたものといえる。

## 箱根山の開祖

### 一――箱根山の原始的山岳信仰

箱根山は温泉や景勝よりも、歴史の山である。足柄・箱根から伊豆につらなる山塊は、日本を東と西に分ける天然の障壁であるため、この要害をめぐってしばしば戦いがおこなわれた。またこの山を越える人馬や荷駄は、ここを扼する権力者によってつねに監視され、悲劇や物語が生まれた。

古代には箱根の険をさけて、大きく北に迂回して足柄峠を越えた。これは丹那トンネル開通以前の旧東海道線が御殿場線を迂回したとおなじ知恵であった。官道が箱根を越えるようになったのは奈良時代からなので、悲劇の英雄、日本武尊も『古事記』によれば足柄を越えている。

悉《ことごと》に荒ぶる蝦夷《えみし》どもを言向《ことむ》け、また山河の荒ぶる神どもを和《やは》して、還り上ります時に、足柄の坂下に到りまして、御粮《みかれひ》聞《き》こし食《め》す所に、その坂の神、白き鹿になりて来立ちき。かれその咋《みを》し遺《のこ》りの蒜《ひる》の片端もて、待ち打ちたまひしかば、その目に中りて打ち殺されたりき。かれその坂に登り立ちて、懇《ねもこ》ろに歎かして、「吾嬬《あづま》はや」と詔りたまひき。

と、吾妻の国の地名伝説をここにもとめている。

したがって、このあたりの信仰対象は、足柄明神をまつる箱根外輪山の矢倉岳（八七〇メートル）が古いが、奈良時代以降は主峰神山《かみやま》（一四三八メートル）や駒ヶ岳（一三二七メートル）をめぐる山々谷々、あるいは湖水が信仰の対象になったものとおもわれる。しかし箱根山修験道が栄えるのは、鎌倉に幕府がひらかれてからなので、それ以前の記録はきわめてすくない。わずかに建久二年(一一九一)七月二十五日の奥書のある『筥根山縁起并序』が、古代の消息をつたえるにすぎない。ところがこの縁起は年記がはっきりしているばかりでなく、その著者の「南都興福寺住侶信救《しんぎゅう》」というのは、木曾義仲の右筆《ゆうひつ》として有名な大夫房覚明《かくみょう》で、『平家物語』(巻七)の「木曾の願書」の条では、倶利迦羅《くりから》合戦の戦勝祈願の願書を書いている。義仲の没落ののち、箱根山の別当行実《ぎょうじつ》をたよって身をよせ、その依頼でこの縁起を書いたのである。そのころ信救が箱根山にいたことは、『吾妻鏡』(建久六年十月十三日条)であきらかだから、この縁起にはかなりの信憑性をみとめてよいと私はかんがえている。

またこの縁起で箱根山の開祖とされる万巻《まんがん》上人の実在性も、信ずべき理由が多い。従来の文献史学は同時代の文献がなければ信じようとしないが、後世のものでも間接的説明につかえるもの、対照、類比すべきものがあれば、面倒がらずにつかうことである。同時代の直接史料がなければその歴史事実はない、というのは幼児的で、それでは記録をのこさない庶民の歴史や、修験道の歴史はなかったことになる。

万巻上人の肖像の木像はいま箱根神社にのこっていて、これが平安時代初期の制作であることはうたがいない。したがって、箱根山の開創を奈良時代におくことは、あまり問題がないとおもう。平安時代中期には三十六歌仙の一人、相模の『相模集』に「箱根権現奉納初度百首」と「返歌百首」があって、修験道信仰のあったことも証明できる。そのほか

万巻上人坐像（神奈川　箱根神社蔵）

に鎌倉時代まで箱根山そのものの記録文献がないといっても、交通路があり、風光明媚な湖水があり、噴煙を吐く山や谷があれば麓の民や通行者のあいだに、この山の信仰がおこるのは当然であろう。そしてこのような山を開くのは、山や湖に神霊の実在と修行の場をもとめて難行苦行する山伏のほかにはかんがえられない。そのような山の宗教者は有名無名をふくんで多数あったであろうが、その代表として万巻上人の名がのこったのである。

しかしすでに富士山の場合でも見られたように、奈良時代以前の山岳修行者は神仙術をおこなう仙人が多かった。したがってここでもそのような仙人の名がつたえられていたらしく、建久二年の縁起にも人皇第五代孝昭天皇のころ聖占仙人が駒ヶ岳を開いたとか、第十代崇神天皇のとき利行丈人という仙人が一宇の堂を創建したなどといっている。そののち二十七代安閑天皇のとき仙人が飛来して山頂に住んだとか、三十五代皇極天皇のとき玄利老人が神宮寺である東福寺をたてたともいう。また三十七代斉明天皇のとき、湖水中の堂ヶ島に観音の堂を建てて補陀洛迦《ふだらか》山と称したとあるから、次第に仏教が入って来たのであるが、補陀落信仰のあったことから見ると、日光とおなじく湖水が信仰対象の一つだったこともわかる。

このような縁起の記述のなかで、箱根に地獄信仰のあったことをのべているのは、古代山岳信仰として重要なことである。

復乾《またいぬゐ》に焼々の大岡あり。人をして穢土を厭離し、浄刹を現出するの神通智力なり。

とあって大涌谷《おおわくだに》の噴煙を地獄になぞらえたのであるが、これは立山の地獄谷とおなじ信仰であった。というのは罪をつくった死者の霊はこの地獄に堕ちるということで、死霊のこもる山としての山中他界信仰があったことをしめすからである。したがって最近まで六道地蔵その他、箱根山中各地の「火ともし地蔵」に死者の霊をおくる信仰があった。そのうちでとくに元箱根と芦の湯の中間に見える精進池から、駒ヶ岳にのぼる「死出の沢」は有名で、ここに元箱根石仏群がある。いま精進池畔には永仁三年（一二九五）銘で地蔵浮彫りの五輪塔三基があり、曾我兄弟と虎御前の墓といわれている。また永仁四年銘の多田満仲の墓とつたえる宝篋印塔もあって、ここが死者供養の場所であったことがわかる。いま高級車の疾駆するモダーンなハイウェーの傍の藪の中にも、点々と墓石がかくれている。このような箱根の山岳信仰も、古老の伝承のほかはほとんど忘れ去られようとしている。

## 二——箱根開山の万巻上人

すでにのべたように奈良時代は、山岳信仰の一大転換期であって、著名な山伏の開祖の活動が伝えられる。葛城山の役優婆塞や彦山の法蓮、日光の勝道などは当時の文献があるから、その実在はうたがう余地はないが、白山開山の泰澄も実在としてすこしも差支えはない。在世当時の記録や正史の文献になければ、その歴史事実や歴史的人物が存在しなかったという歴史家が多いので、万巻上人の実在はうたがわれるのである。しかし庶民史や庶民信仰は正史に出ないのが当然である。かりに実在しなかったとしても、民衆の偶像になったような人物は、つまらぬ正史に名を出す人物より、はるかに生々と、民衆の心の中に生きた実在なのである。いわんや積極的に否定すべき根拠もないのに、正史の記載や同時代記録がないというだけで否定するのは、庶民史の本質を知らないものと私はかんがえる。

その意味で箱根山の開山としての万巻上人を否定すべき理由を、私は見出すことができない。いわんや万巻上人木像が開山像としてのこっており、その制作年代は飜波式彫法やその表情などから判断して、平安時代初期と判定されているのだから、なおさらである。しかしそれでもこの像に万巻上人と書いてないではないかという人もある。そのような説はこの像が万巻上人以外の誰の像であるかを、説明した上でないと成り立たないのである。

そこで建久二年の『筥根山縁起并序』によると、万巻上人は天平宝字三年（七五九）に箱根山を開いたとあるが、それはこの山の三神（女体形、比丘形、宰官形）を感得し、これを筥根三所権現としてまつりはじめたことを指している。したがって箱根山の開山は悠久の昔からかぞえれば、聖占仙人、利行丈人、玄利老人の三仙人と万巻上人の四輩とされているが、歴史的実在としては万巻上人一人であろう。

縁起によれば万巻上人は奈良の都の沙弥智仁というものの子であった。奈良時代の沙弥といえば、行基菩薩も七十五歳をすぎて大僧正に突如叙任されるまで沙弥であったことは、『日本霊異記』（中巻第七話）であきらかである。したがって万巻上人の父は「沙弥・優婆《うば》塞《そく》・聖《ひじり》・禅師」などとならべられる妻帯の庶民宗教家（私度僧《しどそう》）で、山岳修行もした人であろう。そのために万巻上人も二十歳で剃髪して私度僧となり、誓願を立てて苦行に入ったが、それは日課として毎日方広経《ほうこうきょう》一万巻を読むことであったという。しかし方広経というのは『方広大荘厳経《しょうごん》』のことで十二巻もあるので、これは不可能である。この時代は一巻を二十行に切って読むような千部経方式はなかったので、これは十二巻一部を一万部読誦する誓願を立てたことを指すものとおもわれる。そうすれば毎日十二巻一部を一日も欠かさず読誦して三十年を要することになる。この経典は釈迦如来の一生涯を書いたものので、その苦行のありさまもくわしいから、山中苦行の経典としてもちいられたのだろうとおもう。

万巻上人はそののち「諸州霊崛」を巡行したというので、全国の有名な霊山の岩屋で修行したらしいが、天平勝宝元年（七四九）に常陸の鹿島神社へ行って神宮寺を建てた。ここに八年いるあいだの霊夢によって、天平宝字元年（七五七）に箱根山（泰禄山）へ来て苦行三年、ついに筥根三所権現を感得したのである。しかしここで問題になるのは万巻上人が鹿島神社神宮寺を建てたことで、従来神仏習合史のうえで、神宮寺の建立に山伏が関与したことを、仏教史家も神道史家もみとめていない。しかし『武智麻呂伝』（『藤原家伝』）によると和銅八年（霊亀元年＝七一五）に藤原武智麿《むちまろ》が越前国の敦賀の気比《けい》神社に神宮寺をたてたときも、優婆塞すなわち山伏が関与していた。これは武智麿の夢に一奇人があらわれて、自分は宿業によって神となったが、仏道に帰依して修行したいのだと告げた。この神はおそらく気比の神だろうと思ったがはっきりしないので、夢中の奇人は何神であるかをたずねた。

　昨夜の夢中の奇人は是れ誰ぞや。神もし験《げん》を示さば、必ず為に寺を樹《た》てんと。是に於て神、優婆塞久《く》米勝足《めのかつたり》を取りて高木の末《こずゑ》に置き、因りて其の験と称す。公乃ち実たることを知り、遂に一寺を樹《た》つ。今越前国に在る神宮寺是れ也。

この史料は仏教史の大家、辻善之助氏もあげているが、解読は十分でなかった。しかしこれを修験道史の立場から解読すれば、次のような事実がわかる。この優婆塞というのは山伏のことであって、「役《えん》の小《お》角《づぬ》」というように俗名なのである。武智麿が神に「夢中の奇人は誰か」とたずねたというのは、神憑《かみがか》りになったこの優婆塞久米勝足にたずねたのである。これは山伏のシャーマンとしての機能から当然のことであろう。するとこの山伏は呪文をとなえて高い木の梢に飛び上った。これはよく「験競《げんくらべ》」といって山伏は普通人以上に跳躍する能力をもっていたことを示しているし、美作《みまさか》の「護法飛び」行事に見られるように、神や天狗の憑いた山伏は、人間以上の跳躍力をもっている。この山伏久米勝足はその木の梢から、「これこそ夢中の奇人はほんとうの神であったことの験《しるし》だ」というお告げを武智麿にしたので、この山伏にたのんで神宮寺をたてた。もちろん神宮寺の管理や勤行や法会はこの山伏がしたであろう。そのほかに山伏の建てた神宮寺としては、日光中禅寺湖畔に、勝道上人が建てたもののあることはすでにのべたとおりである。

## 三―万巻上人と満願禅師

ところが万巻上人の建てた鹿島神宮寺については『類聚三代格』の嘉祥三年（八五〇）八月五日の太政官符にも出ていて、『筥根山縁起幷序』の正しいことを裏付けるのであるが、この方には「満願」として出てくる。

去る天平勝宝年中、修行僧満願、此の部《くに》に到来し、神の為に発願して始めて件の寺を建つ。大般若経六百巻を写し奉り、仏像を図画し、住持すること八箇年、神以て感応す。而して満願去りて後、年代已に久し。住持する人無くして伽藍荒蕪《くわうぶ》す。

これを見ると、万巻と満願の事蹟はまったくおなじなので、縁起の著者信救《しんぎゅう》が『類聚三代格』を見れば「万巻」を「満願」にあらためたのではないかとおもう。しかしこの満願はもう一つの公式記録に出てくる。それは延暦二十年（八〇一）十一月三日の沙弥法教《ほっきょう》の書いた原文書が現存している『伊勢国多度《たど》神宮寺伽藍縁起并資財帳』であって、原文書は多度神宮に今も所蔵されている。これには、

以《おもんみ》るに去る天平宝字七年歳次癸卯《みづのとう》の十二月庚戌《かのえいぬ》朔二十日丙辰《ひのえたつ》、神社以東《よりひがし》に井あり。道場に於て満願禅師居住し、敬つて阿弥陀丈六を造りたてまつる。時に在人《あるひと》に託して神のたまはく、我は多渡神《たどのかみ》なり、吾れ久劫《くごふ》を経て重き罪業を作り、神道の報を受く、今冀《こひねが》はくは、永く神の身を離れ、三宝に帰依せんと欲す。（中略）茲に於て満願禅師、神の坐《いま》す山の南辺を伐掃《きりはら》ひ、小堂及び神の御像《みかたち》を造立したてまつり、多度大菩薩と号す。

とあって、神宮寺がつくられた。したがって筥根三所権現の場合も、このような小堂と神像か本地仏がつくられたものとかんがえてよい。このように神宮寺建立の動機も、山岳修行者の託宣によるものであるが、この託宣は山伏の託宣呪術によって「在人《あるひと》」に神が憑くのである。その「在人」は偶然そこにいた人に憑く場合と、山伏と一組になった尸童《よりまし》（幣《へい》代《だい》または中座《なかざ》、すなわち霊媒《メディアム》）に憑く場合とある。ほんとうの託宣は偶然そこにいた「在人」に突然憑くものだと私は信じているが、この場合もおそらくそれであろう。

また神宮寺建立の宗教的意味は、日本の神は仏にくらべれば、人間にちかい罪業の身であるので、神の滅罪のための大般若経や法華経をよむための寺であった。これは国粋的神道観とは別に、古代的神観を見る上に大切なことであって、従来の神仏習合観のように、僧侶が利益追求のために捏造したものだなどときめつけてしまえば、庶民信仰の本質を見失うことになる。このような人間的神観（実類的神観ともいう）から山神を山姥としたり、鬼としたり、天狗とする観念が出てくるのである。しかしこれが中世には神の本地をかたる「物語的縁起」（本地談）というものになり、それがお伽話や昔話になってくる。このような縁起では神の本地は仏ではなくて、罪多き人間である。教科書的な本地垂迹説《ほんちすいじやく》とは百八十度ちがう、庶民的本地垂迹説なのである。

　これをあらわしたものが『筥根権現縁起絵巻』というお伽草子絵巻（中世絵物語）であって、三所権現の中の一所の本地、印度斯羅奈国（しらなゐこく）の大臣の娘常在御前《じようざいごぜん》（りやうさい御せん）が、継母のために海や山へ捨てられ、艱難辛苦するのも、前世の罪業の報いとうけとられたものとおもわれる。しかしこれを腹ちがいの妹の霊鷲御前《りようじゆごぜん》（りやうしゆ御せん）と隣国、波羅奈国（はらなゐこく）の兄弟王子にたすけられ、入道した父大臣と五人で日本へ渡ってくる。そこで姉常在御前は筥根三所権現の女体神《によたい》となり、父大臣は法体神《ほったい》となり、兄王子は宰官神（俗体神）となる。また妹霊鷲御前と弟王子は伊豆山走湯権現の二所権現となる。また継母も後を追って日本にわたり、芦の湖の七角の大蛇となったという筋で、これにはそれぞれの修験道的意味づけがある。すなわち女体神はこの山の山神（女性神）であって、宰官神（俗体神）は山神をまつる司霊者、すなわち狩人にほかならない。山神と司霊者はしばしば夫婦となること、伯耆大山の登攬尼と猟師依道の例がある。法体神はこの山の旧修験道の開祖にあたる山伏（僧侶）であるから、父大臣は入道して諸国行脚する山伏として物語の中に出る。ところが山には水神があって、しばしば荒魂としておそれられるが、これは継子をいじめる継母が七角の龍となって芦の湖におり、満願上人に呪縛されることになる。このように荒唐無稽なように見える物語的縁起も、修験道的意味づけがあるのであって、建久二年の『筥根山縁起并序』は歴史的縁起と物語的縁起を兼ねていて、これを分析すれば箱根山修験道の成立や発展の跡をあきらかにすることができるのである。

最後に箱根山開山の万巻上人と、多度神宮寺開創の満願とは同一人かどうかという問題がのこる。これにはいろいろと説明の手続きが必要であるが、鹿島神宮寺開創の満願と万巻が同一人である以上、多度神宮寺開創の満願とも同一人と推定してよいであろう。すなわち万巻上人は天平勝宝元年に鹿島神宮寺をたて、八年後に箱根へ来て、三年修行して天平宝字三年に箱根三所の神宮寺を建てた。それから四年後の天平宝字七年に伊勢へ越えて多度神宮寺を建てたことになり、その年代は矛盾しない。もしこれを否定すれば、万巻は弘仁七年（八一六）の示寂まで五十七年間も箱根にジッとしていたことになり、山伏らしからぬ一生になるであろう。このようにして多度山でも美濃の南宮山をふくむ、養老山系の修験道を開いた偉大な山伏だったということができる。

## 戸隠山の開祖

### 一――戸隠山と学門行者

日本九峰といわれる第一級の修験道の山はいずれも数か国、数十か国にわたる信仰圏をもつが、一か国内で圧倒的な信仰をあつめた山もある。それは近世には国峰《こくぶ》（くにみたけ）とよばれ、そこで修行すれば大峯や出羽三山の修行をしたとおなじ価値をみとめられるようになった。したがって地方の山伏は毎年国峰修行をするが、大峯は一生に一度か二度出かけて先達の資格をとっていたのである。

そのような国峰には、大峯の名を模した行場名や山名がつけられたものが多い。これも平安時代か鎌倉時代にさかのぼるものもあるし、近世になって出来た行場もすくなくない。どこへ行っても大峯山や金峯山のあるゆえんである。また覗き岩、平等岩《びょうどう》（行道岩《ぎょうどう》）、金《かね》懸岩《かけ》、蟻の戸渡《とわたり》、牛背馬背、鷲窟、胎内潜《たいないくぐり》、賽河原などがどこの山にもあるのは、そのような事情によるのである。

戸隠山洞窟，五十間長屋

しかし国峰でも広い信仰圏をもつところがあって、第二級の修験道の山として親しまれているものもある。そのような山は姿が秀麗で巌峰があり、変化に富んだ登山路をもっている。木曾御嶽山などは国峰ではなかったが、いろいろの条件で日本九峰におとらぬ信仰の山になった。木曾駒ヶ嶽もかつて大きな修験信仰の山だったとかんがえられるが、信州でもっとも大きな修験集団を構成したのは戸隠山であった。

戸隠は越後の妙高山と山つづきで、相互入峯の時代があったものと私は推定している。それは妙高山の修験、関山《せきやま》宝蔵院の『宝蔵院日記』からの推定である。このような第二級の修験にランクされる山を思い付くままにあげると、北では岩木山、鳥海山、岩手山、早池峰《はやちね》山、栗駒山、蔵王山、霊山《りょうぜん》などがあげられる。関東では神峰《かみね》・高鈴山《たかすず》（入四間修験《いりしけん》）があり、筑波山・加波山・赤城山・妙義山・榛名山がある。越後では八海山《はっかい》、甲州では金峯山、遠州では秋葉山、美濃には南宮山がある。近江で伊吹山、山城は愛宕山・鞍馬山があり、大和・紀伊は葛城山である。中国路の美作では後山《うしろやま》が有名で、児島五流修験と勢力をあらそった。山陰では三徳《み》《とく》山や三瓶《さんべ》山、比婆《ひば》山、道後山、隠岐の大満寺山や焼火《たくひ》山がある。四国では剣山や高越《こうおつ》山、九州では背振《せぶり》山、阿蘇山が大きな修験で、宝満《ほうまん》山、求菩提《くぼて》山、福智山などは彦山と相互入峯の山であった。また霧島山の信仰圏も大きく、かつての修験勢力がしのばれる。

最近はこれらの山や、もっと地域的な第三級の山にも修験道研究がすすめられるようになったが、その中で信州の戸隠山は、多くの研究者の注目をあつめている。しかしここには近世文書は厖大なものがあるが、中世以前については『戸隠山顕光寺流記《けんこうじるき》』をのぞいては見るべきものがない。したがってその開創の事情もわからないし開祖についても、実在かどうかはっきりしない。その上、いつのころからか神代の神話が混入して、手力男《たぢからお》命を主神にするようになってしまった。このような開創縁起の神話化はどこの山にもあるし、とくに明治以後は本地仏を抹殺したので、いっそう開創の事情を不明にした。おそらく室町時代は神仏習合思想において神道が優位を占めるようになったので、この時代に祭神や開祖の改変がおこなわれたと見なければならない。

戸隠山が本来九頭龍《くずりゅう》信仰の山であることを知らぬ人はない。信仰圏の巳待《みまち》講も九頭龍信

西窟（長野　戸隠山）

仰であり、水神信仰である。そこにどうして手力男命が入り込むのかは、山岳信仰の問題としても、一度解明する必要があるとおもう。現存唯一の縁起である『顕光寺流記』は、長禄二年（一四五八）の成立であるが、ここではまだ手力男命は主神ではない。むしろ九頭龍が信仰対象であり、これを顕わした学門行者が開創者としての地位をもっていた。

ところが現在、戸隠山では学門行者にはまったく重きをおかれていない。どこの修験の山でも開創者は神格化され、三神三容《さんじんさんよう》の法体《ほったい》神（僧形）にあてられるところが多い。おそらく戸隠山では明治維新の廃仏毀釈で、学門行者を御祭神からはずしたのではないかとおもう。昨年七月中旬にこの山の西窟《にしくつ》（戸隠三十三窟の第四窟）へのぼって、ここにだけ学門行者がまつられているのを見て、廃仏がおよんでいないのを知った。

西窟は真言側がかつてまつった拝所といわれるが、約二十メートル鉄鎖をよじてのぼらなければ入れないので、廃仏の役人もここまでは検《あらた》めなかったのかもしれない。学門行者、役行者、秋葉三尺坊（天狗）と蔵王権現（石碑）をまつってある。今も誰かが参詣するとみえて、花や燈明をあげた跡があるので、修験道信仰として生きていることがわかった。

『顕光寺流記』では、三十三窟の中に、

　第四西窟、金剛蔵王窟、三重也、上層置二行者座一、中層納二道具一、下層安二置本尊座一、前有二石幢一、高二十丈大十五囲也、

とのべられているのは、この窟の本尊が金剛蔵王権現で、真言系修験がまつるのにふさわしかったのであろう。ただ上層の行者座とあるのは、役行者か学門行者かあきらかでないが、その両方ともかんがえられるし、もし役行者であれば、本窟（宝窟）の方に学門行者がまつられぬようになってから、修験道信仰者が、西窟でまつるようになったと推定されよう。

## 二―学門行者の戸隠開創と九頭龍権現

『顕光寺流記』は室町初期の縁起であるから、その記述を全面的に信ずるというわけではないが、室町初期の戸隠山の堂舎や祭神やその本地仏、あるいはその信仰や伝承をうかがう史料にはなる。そしてその伝承の背景を、修験道史一般の知識から分析し出すことは可能である。現在の戸隠神社とまったくちがうから、価値がないと、これを捨てることはゆ

るされない。
これによると学門行者は、妙高山の開祖、裸形仙人（熊野那智の伝説上の開祖、裸形上人と同一か）とちがって、実在性が感じられる。すくなくも戸隠山で平安初期のころ修行した、複数の山岳修行者の仮名《かめい》と見てもよいであろう。とにかく行者は仁明天皇の嘉祥三年（八五〇）庚午三月中旬に、戸隠山を再興しようとして、まず飯縄《いづな》山にのぼった。このあたりの『顕光寺流記』の文章は、空海の「沙門勝道、山水を歴て、玄珠を瑩《みが》くの碑、并びに序」（『性霊集』巻二）の文をそのまま借用しているので、歴史事実というわけにはゆかない。

高嶽銀漢《ぎんかん》を挿《さしはさ》み、白峰碧落《へきらく》を衝《つ》く。魑魅《ちみ》通ずること罕《まれ》にして、人蹊也絶《また》えたり。借問《とふ》、振古《いにしへより》未だ攀踏《はんたふ》する者有らず。

とある文は、高嶽が慫嶺《そうれい》であり攀踏が攀躋であるほかは、まったく同文である。以下登攀の様子は『性霊集』の借文である。これはおそらく流記の執筆者が「十穀僧有通」で、高野十穀すなわち高野聖だったことによるかもしれない。
ともあれ戸隠山と飯縄山が前山と奥山の関係で信仰された時代があったものとかんがえられ、学門行者は飯縄山の西窟から金剛杵《こんごうしょ》を投げて、仏法繁昌の所をもとめると、一百余町をへだてた戸隠山の宝窟にとどまって光を放ったとある。空海が三鈷杵を投げて高野山にとどまったことをふまえている。宝窟は本窟のことで、現在戸隠神社奥院（本社）のあるところである。この宝窟に学門行者を案内したのは猟師であったというので「猟士護法」が中世までまつられていたらしい。これも空海を高野山に案内した南山の犬飼という猟師が、高野明神とまつられたとおなじであるが、戸隠明神は本来猟師や山人たちが山神としてまつっていた神が、学門行者のような山伏によって修験道の神となり、仏教的にまつられるようになったのである。

したがって学門行者が宝窟へ行って、地主神を顕さんと深く祈念すると、聖観音、千手観音、釈迦の三所権現が涌出し、のちに出現した宝光院（放光院）の地蔵菩薩と合せて四所権現となる。これらが中世には戸隠山顕光寺の本地仏であった。この仏菩薩は飯縄山その他の複数の山神が本院にあつめられて、ほんとうの戸隠山の山神である宝窟内の九頭龍権現に対して、御前立《まえだち》の地位をもっていたのであろうとおもう。いわば宝窟が本殿であって、その前の本院本堂は拝殿であったものと推定する。

このような関係は彦山の般若窟（本殿）と霊仙寺の関係にもあり、本窟内に本殿を建てたものとしては隠岐（島前西ノ島町）焼火《たくひ》山焼火神社（雲上寺）にもある。また讃岐（三豊郡三野町）の弥谷《いやたに》山弥谷寺のような洞窟寺院は、みな洞窟を本殿とし、寺院は拝殿の役割をはたしたであろう。したがって洞窟のなかに何がまつられたかが問題となる。

そこで『顕光寺流記』を見ると、その夜学門行者の前に九頭一尾の大龍があらわれた。

九頭一尾の大龍来りて曰く、喜ばしいかな、行者此の窟に至り、錫杖（経）を振読す。

六根懺悔の四安楽行に至るに依り、毒気皆没す。更に物を害すること無し。直に我に遇ふ。我善く汝に語らん。当山は破壊すること已に四十余箇度なり。吾寺務を行ふこと七箇度、最後の別当澄範とは吾なり。虚《むなし》く仏物を用ゆるに依つて蛇身を受く。多劫の今、業障《ごつしやう》の鱗上に錫杖幷びに法音を聞き、解脱することを得たり。然らば未来際に至るまで、此の山を守護せんと誓ふ。汝須く菩提心に住し、早く大伽藍を建てよ。

（下略）

とあって、山霊の荒魂である九頭龍がこの山の真の山神であったことをのべている。流記がこれを別当澄範の怨霊としているのは、この山の天台派と真言派の争いで殺されて怨霊化した、大先達東光坊澄宣の仮名かともおもわれるが、この事件は流記成立から十年後の応仁二年（一四六八）なので年代が合わない。ともあれこの九頭龍を本窟（宝窟）に封じて、大磐石を戸にして隠したということから戸隠山の名が出た、と流記はのべている。

（九頭龍は）昼夜万民を擁護し、悪業の群類を済度せん。故に一度斯の山に攀らば、永く悪趣の苦を離れ、定業亦能く転ぜんと、言ひ訖つて住侶の法式等を定め、本窟に還る。時に大磐石を以て其の戸を杜《と》ざす。人に見することを得ず。故に戸隠山と名づく。実は手力男命《たぢからを》、天岩戸を隠し置くに依り、戸隠と云ふ。其の戸今現に在り。

とあるのは、本説は九頭龍権現の荒魂を本窟に封じ込めて、大磐石の戸を立てて隠したという所伝に対し、一説としてその戸は、天岩戸の戸を手力男命が隠しておいた、ともいわれると付け加えたのである。

　このことから見て戸隠山の御祭神は九頭龍権現であって、手力男命ではなかったが、室町時代の神道復古の時代から、これを神代神話に関係づけるために手力男命をもち出したものと推定する。これがのちに主神の座をえた時代はわからないけれども、庶民は依然として九頭龍権現に豊作を祈って、朔日、十五日の太神楽をあげる。しかしその太神楽（戸隠神楽）には九頭龍権現の神徳はとかれないで、もっぱら手力男命の神話が演じられるのである。神仏分離以後の修験の山を象徴するのが戸隠山であるが、そこには庶民信仰は不在である。しかし神社の御祭神はいずれであっても、「昼夜万民を擁護し、悪業の群類を済度せん。故に一度斯の山に攀らば、永く悪趣の苦を離れ、定業亦能く転ぜん」という九頭龍権現の功徳はうけているとおもう。それはちょうど日光修験の脇大宿であった古峯原《こぶがはら》金剛堂が天狗をまつっていたのに、神仏分離のとき古峰神社となって御祭神は日本武尊に代えられた。しかし一般庶民は明治百年の今日まで、古峯原天狗の加護によって火難盗難をまぬがれるために参詣する。戦後国家神道の強圧と呪縛から解きはなたれた庶民信仰の神社は、百年の過誤をすてて庶民信仰にかえるべきものとおもう。そうすれば神道も信用を回復するであろうし、神社にもヴァラエティがあって、庶民はいろいろの利益《りやく》をもとめてぬかずくことであろう。

## 三―学門行者の本地仏

『顕光寺流記』は一戸隠山の縁起であるけれども、修験道史の多くの問題をふくんでいる。それはまた庶民信仰の諸問題でもあって、この山の山神と、その信仰を庶民にむすびつけた開祖の問題をあきらかにしておく必要がある。そこでかつての顕光寺の九頭龍権現の祀り方を見ると、

　又金剛杵の光を顕はすに依り、顕光寺と号す。其の後、九頭龍権現と称し、毎朝寅の尅、御供《ごく》を納め海内《かいだい》の吉凶を示す。仍りて仁祠《じんし》(女人)を敬信し、仏法を興行し、堂舎宇を結び、禅侶神徳を仰ぐ。即ち結界の地と成し、五障の雲霧を払ひ、浄行の心月を磨く、寔《まこと》に諸仏遊戯《いうげ》の山、四接《しせふ》能弘の処なり。此を本院と号す。

とあって、九頭龍権現のために寅の尅の御供が献じられていた。これは神官の話ではいまも蒸飯の熟饌が献じられているということであるが、『和漢三才図会』によると、梨の実だったらしく、戸隠山の条に、

　伝へて曰く、神の形は九頭にして岩窟内に在り。梨を以て神供と為す。

とある。この点でも今は神道式に変化しているが、鞍馬山の神供も梨の実であった。これは狂言の『連歌毘沙門』に、

　毘沙門の　福ありの実(梨)と　聞くからに

くらまぎれにて《(鞍馬＝暗間)》　むかで《(百足)》くふなり

とあるのにあらわれている。これも鞍馬寺は毘沙門天の神供としたけれども、庶民信仰では水神の闇龗《くらおかみ》という大蛇への神供が梨であった。そして戸隠山ではその御供があがれば（納受されれば）吉、あがらなければ凶とする卜占《ぼくせん》と託宣が毎日あったのであろう。

　ところでここにもっとも重要なのは、いま戸隠神社の本社の背後にある本窟（宝窟）である。この間までこれは石で封じられていたが、最近雪崩で倒壊した本殿の改築で、この中に鳳輦《ほうれん》が入れられるということである。その御神体はいうまでもなく手力男命であろう。もちろん本社の主神が手力男命になった段階で、九頭龍権現は本殿の下に摂社としてまつられている。しかし開山学門行者はどうなったのであろうか。戸隠山は江戸時代中期に第五十五代別当乗因（一実道士）が独特の神道を提唱し、修験一実霊宗神道と名付けた。また生前から自ら神位ありと称し、自分を神として諸人に拝ましめ、天台の法式も廃したというくらいである。学門行者がまつられなくなったのは止むをえないが、私は室町中期には顕光寺本院（奥院）の本地仏である聖観音、千手観音、釈迦如来とならんで、開山学門行者またはその本地仏がまつられていたとおもう。これは白山の山頂や三馬場（加賀中宮寺、越前平泉寺、美濃長滝寺）に千手・弥陀・聖観音の白山三所と開山泰澄がまつられていたとおなじであろうとおもう。

　修験の山はどこも開祖が神格化または仏格化される。そうすると泰澄の本地仏が虚空蔵菩薩であったように、流記に本院の三所のほかに地蔵菩薩があったというのは、学門行者の本地仏であったかもしれない。このことを記録はなにもかたらないが、地蔵は比丘形なので人間的要素をもった仏としてまつられることが多い。僧形八幡が地蔵の形をとるのもそのためであり、六角堂救世《ぐせ》観音（聖徳太子）も地蔵形である。このことから地蔵を本尊とする宝光院（宝光社）が問題となる。

私は前に白山開創は越前の九頭龍《くずりゅう》川の源頭にあたる石徹白《いとしろ》からで、ここの中居《ちゅうきょ》神社に泰澄の本地仏、虚空蔵菩薩がまつられていたことをのべた。このことを類推の根拠とすれば、宝光院は戸隠開創の中居（中院）であり、ここを基地として上社である本院（奥院）が開けたことになる。いうまでもなく今の中社（中院）は、寛治元年（一〇八七）四月八日に、時の別当が、戸隠山は三院制でなければならないという夢を見て、本院と宝光院の房舎を分けて中院を立てたのである。

寛治元年四月八日、時の別当、元来当山は三院たるべきの瑞夢に感じ、両院の中間に四神相応の地を撰び、二院の房舎を分得して一院を立つ。本院より極楽房、自在房、宝光院より西明房、東光房 釈迦は権現の本と為す。富岡院と云ふ。今は中間につき中院と称す。佐（左）の三院共に三所権現を遷し奉る。一仏三菩薩を合せて三所と謂ふ。口伝有るべし。

したがって中院は釈迦を本尊としながら、一仏三菩薩をまつり、本院も宝光院もおなじく一仏三菩薩をまつって、これを三所といった。四仏をまつって三所というのは口伝があるというのは、一仏（菩薩）は開山学門行者なのだということであろう。それほどの山でも開祖は神秘化され、山神と同体とすることが多い。したがって山神の三仏（菩薩）の中に学門行者は同体化されているから三所とするという口伝であろうとおもう。

　このように中院ができると、かつて開祖がそこを基地とした中居（中院）が下院となったわけであるが、あえて下院といわずに宝光院といったのは、開祖の中居を誇っていたためとおもう。事実宝光院はもと放光院といったというのは、顕光寺の元の名だったとおもわれるからである。流記では宝光院は康平元年（一〇五八）八月二十六日の巫女の託宣でできたように言っているが、実際はこれは宝光院までは女人がのぼれるという女人結界をテーマとする話であったのである。

　すなわち宝光院が中居だったときは下院は飯縄山麓にあり、宝光院も女人の登拝をゆるさぬ結界の中にあったとおもわれる。それが康平元年の巫女の託宣で、宝光院の伏拝《ふしおがみ》まで女中がのぼれるようになったのである。

　康平元年八月廿六日、本院より五十町計り下の大木の梢に、光を放ち耀く物有り、衆人奇異の思を成す。之を見れば御正躰《みしやうたい》（鏡）なり。時に十二三歳の童女、身心を苦しめ悶絶《もんぜつ》して地に辟《たふ》る。事の由を問ふに、我は是れ当山三所権現の随一、左方に立てる地蔵権現なり。然り而して彼の所は結界の地。女人跡を削る。故に仏勅に違《い》す。本誓黙止し、化度《けど》の益尠《やくう》薄《す》し。願くは斯の所に一宇を建立し、吾を安置せよと。（中略）

御正躰飛来の処は、伏拝《ふしをがみ》と称する是なり。初め福岡院と号し、後に宝光院と云ふ。

これは実は女人結界解除の「伏拝」の縁起託宣だったのであって、伏拝まで女人が行って本宮を遥拝した例は、熊野本宮の伏拝王子にある。これも鎌倉末期までで、修験道変質期と私がかんがえている南北朝期には、時宗の不浄除けの名号で女人の結界が解かれたのである。それは和泉式部への神詠と称して、

もとよりも　塵にまじはる　神なれば
　月のさはりも　なにかくるしき

という和歌で、月水の穢ある女人も本宮へ参詣させた。これを見ても山の女人禁制は月水の穢がその理由であったことがわかるのであって、ちかごろ仏教思想の女人蔑視を、女人禁制の理由とする説があるのは誤りである。

したがっておそらく南北朝期には女人結界は中院まで解除されたので、いま戸隠神社中社の裏に女人堂阯がある。そして江戸時代には越水《こしみず》原の戸隠奥院遥拝所まで女人も行けるようになったために、江戸末期の碑がいまも立っている。

またこの『顕光寺流記』の文でわかることは、宝光院に地蔵がまつられたことと、これが「当山三所権現の随一」であったことで、三所権現の本地仏、聖観音、千手観音、釈迦如来の左方に立つというのも、白山三所の左方に立つ泰澄によく似ている。このようないろいろの理由で、私は戸隠の開祖学門行者は飯縄から戸隠宝光院（宝光社）を中居

として奥院を開き、これを本院としたものと推定する。したがって宝光院に学門行者の本地仏である地蔵菩薩がまつられたものであろう。この行者が九頭龍《くずりゅう》をあらわしたということは、泰澄の中居が九頭龍川の水源にあたることと何か関係があるらしいが、それはわからない。この九頭龍とは何かということも問題で、これを別当の怨霊の化身とする考え方には、古代の洞窟と他界への通路という死霊信仰の投影があるとおもわれる。これとおなじことは富士の人穴と地獄信仰との関係もかんがえられ、大峯山上ヶ嶽捨身谿《しゃしんだに》（阿古谷《あこだに》）の一頭八身龍や箱根修験の芦ノ湖七角龍などの問題とともにかんがえなければならない問題である。このように戸隠山には従来まったく解明されなかった修験道史の疑問が山積しているが、今は開祖学門行者のみについて考察をした。しかし学門行者の信仰は明治の神仏分離で抹殺され、行者の像は宝光社の地蔵堂に移されて残った一体と、先にのべた西窟内の木像があるだけである。

# 第二章　山伏の入峯修行

## 山伏の験力と山籠

### 一――山神山霊と山伏の験力

山伏は山に入って修行するので、山中に一か月も二か月もすごすことが多い。したがって山に起居するところから「山臥」とよばれた。しかし宗教学的には山岳宗教家とよぶのがふさわしい。というのは、山伏が山を道場として、生死を超えた修行をするのは、山に実在する神霊と交流し、またこれと一体化して、奇蹟、予言の超人間的験力を得ようとするからである。

山に神霊の実在をみとめる宗教は山岳宗教とよばれる。山岳宗教はかならずしも日本だけのものではないが、日本の場合は山に実在する神霊の原質は死者の霊であり、先祖の霊であるというのが特質である。山の神霊は総じて山の神とか山神《さんじん》とよばれるが、つきつめてゆけば、その山の周辺に生活する人々の祖霊《それい》に帰する。しかしそれをいまここでくわしくのべると混乱するので、修験道の崇拝の対象は山神であるということから出発しよう。

山神は山麓の人々に恩寵をほどこすとともに、懲罰と崇りをするものである。これは子孫の生活をまもるという反面、先祖をまつらず、怠惰で遊逸の生活をする子孫をいましめるためである。したがって山神はしばしば「荒ぶる神」といわれ、その姿は鬼や天狗や龍で表象され、仏教的には不動明王や大威徳明王などの忿怒形《ふんぬぎょう》であらわされる。また神仏習合の立場からは蔵王権現のような姿になる。

山伏は山中修行によってまず身心をきよめる。そのために水垢離《みずごり》をとったり、滝に打たれたりする。それも凍えるような寒中の水である。これは神道のミソギとおなじことで、身の穢を去るとともに心の垢をすすぐのである。これを仏教では煩悩をはらうというのだが、修験道では身の災や人々の災を消除することを山神に祈るのが目的である。神道や仏教が精神的あるいは抽象的に、穢とか煩悩とかと恰好のいいことをいうのに対して、山伏はそのものズバリと災難をはらいたまえと祈り、福と禄と寿をあたえたまえと請求する。

しかし一応修験道の理論では、水垢離や滝行《たきぎょう》を前行として山中修行をすれば、最後には即身成仏《そくしんじょうぶつ》すると説く。すなわちこの身このまま仏になるという。その仏というのも、密教の最高位の仏である大日如来そのものになるという。即身成仏を比喩的にあらわした物語が弘法大師伝にあるが、それによれば天長年間（八二四―八三四）に宮中で南都六宗と天台・真言のあいだに、どれがもっともすぐれた仏教であるかの論争があった。いわゆる八《はっ》宗論《しゅうろん》というもので、実際にあったのかどうかはさだかでない。弘法大師伝では、そのとき大師は天皇の前で手に大日如来の印を結び、大日如来の真言をとなえ、大日の心とおなじ心で念ずると、たちまち身体は金色となって、光を放ち、頭に五仏の宝冠が涌き出し、大日如来そのものに変じたという。この話をもとにした「八宗論大日如来」という画像が、いま高野山善集院にのこっている。

しかしこれは比喩であって、印度哲学の我即梵《がそくぼん》（我《アートマン》はそのまま宇宙の根本原理たる梵《ブラフマン》と同一である）の思想が、密教の三密瑜伽《さんみつゆか》（衆生の心口意《しんくい》の三業《ごう》は大日如来の心口意の三密と同一である）の思想となったにすぎない。これに対して日本では人間が罪穢を去って純粋無垢清浄になれば、神霊がその身にのりうつり、神や霊の言葉を託宣《たくせん》することができるという固有信仰がある。いわゆる巫覡《ふげき》（男と女の御子《みこ》）の巫道《ふどう》であって、日本のシャーマニズムはこれである。邪馬台《やまたい》国の女王卑弥呼《ひみこ》の鬼道もまたこれにあたる。

山伏が山に入って水垢離をとり滝行をして苦行するのは、純粋無垢にして無念無想の境地を体験し、神霊が身にのりうつって、神の言葉を託宣するばかりでなく、神の力を身につけて治病や祈雨止雨、安産や除災招福の超能力《カリスマ》を発揮するためであった。山にはそのような力のある神霊が実在すると信じられたので、山伏は山岳を修行の道場にするようになった。したがって初期の山伏は一年のほとんどを山中でくらし、祈禱や託宣を依頼されれば、人里に出た。

有名な『信貴山《しぎさん》縁起絵巻』では、信濃から出て来て、大和河内の境にある信貴山にこもって修行する命蓮聖《みようれんひじり》という山伏に、延喜の帝（醍醐天皇）の御病気を治す依頼があった。ところが命蓮は私が宮中まで参上するほどのこともありませんといって、護法《ごほう》童子（「剣

「剣の護法」（『信貴山縁起絵巻』）

の護法」）をつかわして祈禱させた。絵巻物にはこの剣の護法が体に簑《みの》のようにたくさんの剣を下げたまま、輪宝《りんぽう》をころがしながら雲に乗って宮中へいそぐ光景が、すばらしい迫力で画かれている。そして見事に帝の御病気を治したという。

このように山伏の山中修行は、いろいろの奇蹟をおこなう超能力、すなわち験力《げんりき》を身につけるためにおこなうもので、人間を超える能力を獲得するためには、生死を超えた苦行に耐えなければならなかった。そしてかれらはその苦行に耐えられずに死ぬこともあり、また他人の罪をほろぼすために捨身して、みずから死ぬこともあった。

## 二―千日山籠

山伏は本来、一年じゅう山でくらすべき

ものであったが、時代が降るとともに里や町でくらすことが多くなると、一年のうち時を定めて山へ入って修行するようになる。これが春夏秋冬の入峯修行《にゅうぶしゅぎょう》というものである。しかしかつて一年中山に籠《こも》った修行を再現する千日山籠《やまごもり》や千日滝籠《たきごもり》などをする山伏もすくなくなかった。これは三年間山を出ないことであって、山伏になった花山《かざん》法皇は熊野の那智山で千日滝籠をおこなったといい、その行在所《あんざいしょ》跡が現在も二之滝の上にのこっている。また山伏の歴史に最後の光芒を放って那智の大滝に捨身した実利《じつかが》行者は、明治初年に大峯山で六回の千日山籠をおこなった。とくに大峯山の秘所といわれる笙《しょう》の窟《いわや》で千日山籠をする山伏は多く、貴族出身の山伏、行尊《ぎょうそん》（一〇五五―一一三五）も笙の窟で三年の山籠をした。『撰集抄《せんじゅうしょう》』（八）によると、

ムカシ一条院ノ御時、平等院ノ僧正行尊ト申ス人イマ（在）ソカリケリ。斗藪《とそう》（山林修行）ノ行《ぎやう》トシ（年）久シクナリテ、聖跡ヲフミ（踏）給ヘル事イクタビトイフ数ヲワキマヘ侍ラズ。笙ノ岩屋ニコモリテ、香ハ禅心ヨリシテ火ナキニ煙タエズ。花ハ合掌ニヒライテ春ニモヨラズシテ、三年ヲオクレリ（中略）笙ノ岩屋ノソトバ（卒都婆）ニハ

草ノ庵　ナニ露ケシト　思ヒケン
モラヌ岩屋モ　袖ハヌレケリ

とあって、この歌は名歌として『金葉和歌集』にとられている。この歌の意味は、笙の窟に籠っていると、覚悟してはじめた千日山籠りではあるが、勤行と飢と寒さでまことに苦

しい。岩屋そのものは洞窟なので雨にはぬれないが、そのつらさ苦しさの涙で袖がぬれるのだ、というのである。この歌を書いたソトバというのは、山伏が修行所や拝所に立てる碑伝《ひで》という自然木の棒のことで、一面をけずって文字を書く。笙の窟には永仁三年（一二九五）の銘のものがのこっていて、前鬼の森本坊に保存され、今重要文化財になっている。

この笙の窟は大峯奥駈《おおみねおくがけ》修行路の大巌峰《がんぽう》、大普賢嶽《だいふけんだけ》の中腹にあり、かなり大きな自然洞窟である。私はここの調査で平安中・末期の宋銭《そうせん》を採集したから、ここに平安時代から多くの人が参詣したことはあきらかである。ただこの修行場は大峯奥駈道からは峻険な岩坂道を上下しなければならないが、ここから二時間ほど下へ降りれば天《あま》ヶ瀬（奈良県上北山村）の山村がある。したがって千日も山籠する場合は、この村から食糧の補給をうけられる。私は長期間の山籠には、これをサポートする補給基地がなければならないとかんがえていたが、最近天ヶ瀬の調査で、明治初年に笙の窟で千日山籠をした実利《じつかが》行者も、ここから補給をうけていたことを知った。信者が食糧を持参するのであるが、行者は誰が今日来るかを知って、伝言を書いた紙をおいてあったという。無言の行だから村人と言葉を交わさなかったのである。しかしこうした村人の補給も一月に一、二回ということであるから、十分な衣食にめぐまれなかったことは事実である。

この笙の窟はたえず山籠行者がおったらしく、行尊は別の機会に大峯山奥駈に白米七升をもって入峯《にゆうぶ》したが、七十日ほどのあいだに四升しか消費しなかった。そこで残りの三升を笙の窟にこもっていた山伏に与えたという話が、鎌倉時代中期の『古今著聞集』(巻二)にのっている。また行尊の弟子の行慶《ぎょうけい》(桜井僧正)がここに籠ったとき、先師行尊が卒都《そと》婆《ば》に書きのこした歌を見て、次のような歌をよんだ(『撰集抄』巻八)。

露もらぬ　岩屋も袖は　ぬれけりと
　聞かずばいかに　あやしからまし

先師行尊でさえも「もらぬ岩屋も袖はぬれけり」とよんだのを聞かなかったら、この山籠の辛さに自分は耐えられなかっただろうというのである。

また近世初期の山伏で、全国を股にかけて旅をしたり、修験道のある山にのぼったりしながら、すぐれた円空仏の彫刻をつづけた円空も、この笙の窟に籠ったことが、『円空歌集』でわかる。

こけむしろ　笙窟に　しきのべて
　長夜《ながきよ》のこる　のり《(法)》のとほしみ《(灯火)》
唐衣《からごろも》　笙窟に　打染《(うちそめ)》て
　このよ《(夜)》ばかりは　すみそめのそで
千和屋振《(ちはやふ)》る　笙窟に　みそぎして
　深山の神も　よろこびにけり

この円空は笙の窟に冬籠をしたのである。というのはここは雪が深いので、秋に入山して次の春の雪解けまで孤独な窟籠をしなければならない。記録による正式の冬籠は九月九日から翌年の三月三日までであった。大峯山は旧暦では八月二十四日（新暦九月二十四日）に閉じるので、それから山へ入ったのである。円空も秋の夜長を詠んだり、紅葉（唐衣）を詠んだりしているので、旧暦九月ごろから冬籠をしたものであろう。

しかし笙の窟の山籠を有名にしたのは、十世紀の山伏として知られる日蔵《にちぞう》（道賢上人）であったらしい。彼のすこし前の延喜年中（九〇一―九二三）にも、ここに籠った山伏があったことが『本朝法華験記』（巻中）の陽勝仙人伝に見えるけれども、日蔵からは一般化した。彼の歌は『新古今集』にとられて有名である。

寂莫《じゃくまく》の　苔の岩戸の　しづけきに
　涙の雨の　ふらぬ日ぞなき

日蔵はこの笙の窟に籠っているあいだに頓死して地獄めぐりをし、その地獄で雷神の頭梁になった菅原道真の霊に会った話が『道賢上人冥途記』にある。この話は『北野天神縁起絵巻』にも詳細に画かれているが、笙の窟は実景よりも小さい。絵師は実際にここを見なかったのであろう。

なお千日山籠は近世になって湯殿山の行人によっても実行されるようになり、その結果即身仏《そくしんぶつ》（ミイラ）になったことは、有名である。

# 春の峯入

## 一―春の峯入

山伏ははじめ山を棲家としたが、やがて里に住むようになって山籠行《さんろうぎょう》がおこり、これがなお形式化、儀礼化されるようになって四季の入峯がはじめられたと考えられる。従来四季の入峯と、のちにのべる十界修行だけを山伏の修行と考えたのは誤りである。

すべて人間の文化はいかに生きるかというギリギリの実践からはじまる。宗教もいかにして災を避け、病気をのがれ、凶作をのがれるかという生きるための要求からはじまる。宗教はそのために、生死を超えた実践と呪術《じゅじゅつ》をおこなうもので、神霊の怒りが災のもとであると信じたならば、その怒りをしずめるための人身御供も、苦行もいとわない。これが宗教的実践というものであり、呪術でもこれを迷信などと軽蔑することはできない。その宗教的要求は真剣であって、山伏はその時代の可能な範囲でその要求にこたえたのである。

しかし人間が利口になると、これを儀礼として危険のないように形式化する。これが十界修行というもので、実践と儀礼の中間に入峯修行が位置するといえよう。最近、修験道儀礼の研究がおこなわれているが、これは儀礼化しておこなわれなくなった修験道の実践がいかにあったか、そしてその宗教的モティーフは何であったか、を知る手がかりとするのでなければ意味がない。

さてここでは実践と儀礼の中間にある入峯修行を見てゆくこととするが、春峯《はるみね》と夏峯と秋峯および冬峯が儀礼的にととのったのは、平安末期であろう。ことに春峯は大峯山では、熊野から山に入って北上して吉野へ出る修行で百日を要した。これを順峯《じゅんぶ》(順の峯入)ともいうのは、南である熊野を表とし、北にある吉野を裏としたからであろう。ちなみに大峯山というのは大峯山脈全体を指すのであって、熊野本宮から玉置《たまき》山をへて、笠捨山・行仙《ぎょうせん》山・涅《ね》槃《はん》岳・地蔵岳・大日岳・釈迦嶽・孔雀岳・仏生岳・明星岳・八経岳(仏経ヶ岳)・弥《み》山《せん》・行者還岳・七曜岳・国見岳・大普賢嶽・龍ヶ嶽・山上ヶ嶽・大天井ヶ岳・四寸岩山・青根ヶ峯をへて吉野にいたる、南北約百八十キロの山脈である。これを踏破することを大峯奥駈《おくがけみち》修行といったが、いまは山上ヶ嶽までは容易に行けるので、山上ヶ嶽から南を奥駈道といっている。

大峯の春の峯入は二月はじめに熊野から入峯《にゅうぶ》して、百日をかけて五月半ばに吉野で出峯《しゅつぶ》した。これに対して秋の峯入は吉野から入って七十五日で熊野へ出るもので、逆峯《ぎゃくぶ》(逆の峯入)という。順峯と逆峯で日数がちがうのは、二月に入れば、大峯山はまだ雪があるので、その雪解けを待ちながら北上したためであろう、と私はかんがえている。熊野から吉野までのあいだに七十五靡《なびき》という多数の修行場があり、そこに泊って勤行や灌頂がおこなわれた。西行法師もこのコースを二度越えているが、『西行物語絵巻』では桜のころに熊野から、宗南坊行宗《ぎようそう》という先達につれられて入った。ところがこの時代はまだ修験道の実践的精神が横溢していたので、西行といえども容赦なくしごいたのである。そこで西行は泣声をあげて先達に抗議したところ、行宗はつぎのように諭した（『古今著聞集』巻二）。

先達の命にしたがひて身をくるしめて、木をこり（樵）水をくみ、あるひは勘発《かんほつ》のことばを聞、或は杖木《じようぼく》をかうぶる、是即ち地獄の苦をつぐのふ（贖）也。日食すこしきにして、うへ（飢）しのび（忍）がたきは、餓鬼のかなしみをむくふ（報）也。又おもき荷をかけて、さかしき（険）みねをこえ、深き谷をわくるは、畜生のむくひ（報）をはたす也。かくひねもすに夜もすがら身をしぼりて、あかつき（暁）懺法《せんぼふ》をよみて罪障を消除するは、已《すで》に三悪道《さんなくだう》（地獄道・餓鬼道・畜生道）の苦患《くげん》をはたして（果）、早く無苦無悩の宝土（浄土）にうつる心也。

とあるのは、入峯修行の苦しみによって、死後の堕地獄の苦をのがれるためのものだというのである。しかしこれで西行のような有名人でも、腹をへらしながら重い荷を負わされ、杖で叩かれ、薪を伐り、水汲みなどをして、先達から呵責の言葉をうけたことがわかる。これはまた山中に入って一応死んだことにして、地獄をはじめとする六道の苦をなめて、生前の罪をほろぼし、清浄な心身をもって山から出れば、健康と幸福と長寿がえられる、という信仰につながっている。単に死後の苦をのがれるという消極的な面ばかりではない。

このように言語に絶する苦痛をなめて、もしへたばったり、病気になったりすれば「谷《たに》行《こう》」という山伏の大法によって、谷底に落とされてしまうのであった。これは苦行にたえられずに病気になるのは、前世現世の罪業が重いのであるから、その罪をほろぼすために死なければならないということである。そしてその墓は再生しやすい石子詰《いしこづめ》の墓に埋められた。謡曲『谷行』は入峯の途中で病気になった稚児が、谷行におこなわれて石子詰され、師の山伏の願と役行者の力で再生するという筋である。記録にはのこされなかったが、このような実践は多かったものと思う。したがって入峯は命がけであり、今も奥駈のとき、体の調子の悪いものはここから帰るようすすめる儀式がある。

大峯の春の峯入は南北朝の争乱からおこなわれなくなった。しかし大峯山の峯入の作法は全国の修験道の山の基準になったので、各地に形をかえてのこった。ただ東北地方や高山では、春は雪がとけないために入山できず、山麓で儀礼的な十界修行をおこなうことが多かった。

## 二――彦山の春峯入

山伏の春峯入のもっとも整ったのは九州の彦山（江戸末期から英彦《ひこ》山と書く）であった。四季入峯の中で春峯は正月または二月入山するので、近畿地方の大峯でも、釈迦嶽以北は入れない。これに対して九州は暖いために、彦山の春峯入が盛んだったのであろう。

また彦山の春峯の大事な点は、これが大峯の熊野から入る春峯をうつしたのではないかとかんがえられるからである。大峯の春峯は南北朝時代からおこなわれなくなったことは、すでにのべた。現在でもそうである。南北朝動乱期に修験道の山は、それまでの経済力と武力と信仰力をたのんで、公家武家の抗争に深入りしすぎた。そのために大きな痛手をうけたが、とくに南朝に最後まで味方した吉野と熊野は打撃がもっとも大きかった。その上、熊野は本宮別当と新宮別当の内部抗争も、鎌倉時代を通じてはげしかった。その間隙に時宗の徒が熊野に入りこんで、修験のきびしい修行よりも、できるだけ多くの熊野詣をあつめて、経済的利益を追求する熊野になった。「蟻の熊野詣」の繁昌はよいが、修験の潔斎や苦行や荒々しさは失われたのである。女人禁制がとかれ、月水の女人の参詣をゆるす「不浄除けの名号」などまで授与したのは、時宗であった。したがって春峯の出発点であった熊野は、その栄誉をすててしまった。熊野修験道は一体どこへ行ったのだろうか。

それは地方に伝播されてのこったのであって、山伏神楽や山伏系の田楽は、もと熊野から出たものと推定されるものがすくなくない。羽黒山の秋峯の十界修行も、大峯修験にあったことがはっきりしているので、おそらく熊野本宮の熊野川をへだてた対岸の「吹越《ふきごし》の宿《しゅく》」でおこなわれた可能性がつよい。今後地方修験の研究がすすむにつれて、大峯もしくは熊野の修験行事の残存がますますあきらかにされるだろうとおもう。

彦山はのちにのべるように、熊野の影響の大きかったところである。春峯入の「増慶御《ぞうけいご》供《く》」はその代表的なもので、熊野の烏との関係がある。また室町時代の中頃に彦山にとどまって、大峯修験をもとにして、彦山修験道を組織づけた人に阿吸房則伝《あぎゅうぼうそくでん》（即伝）がある。彦山では客僧であったが、大峯・日光・白山・立山など、多くの山々を経て彦山へ来た。則伝が彦山へ来たときも、大峯・熊野の諸伝承がのこっていたので、これをまとめて見ようとして、この仕事にとりかかったのではないかとおもう。

則伝の著はいま『日本大蔵経』の『修験道章疏』（大正八年刊）におさめられただけでも、『彦山修験秘決印信口決《ひけついんじんくけつ》集』（一巻）、『彦山修験最秘印信口決集』（一巻）のほか、『三峯相《さんぶそう》承《じょう》法則密記』（二巻）では彦山の順峯（春峯入）と逆峯（秋峯入）と華供《はなく》峯（夏峯入）の三《さん》峯《ぶ》の作法をくわしくのべている。大永五年（一五二五）の著であることがはっきりしたものである。また『修験三十三通記』（二巻）、『修験頓覚速証集』（二巻）もあり、他の修験道書にない多くの伝承と理論がおさめられている。

彦山では則伝に刺激されたと見えて、江戸時代に入っても『塵壺集』や『私語集』のような伝承集成ができたし、『彦山峰中記』（正保五年）や『三季峰入権輿』、『峰中之次第大観』、『松会《まつえ》二月十五日之事』、『無則書浅略』、『宣度《せど》大営』などがのこされた。とくに春峯入については『彦山御神事絵巻』があって、江戸中期の様子を具体的に見ることができる。これらは文安二年（一四四五）の『彦山諸神役次第』や宝徳二年（一四五〇）の『神事神役帳』にも関係があって、山伏行事でありながら、神事としておこなわれたことをしめしている。

彦山の入峯その他の行事については複雑な修験組織をのべなければならないが、いまはその煩を避けて、簡単に入峯次第をのべておくことにしたい。春峯を順峯といい「従因至果《じゆういんしか》」の峯というのは大峯とまったくおなじであるから、二月十五日の「駈入《かけいり》」(出発)ということも、大峯へは二月十五日に熊野から駈入ったことがわかる。旧二月十五日は桜の季節で、いまの三月彼岸から四月初めの気候である。しかしこの峯入行事の開始は正月十四日の「松盛祭《まつもり》」にさかのぼる。したがって一か月の前行があったわけである。

彦山の春峯入は一名「松会」といい、これは勅宣によって任命された役者がおこなうというので「勅宣松会」ともいう。松は松明のことであるが、修験行事では大松明を立てて燃やすことが、もっとも原始的な護摩であった、と私は推定している。これによって聖なる山へ入るための入峯山伏や新客の罪穢をきよめるのである。これが一方では密教護摩法の影響で、現在普通に見る柴燈《さいとう》(採燈)護摩法ができ、一方では巨大な柱松《はしらまつ》(柱松明)へと変化していった、というのが私の推定である。

彦山春峯入にも巨大な柱松が立てられたために「松会」の名称ができたことはいうまでもない。

したがって正月十四日の「松盛祭」はもと「松会盛座」といった。盛《もり》というのは荘厳《しようごん》のことで、松会に要する材料や御供《ごく》や直会《なおらい》の準備をする役者、すなわち「松会盛《まつえもり》」が任命され、顔合せして饗応にあずかる神事入りの行事であった。この役者は神事両輪組《もろわぐみ》の高﨟

（年長）者から選ばれ、とくに色衆盛一﨟《いろしゆもりいちろう》と刀衆盛一﨟がその最高位になる。色衆は陰神をつかさどり、刀衆は陽神をつかさどるといわれるのは、色衆が霊供《れいく》をし、刀衆が神供《じんく》をしたからだろうとおもう。これに選ばれると「盛一﨟札」というものが門前にかけられて潔斎に入るが、この札は今も彦山神社宝物館にのこっている。

## 三―増慶御供と松会

彦山の春峯入りの大きな特色は「増慶御供《ぞうけいごく》」である。増慶は『私語集』に、

松会開基上人

とあるので、この春峯入の行事次第を彦山に取り入れた人である。その人物や時代をのべる前に、この行事を見てみよう。これは入峯駈入の前に増慶社の前で「増慶八講」とよばれる法花八講をおこない、また「御供」をあげ、これを烏が喰べれば春峯に駈入ることができる。しかしこの御供を烏が蹴ちらせば天下に凶変ありといわれたというので、入峯できなかったのであろう。『塵壺集』ではこの烏を八咫烏《やたがらす》といっているが、熊野で「八咫烏招神祭」といい、安芸宮島では「お烏喰《とぐい》式」といっているのは、これにあたるとおもう。熊野の伊弉冊《いざなみ》神の夫、伊弉諾《いざなぎ》神をまつる近江の多賀大社では、これを「先食《せんじき》行事」というが、おそらくもとは「御先食《みさきぐい》行事」であり、「みさき」は烏を指したものであるとおもう。すなわち祭神のもとの霊が烏の姿でこの御供をうけるかうけないかを占う行事である。

ところが彦山の増慶御供では、この松会の創始者増慶の霊にそのうかがいを立てたのである。

『彦山神役次第』に、

一、宣度正月、於㆓増慶社㆒八講在㆑之

一、十一日、十二日、十四日、於㆓増慶社㆒御供在㆑之

とあるのは、十一日に色衆が社前の影向石《ようごうせき》の上に御供を献じ、十二日に刀衆が御供を献じ、十四日には御田《おんだ》役が御供を献ずることであり、その御供は先食行事や御鳥喰式からみておそらく生米《なまごめ》団子のシトギだったとおもわれる。そして増慶御供が十一日にあがれば、その日のうちに増慶祠祭をおこない、彦市《ひこいち》坊の神楽と饗膳があった。

ところでこの増慶という人物は、彦山世代では役行者《えんのぎょうじゃ》から十一世の伝燈大先達であり、奈良時代初期の法蓮からかぞえても九代目であった。松会のほかにいろいろの行事を定めたといい、寛弘三年（一〇〇六）二月十日に没したという。しかもその行事は熊野に似ており、松会もおそらく熊野那智にのこる「那智の火祭」と田楽に関係があるであろう。というのは松会も火祭と田楽だからである。そうすると、『熊野山別当代々記』の七代別当増慶との関係が問題になる。この熊野別当増慶は康保二年（九六五）に別当職を五男殊勝に譲ったとあるので、それから彦山へ移ったとすれば、寛弘三年に没することは不可能ではない。すなわちもし四十歳で引退したならば八十一歳で没したことになり、四十五歳の

引退ならば八十六歳で没したことになる。

この推定がもし無理としても、彦山と熊野の関係は、『熊野権現御垂迹縁起』（長寛二年〈一一六四〉の『長寛勘文』所引）で、同一の祭神をまつったという伝承にもあらわれており、熊野とおなじ入峯行事をおこなったことだけはうたがいがない。また、彦山の牛玉《ごおう》宝印は三羽の烏で、熊野牛玉に似ている。このようないろいろの類似から、私は彦山の春峯入は熊野の春峯入行事が残留したものと断定せざるをえない。

しかし彦山の春峯は増慶御供ののち、十三日には柱松を立てる「松起し」があり、十四日の田楽ののち、十五日に柱松を焚いて倒し、そのまま入峯駈入したとおもわれるが、記録では十四日に倒して、十五日に入峯した。このように修験行事も室町中頃からその意味をわすれ、形態も祭日も変ったのは、ひとり彦山の松会だけではない。したがってあれだけ重んじた増慶社も現在は跡形もないが、数年前、増慶社の址とつたえられる奉幣殿（旧大講堂）のすぐ上を掘って見たという。私もその穴をのぞいて見たが、そこから出た壺は平安末か鎌倉初期の骨壺であった。はたして増慶大先達のものかどうかはあきらかでない。

## 四―柱松・田楽と入峯駈入

彦山の柱松は彦山ではおこなわれなくなって、その末派の山にのこった。その代表的なものが京都《みやこ》郡苅田町普智山等覚寺の柱松である。しかし『彦山神事絵巻』に見る彦山の柱松は消防出初式の梯子のように山伏の支え棒で立てるのに、等覚寺では大綱三本で引上げ、そしてこれを三方に張って直立させる。しかし明治になって彦山の旧儀を書上げた『英彦山神社古来伝来祭典旧儀之次第』には二本の大綱で支えたことになっている。

一、二月十三日従前此柱松ハ嵯峨ノ柱松ト云フ事アリ、能ク趣ヲ同クス。両部習合ニテハ火柱松ト云フ。護摩採燈ノ法ナリト云フ。（下略）

一、柱松大綱東西ニ掛ル事、従前此ノ大綱ハ二大龍王ニ準拠シテ東西ニ掛ルナリ。

これに対し等覚寺では長さ八メートル（四間半）で径一メートル（三尺）の柱で、山伏が登って行って御幣を切るだけで、火はつけない。もちろんもとは焚き上げたから柱松（柱松明）とよばれたのである。それも二本とか三本を立てて遅速を競争し、早く焚き上げて倒したものから先に駈入（出発）したものであろう。なお等覚寺の柱松には、天暦七年に寺院谷之坊覚心という木食草衣の山伏が、この松会と鬼会と入峯修行をはじめたという『普智山等覚寺来由』と『由緒来歴略縁起』とがある。

ついで二月十四日は松会祈年祭といい、神幸祭と御田祭があった。この祈年祭には宣度《せど》祭《さい》という大先達任命の儀式のあったことが『彦山神事絵巻』に画かれている。これは入峯のための大先達を任命したのであるが、これも旧年十二月と正月から継続した行事であった。というのは十二月十三日の「髪立《かみたて》座」という式で、山伏になるための正式の髪を結い、柿衣と袈裟と頭襟《ときん》を身につける。そして正月の「口文《くもん》座」「請取《うけとり》座」で、入峯先達の当役になったことを神仏に報告するという。
ついで御田祭《おんださい》があって、御田役八人、飯戴女《いいかぐめ》一人、早乙女《さおとめ》八人によって、鍬入れ、畝切り、田打、畦ぬり、馬杷行事、エグリ行事、種蒔き、田植行事、飯戴、早乙女舞などが演じられる。これは山伏の入峯には麓の農民の農作祈禱の代参の意味があったことをしめすものであり、そのために山伏系田楽、田遊が各地にのこったのである。しかもこの入峯の時期はちょうど彼岸前後で、耕作はじめの予祝《よしゅく》にもあたっていた。

二月十五日は本来は柱松の日であり、十三日の松起しで立てた柱松がもとは焚かれたのである。その場所は銅鳥居の前であったらしい。しかし諸書にこれを焚いたことがないところを見ると、はやくからこれは絶えていたのであろう。柱松を焚いているのは愛宕《あたご》修験の柱松をいまにのこす、京都嵯峨清涼寺の三月十五日の「お松明」である。これも旧二月十五日の行事だったので、愛宕修験の春峯入の駈入行事であったろう、と私は推定している。しかし今は愛宕修験がなくなったので、嵯峨清涼寺では涅槃会と大念仏行事としてこれをつづけている。

また夏峯入の出峯蓮華会《しゅつぶれんげえ》の柱松は戸隠修験のものとして、信州野沢市小菅《こすげ》神社の柱松があり、妙高修験のものとして越後の関山神社柱松がある。鞍馬火祭は鞍馬修験の秋峯入にともなうものであろうと私は推定している。このように修験の入峯には柱松をもって浄化儀礼をおこない、出峯の柱松は入峯中の験力をくらべる「験競」をおこなったのであった。

『彦山修験最秘印信口決集』（上）には、

夫入峰者十界一如ノ観門、即身即仏ノ極位也。蓋シ有二順逆二峰ノ階級一、順峰者従因向果ノ行義。表三九界ノ因ニ具レ足スルヲ仏界ヲ一（自二地獄界一至二仏界一）是則宣度先達ノ修行也。

とある。すべて宣度先達すなわち初めての先達の試練の場であり、これを成満《じょうまん》すれば一人前の山伏になれたのである。

彦山の春峯入は二月十五日から四月十日までの五十五日の修行であった。伝承では一応明治二十六年まで三季峯入があったという。この峯入衆がまだ帰って来ない三月十日から夏峯入（華供）がはじまり、四月十九日まで四十日の行があった。また大廻行《おおめぐりぎょう》は五月一日にはじまり七月十五日まで七十五日の行であった。逆峯といわれる秋峯入は七月三十日から九月四日まで三十五日間で福智山までの往復をした。

彦山春峯入の目的地は太宰府に近い宝満山で、いまは竈門山《かまと》という。これは『彦山縁起』に、役小角が文武天皇の慶雲二年（七〇五）に、彦山の俗体岳から宝満山に至り、遂に唐土におもむいた故事によるのだという。それで駈入といっても二月十五日の宣度祭ののち笈渡《おいわたし》がすむと、入峯の古先達や先達坊、度衆、新客は彦山頂上の俗体岳（南岳）にのぼる。そして下宮宿《しゅく》、中宮宿、備宿《そなえしゅく》、篠宿、籠水宿、発心宿、吹越宿などの彦山中の行場をめぐりながら、玉来宿、持経者宿、笙岩屋宿《しょうのいわや》をへて、入峯の中心である小石原深仙宿《じんぜんのしゅく》に出る。ここで帰路に正灌頂がおこなわれることは、大峯の深仙宿とおなじであるが、日光の深仙巴之宿《じんぜんともえ》にならえば、ここで参籠修行がおこなわれたであろう。今行って見ると平地の山林であって、それほどの聖地とは見えない。

江戸時代の『峯中日誌』ではすこし変っていて、春峯入は松会や宣度祭から切りはなして、二月二十五日に役行者堂で護摩と延年をおこない、二十八日に大南窟《おおみなみ》の大南宿で、入宿灌頂と七日間の十界修行があったという。このように参籠修行は小石原とはかぎらなかったのである。小石原からは古処山《こしょ》を経て冷水峠《ひやみず》を越えて宝満山まで、金剛界の修行であったという。

## 夏の峯入

### 一―夏の峯入

すでにのべたように、山伏は一年中、山の中で生活するのが建前である。そうして得られた験力《げんりき》をもって人里に出て、人々の病を治したり、不幸や災厄をはらったり、豊作をいのったりする。またたのまれれば雨乞をし、物怪《もののけ》を鎮め、天下の災異(地震や彗星《すいせい》など)をはらい、貴族の安産をいのり、新宮殿の鎮宅をする。そのほかもっとも大きな仕事として、豊作や凶作や災害の予言託宣をする。そのようなことで山籠の浄行僧(山伏)や山の聖《ひじり》（山伏）が、都にまねかれた記録は六国史や平安朝文学にも、すくなからず散見される。

ところが山伏が人里に住んだり、都に住むようになったために、逆に山の中へ入って修行するという、入峯修行あるいは入峯儀礼が必要になったのである。その四季入峯のうちで春の峯入と秋の峯入は、もっぱら抖擻《とそう》といって、出発点から目的地まで山河を跋渉《ばっしょう》して歩く。これに対して夏と冬の峯入は、一か所で山籠の苦行をするが、この方がむしろ山伏の原始形態にちかいということができよう。このように山伏本来のあり方をきめて、その変化を追跡しないと、どうして四季の峯入があるのかを説明することができない。しかし従来の修験道研究は、この点についての追求がまったくなされておらなかった。

入峯修行の方式は平安中期に修験道を確立した大峯方式が、全国に伝播したものと私は推定している。それが羽黒山なり彦山なり、白山、立山なりで、その立地条件に応じて変化していったのである。その元の方式が比較的あとまでよくのこったのは、大峯山よりも、羽黒山と彦山と伯耆《ほうき》大山《だいせん》であった。しかし現在ではどこにも夏の峯入はのこっていない。ただ夏の峯入の最後に、山伏が麓に降りて来たとき、山の神の祭と山籠のあいだに得られた験力の試験、すなわち「験競《げんくらべ》」がのこっている。このとき慰労の宴もあって、いわゆる「延年」という芸能の一部も見られる。この山神の祭と「験競」と延年芸能は「蓮花会《れんげえ》」とよばれたのであるが、いまはほとんど別の通称になって、蓮花会は記録でしかわからない。その通称というのは、吉野山の「蛙跳《かえるとび》」、鞍馬山の「竹伐」、竹生島の「蓮花の頭《とう》」、

蛙跳行事（奈良　金峯山寺蔵王堂）

竹伐会（京都　鞍馬寺）

羽黒山の「花祭」、そして隠岐の国分寺が「蓮花会」といって舞楽をする。そのほかいまはないが、伯耆大山では「弥山禅定《みせんぜんじょう》」といったし、戸隠山や妙高山では「柱松」といった。これらはたいてい旧六月十五日かその前後の行事となっているので、すぐ分るのである。

蓮花会が六月十五日であるということは、夏の峯入の何たるかをあらわす一つの指標である。山伏も山籠生活をしているあいだは自由人であったが、麓や都会に出てくると大寺院に隷属して、その雑役者とガードマンであった。これを「堂衆」というのは、諸堂の掃除をしたり、花や香をあげたり、燈明が消えないように聖火をまもり、そして一山の警備をするからであった。奈良元興寺に奈良時代におったという伝説的力持ちの「道場法師」なども、そのような堂衆の一般的名称だったとおもわれる。

この堂衆のもっとも重要な仕事は諸堂社に花を供えることだったので、これが夏の峯入の主なる修行の内容となった。

『平家物語』（「山門滅亡の事」）に、

堂衆といふは、学匠の所従なりける童《わらんべ》（稚児《ちご》）の法師になりたるや、もしは中間《ちゆうげん》法師ばらにてもやありけむ。一年《ひととせ》、金剛寿院の座主《ざす》、覚尋権僧正治山の時、三塔に結番《けちばん》して、夏衆《げしゆう》と号して、仏に花参らせし者どもなり。

とあるのは、夏の峯入に仏に花を供えたので、夏衆《げしゆう》（花衆《げしゆう》）とよばれたことをのべている。京都の六角堂（頂法寺）の堂衆も仏前供花をしたが、その中の「池の坊」から供花の名人が出て、花道に転身してしまった。しかし池の坊はつい最近まで聖護院山伏の院室（高い寺格）として修験道界に重きをなしていた。

夏衆の夏《げ》というのは、もとは印度の夏安居《げあんご》のことであった。印度では夏の雨季のあいだは、僧侶は行脚乞食《あんぎやこつじき》することができないので阿蘭若《あらんにや》（寺）のなかで、しずかに学問修行をする。これが四月十五日から七月十五日までの九十日（九旬）であった。山伏（堂衆・夏衆・花衆）は正式には四月十五日から七月十五日までのあいだ山の中に籠って、山の花を採って、その寺の山上山下の境内にあるたくさんの堂と社に供えてまわったと推定される。またその余暇には一心に法華経を書写して功徳を積むが、これを如法経《にょほうぎょう》といって、これだけを独立の夏峯《なつみね》の修行とする山もあった。

## 二―花供と蓮花会

印度の夏安居と修験道の夏峯入の根本的なちがいは、安居は静かに学問瞑想することであるのに対して、峯入はたいへんな活動と苦行をすることである。ここに形や名目的には印度に似ていても、信仰や精神は日本独自のものがあることが、従来注意されなかった日本仏教の特質というものである。

しかも花といえば印度では蓮花であるのに、日本ではなんと主に樒《しきみ》なのである。今も樒を花枝とか花柴とか、花榊あるいは香花《こうはな》とよぶ地方は多い。しかもこれは『源氏物語』

（「賢木《さかき》の巻」）で賢木とよばれたことも、うたがいがない。「さかき」とは栄樹《さかえぎ》、すなわち常磐樹《ときわぎ》のことで、その代表が昔は香り高い樒であり、のちに香りのない榊にかわった。そして神や霊をむかえてまつる依代《よりしろ》に立てるのが、「はな」であり、それが樒だったのである。したがって山伏は山中の仏（堂）や神（社）に花を供えて歩いたように見えるが、実はこれを立てて依代として、その山中のいたるところに実在する霊や神をまつったのであった。

ところがこの花（樒）は、どこにでもあるというわけにはいかない。そこで諸大寺は花園とか花山をもっていて、山伏は毎日そこへ花を採りにいくのが、峯入の行《ぎよう》の一部であった。高野山ならば、南へ三里の花園村（花園庄）がそれである。比叡山ならば、西坂本の八瀬にちかい旧花園村であるし、仁和寺は双ヶ丘の東に花園（いま花園駅や妙心寺のあたり）があった。奈良元興寺にも花園があったが、東大寺では春日山の奥に花山《はなやま》があって、東大寺の山伏である法華堂衆と中門堂衆はここから樒を採る「当行《とうぎよう》」という修行があった。京都東山の花山《かざん》も、おそらく清水寺や青蓮院の樒を採る山であったろうとおもう。

大寺院となると、諸堂社の数は非常に多いし、その距離も大分ある。東大寺でも大仏殿のある下院《げいん》から二月堂、三月堂のある上院《じょういん》、そして東山の中の天地院など、山下・中腹・山上と莫大な拝所がある。その上、社殿もないのに、秘所または拝所といって神や霊のおるところがあり、それにも花を供えなければならない。吉野金峯山寺《きんぷせんじ》も、現在の蔵王堂《ざおうどう》のある山下諸堂社と、中腹にあたる金峯神社（奥之千本）あたりの愛染《あいぜん》（もと安禅寺があった）と、山上ヶ嶽の山上蔵王堂とは八里（三十二キロ）の距離がある。これを往復しながら、毎日供花するということは容易なことではなかった。

大峯修験道では、吉野の夏峯入は久しく失われてしまったが、いま出峯《しゅつぶ》の蓮花会が「蛙跳」行事としてのこっている。吉野でもすっかり意味がわからなくなっているが、江戸時代の『吉野山衆徒衆中年中行事』（寛文十一年）では、旧六月九日に丈六山と本堂で蓮花会をつとめたとある。しかしこれが夏峯入が終わって出峯したときの行事であることは忘れている。また室町時代の『当山年中行事条々』（享徳元年）では、この日に蓮花を迎えて蔵王堂に入れ、その夜蔵王堂で「験競《げんくらべ》」（これが蛙跳にあたる）があったことをしるしながら、蓮花会であることも、夏峯入の出峯であることも記さないのである。ただ江戸時代の『滑稽雑談《こっけいぞうだん》』（正徳三年）が、蓮花会であるとともに験競の蛙跳があるとのべている。

このように本家本元が室町時代にも、これが夏峯入であることをわすれているのは、おそらく南北朝時代の蔵王堂炎上以後、夏峯入はおこなわれなくなって、旧六月九日の出峯だけをのこしたのであろう。いまこれを新暦の七月七日に「花供入峯《はなく》」と称して、蓮花を奈良県御所《ごせ》市奥田から迎えて、蔵王堂に供えて蛙跳をおこない、その翌朝のこりの蓮花をもって大峯山上ヶ嶽までの堂社に供花してのぼるのは、かつての夏峯入の九十日の花供を一日だけですましているのである。

ここで私がさきに夏安居《げあんご》は四月十五日から七月十五日までといったことと、この吉野の六月九日というのは矛盾している。しかしこれも日本での変化であって、日本の暦では七月は秋なのである。そこで一か月くりあげて六月十五日に夏峯修行から出峯したものと私は推定する。しかし花供を七月十三日の盆の入りまでつづけた羽黒山のようなところもあるが、ここでも蓮花会にあたる花祭だけは六月十五日（現在七月十五日）におこなっている。

そうすると夏峯入はいつからかということになるが、多くは四月八日からであった。羽黒山ではこれを「花備初《はなそなえはじめ》」としている。そして七月十三日が「花備止《はなそなえどめ》」であった。しかも吉野山では四月二十六、七日に「花供請定《はなくしようじよう》」を出すこととなっているだけではっきりしないが、おそらく三月十一日の「花会式法華懺法《はなえしきほっけせんぼう》」というのが、それにあたるのではないかとおもう。というのは、これから六月九日までではぼ夏安居九十日にあたるからである。この花会式《はなえしき》はいまは四月十一日と十二日の二日間におこなわれて、満開の桜の花を蔵王堂に献じ、法華懺法をおこない、三匹の鬼の鬼踊がある。これは二月の修二会《しゆにえ》の鬼走《おにはしり》と、三月の法華会《ほっけえ》の法華懺法と、四月の夏峯入花供《はなく》と三つの法会が一つになったものと推定され、これからかぞえた九十日の六月九日が夏峯入の出峯《しゆっぷ》蓮花会（蛙跳）になったものであろう。

しかし江戸時代末には五月五日から八日まで天川坪内《てんかわつぼのうち》から小篠《おざさ》を経て吉野へ出るのを花

供といっていたことが『花供手鑑《はなくてかがみ》』にみえる。

## 三――験競

吉野の蓮花会の験競《げんくらべ》については、室町時代の『当山年中行事条々』に、

同（六月）九日、禅衆（山伏）の役にて、蓮華の迎に下向《げかう》す。往古は奥田（御所市《ごせ》）にて延年これあり。近年は丈六堂まで下向し、蓮花を蔵王堂に入れ奉る。其の夜験競あり。

とあって、験競の内容は記されていない。しかし現在おこなわれる蛙跳があったことだけは間違いあるまい。

現今の蛙跳は七月七日午後に縫ぐるみを着た青年が、輿に乗って吉野の町中をワッショイ、ワッショイとはやしてあるく。そして奥田の蓮花を迎えて蔵王堂の勤行がはじまり、それが終わるころ、蛙は仏前に三度跳んで出ると、加持僧がこれを加持して人間にもどす。すると蛙の縫ぐるみを脱いで、中から青年が出て来て、本尊を礼拝して法会は終わるのである。

これは伝説として、昔からきわめて傲慢《ごうまん》な山伏があって、役行者より自分がすぐれていると高言した。すると蔵王権現の罰で蛙に変身してしまった。そのため鷲にさらわれて食べられようとするのを、役行者があわれんで加持して、人間にもどしてやったのだと解釈

している。しかしこれがいかに出鱈目《でたらめ》な作り話であるかは、江戸時代の『滑稽雑談』に、
　行法終りて、かの僧四人檀のあたりを檜扇《ひあふぎ》にて叩き、蛙を呼ぶに、後堂《うしろだう》より飛出で、四口の僧の膝下をめぐりて飛ぶ。これを強く祈り責むるに、次第に責められて堂内を逃げありくを、難なく祈り殺す。その後、戸板に乗せ、舁きて外へ出し、湯水を掛けて蘇生するとなり。譬へば洛北蓮華会（鞍馬山）の竹切に同じ。

とあるのでわかる。もともと蛙を祈り殺す験競だったのである。これは山伏が峯入修行の結果、超人間的験力として、生物や人間を祈り殺したり、祈り生かしたりする呪力《じゆりき》がつくと信じられ、その験力をくらべる試験があったことをしめしている。のちには狎れ合いで、蛙や兎に扮装した者が、山伏の気合でひっくり返ったり、また起き上ったりする演出になったのであって、今も羽黒山松例祭《しようれいさい》の験競に、これがのこっている。

　験競はこのような蓮花会ばかりでなく、入峯修行の終りにはかならずおこなわれたものとおもわれる。山伏のみならず学問僧も、法華大会《ほつけだいえ》とか華厳会《けごんえ》とか勧学会などのあとで、かならず問答や論義や竪精《りつせい》という試験があった。験競は超人間的験力を生命とする山伏の試験であったが、これも末期症状となると、今日の大学の試験のように形式化してしまい、験競の何たるかを忘れたのである。

　柱松《はしらまつ》という行事も、全国各地にのこっていて、七月十五、十六日に数本の柱の先に松明をつけ、これに小松明を投げ上げて、どれが早く燃えつきるかを競う。ところが盆の送り

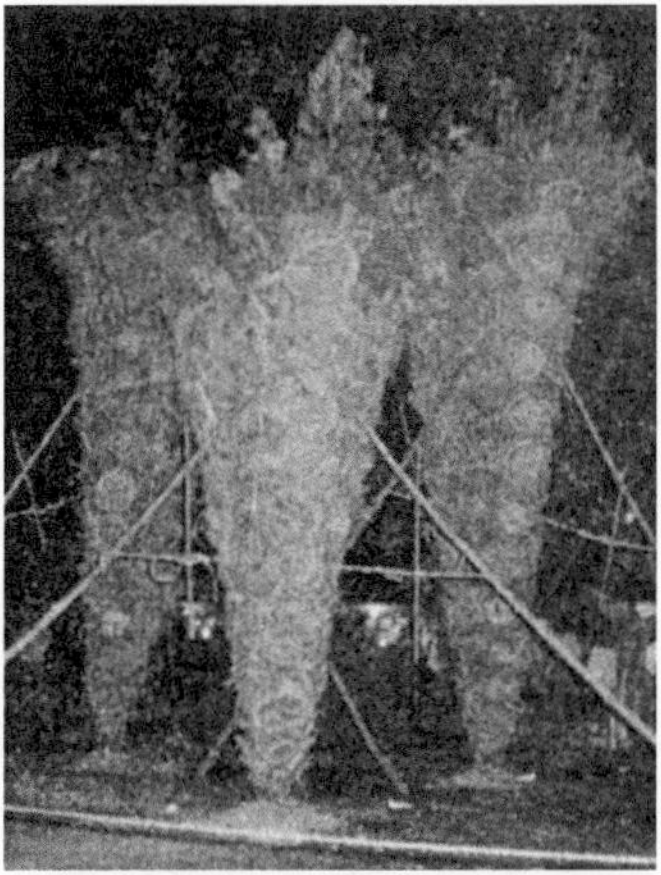

柱松
（京都　清涼寺お松明）

柱松の松起し（『彦山御神事絵巻』英彦山神社蔵）

火のようにかんがえられて、これを地蔵盆にするところもある。しかし『戸隠山顕光寺流《る》記《き》』（長禄二年（一四五八）七月十五日、十穀僧有通編）に、

夏の末、又柱松と云ひ、煩悩を焼尽し、幷びに一夏《いちげ》の行徳の威験を顕はす。

とあって、夏峯入の験競であったことがわかる。この柱松が京都の鞍馬寺の奥に多いのは鞍馬修験、すなわち鞍馬天狗たちの験競であったろうとおもう。また京都嵯峨の清涼寺の柱松は三本立てられて、その年の稲の早稲《わせ》、中稲《なかて》、晩稲《おくて》の豊凶を占うなどといわれるが、これも愛宕《あたご》修験のものであろうと私は推定している。九州の彦山とその周辺の柱松もまた有名で、『彦山御神事絵巻』二月十三日の「松起し」に画かれているが、彦山修験の夏峯入は大廻行《おおめぐりぎょう》といって五月一日（または五月五日）から七月十五日までの、山中堂社供花であった。

これでわかるように日本の年中行事のなかに修験行事はいろいろの形で混入していて、四月八日の民俗の花祭なども、紀州山村では「夏花《げばな》」とか「花折初め」という。そして四月八日から七月十五日まで庭先に樒をあげるのは、まさに山伏の夏峯入に関係がある。そして今はまったく不明に帰した鞍馬天狗の鞍馬修験道も、この夏峯入があって、その終りの験競に竹伐行事があったことが、十分に証明できるのである。

これは『日次《ひなみ》紀事』（貞享二年）に、

夜に入りて、寺僧各々毘沙門堂に聚まり、その内に僧達中間《そうだちなかま》（山伏）一人を置き、

各々肝胆を凝らしてこれを祈る。一人忽ち倒れ、ややあつて蘇生す。

とあるので、祈り殺し祈り生かしの験競だったことがわかる。しかもこれが蓮花会とよばれたことはさきにあげた『滑稽雑談』の記す通り、竹伐の遅速を競うのも、験競の一つとして腕力を競ったものであろう。羽黒山松例祭の験競にも、「烏飛の神事」といって跳躍の高さを競うことがあり、このような跳躍力の錬磨から「天狗飛切りの術」などができたこともかんがえられる。鞍馬山にはほかに「火祭」があるが、これも参道登り口の大鳥居の前に四本の大松明を立てるのは、柱松の名残とおもわれる。しかしこれは秋の行事となっているので、秋は鞍馬修験の秋峯入にともなう験競と推定している。ところがこれを鞍馬寺も神社も村人もすっかり忘れて年久しい。日本の奇祭といわれる年中行事や祭は、ほとんどこうした修験道行事であったことは注意しなければならない。

なお平安時代の験競は高山寺蔵『鳥獣戯画巻』に描かれており、その古いことが判る。これは同絵巻の

卯月八日の天道花（大阪府能勢町）

蛙山伏と猿山伏の験競（『鳥獣戯画巻』丙巻）

山伏の験競（『鳥獣戯画巻』丁巻）

丙巻と丁巻の二か所に出ている。丙巻には猿山伏と蛙山伏の験競が画かれ、中央に逆立ちした山伏をおいて、一方は倒れないように祈り、一方は倒そうと祈って験をきそったらしい。双方とも真剣な表情で祈っている。丁巻ではほんとうの山伏と密教僧との験競である。中央に袋をかむって蛙の恰好をした山伏をおき双方からするどい気合をかけたり、真言をとなえたり、印を結んだりしている。験力の強い方が蛙を敵方へ飛ばしたり殺したりして勝敗をきめたのであろう。吉野の蛙跳はもとこの形であったのが、現在のように変化したのである。また平安時代には「飛鉢」という鉄鉢をとばすことが験競であったことも、諸書にうかがえる。『古今著聞集』(巻二) には有名な験力のあった山伏の浄蔵が、修入《しゅにゅう》という山伏と、比叡山で石を飛ばす験競をした話を出している。これは、

七月十五日安居《あんご》の夜、験くらべををこなひけるに

とあって、まさに夏峯入の終わりの験競であった。浄蔵が石を飛ばすと、修入《わ》はこれを呪縛してうごかないようにする。双方の祈りが最高潮に達すると石は二つに破れたというのである。

## 四―如法経修行と「硯の水」

山伏の夏の峯入は一定の場所に籠りながら、諸堂舎に花を供えるばかりでなく、法華経の書写をともなうことが多かった。

修験道と法華経の密接な関係は、法華経が人間の犯す罪や穢を滅ぼす呪力のある滅罪経典と信じられたことにある。その理由はかならずしもあきらかでないが、法華経第五巻の『提婆《だいば》達多《だつた》品《ほん》』に、穢多き女人が成仏することや、罪深い悪人が成仏する話が出るので、滅罪信仰が日本でうまれたものとおもわれる。その信仰が奈良時代にすでにあったことは、国分尼寺の正式の名称が「法華滅罪之寺」であったことでもあきらかであろう。『日本霊異記』にはこれをしめす説話がたくさんのっている。

これに対して、修験道はすでにしばしばのべたように、人間の不幸の源を罪と穢と見て、これをほろぼすために捨身や苦行をする宗教である。したがって滅罪の苦行を法華経の滅罪力とあわせて、いっそう強力で有効なものにしようとした。修験道は一般に密教とむすんだといわれるけれども、初期の修験道は法華経の方が密接であった。

このことから法華経は読んだり解釈したりするものでなく、実践するものだという主張が生まれた。日蓮聖人の身読、真読というのは、この実践を指している。すなわち法華経の内容や意味は知らないでも、苦行をすれば法華経を読んだ以上の功徳があるという。そこでその最高の実践は薬王菩薩が我が身を燃やして仏を供養したような、焼身燃燈《ねんとう》供養であるが、それに次ぐものとして、苦行精進しながら法華経を書写することがあった。このような写経を「如法経修行《にょほうきょう》」といい、苦行の実践者を「持経者《じきょうしゃ》」といったのである。

如法経修行ということは、比叡山の慈覚大師がはじめたといわれるが、山伏は夏峯入のあいだ、山にのぼって浄水を汲み、穢を遠ざけて石墨草筆《せきぼくそうひつ》の写経をつづけた。その一例を伯耆《ほうき》大山《だいせん》修験の如法経で見てみよう。この山では一般人の登山を年中禁止し、如法経修行僧だけが一七三一メートルの頂上にちかい中池まで、写経の水を汲みに登った。私のかんがえるところでは、おそらくこれは毎日だったらしいが、江戸時代には六月十五日、一日だけの行事になってしまった。これは夏峯入の蓮花会だけがのこったものと、私は推定している。これを「弥山禅定《みせんぜんじょう》」といったが、このとき山上から浄水を汲んでくる「弥山禅定浄水《じょうすい》槽」が今のこっている。このとき水とともに山上の栂樹（大山伽羅《だいせんきやら》木《ぼく》であろう）と蓬を採って来て薬草にしたというのは、聖なる栂樹を毎日諸堂舎にあげて供花したことの名残とかんがえられる。もと五月朔日から二人の僧が四十五日間の行に入ったと記録されており、この二人が一山山伏の代表として苦行

弥山禅定水桶（山陰歴史館蔵）

したものとおもう。その写経には清浄を生命とするので毛筆膠《にかわ》墨をもちいず、塩俵の藁から抜いた稲茎を筆とし、豪円山の秘所から採った赭土《あかつち》を山上の浄水でとかした朱墨をもちいたという。そして写された法華経は山上中池の傍に埋められたが、私はこれも中池の底に沈められたものと推定している。有形な経典が目的でなく、苦行そのものが目的だったからである。

如法経で有名な寺は、山形市の東にあたる山寺立石寺《やまでらりつしやくじ》である。如法経の創始者、慈覚大師の開基とつたえ、平安時代の天養元年（一一四四）に建てられた「立石寺如法経所碑」がある。もとは慈覚大師が入定《にゆうじよう》したという入定岩の上に建っていたが、おそらくここには如法経を専門とする如法経聖《ひじり》がおったものとおもわれる。この如法経聖は一種の山伏で、不滅の法燈をまもった。「ひじり」というのは「聖火をまもるもの」という意味だからである。山寺立石寺は宝珠山の麓から中腹にかけて堂舎が階段状に立ちならび、その裏山は山伏の行場になっている。その最上段にある奥の院に「不滅の法爐《ほうろ》」があり、中段の開山堂に「不滅の法香《ほうこう》」があり、麓の根本中堂に「不滅の法燈《ほうとう》」があった。いまは不滅の法燈だけがのこっている。如法経聖はこの「三不滅」の聖火をまもる行人だったのである。

もう一つの夏峯如法経の例をあげれば、越中立山修験がある。立山の信仰は地獄谷がもっとも古く、『今昔物語』（巻十四）には、この地獄に堕ちた女性のために法華経を書写供養することが二話見える。またこの谷で立山の山伏は錫杖《しやくじよう》供養とともに、法華経供養を

立山のみくりが池（富山県）

した。これは法華経を地獄谷で読誦することであったらしいが、地獄谷から救済された霊魂が上昇してゆく山は帝釈天《たいしやくてん》のとどまる帝釈岳（立山別山《べっさん》）であった。この山は地獄谷噴煙の上に屹立する雄大な山で、その頂上に「硯の水」とよばれる池があるという。これを見ると、伯耆大山修験が頂の中池から写経の硯水をむかえたように、立山修験もここから、写経の水をむかえたと推定することができる。

また地獄谷の上の室堂平《むろどうだいら》には「みくりが池」と「みどり池」がある。立山へのぼった人ならば誰でもあの雄大な雄山（三〇一五メートル）を逆さにうつすこの池が、強烈な印象にのこっているはずである。これらの池の名称も「水取り池」の訛《なま》ったものと推定されるので、私は如法経写経の「お水」を取った池だろうとおもっている。大体室堂というのも修行僧の山籠するところであって、登山者の泊るところではなかった。いまはアルペンラインのターミナルビルが建ってしまったが、もとはきわめて粗末な小屋であった。夏峯入の立山山伏はここに籠って毎日別山山頂の「硯の水」を汲んで写経したのが、のちに近いところの「みくりが池」から「みどり池」からお水を汲むことになったのであろう。ただし「みくりが池」は「水潜り池」で禊《みそぎ》の池だったかもしれない。白山の山頂にも「みどり池」(翠池)があったことが、平安時代の長寛元年(一一六三)に書かれた『白山記』に見えるので、白山山伏も夏峯入に如法経修行をしたと推定できる。

# 秋の峯入

## 一—秋峯入の入成《いなり》儀礼

高山に秋の来るのははやい。現在の暦で八月末には、山はすっかり秋で、観光ルート以外はひっそりする。お盆すぎたら山は淋しくなるといわれるのはそのためであるが、それからは野鳥が安心して囀《さえず》り、高山の秋草も淋しく美しい。そこに颯々とガスが流れたり、青空が晴れ上ったり、目まぐるしく天象が変化する。この季節はほんとうの山好きだけが山へ入るが、山伏の秋峯入もこの季節である。

秋峯入には各山共通の入山日がないのは、高さによって気候がちがうからであろう。大峯山の秋峯入は現在は八月一日に聖護院山伏が入山し、その他の山伏講中もその前後である。しかしこれは夏休中という便宜のためで、秋峯入としてははやすぎる。私は特別にたのんで昭和四十四年に、九月二十一日から聖護院山伏と一緒に奥駈をしたら、大峯秋峯入の醍醐味《だいごみ》をあじわうことができた。

出羽の羽黒山は江戸時代の貞享四年（一六八七）の『羽黒山年中行事』では、旧七月二十日から八月四日までの十五日間が秋峯入であった。これは今なら九月上旬から中旬ということになる。しかし現在の羽黒山修験の秋峯は、八月二十五日から八月三十一日までの七日間となっている。これも江戸時代以前は七十五日の入峯だったというので、旧暦なら十月一杯、新暦なら十二月はじめまでかかったのである。この七十五日の秋峯入というのは、まさしく大峯修験の方式にならったものとおもわれる。というのは、大峯では春峯入は熊野から吉野へ出るのに百日、秋峯入には吉野から熊野へ出るのに七十五日をかけたからである。

現代の羽黒山伏の秋峯には、私も二回参加したので、この方から説明しよう。というのは初め大峯修験の入峯《にゅうぶ》形式で、のちに諸山の規範となった「十界修行」というものが、羽黒山にだけのこっているからである。そのために修験道研究を目的とする外国の学者が毎

笈渡し（羽黒山秋峯入）

梵天倒し（羽黒山秋峯入）

年のように参加するので、いまは外国にもよく知られるようになった。

元来秋峯入は抖擻行《とそうぎょう》と称してひたすら歩くのが原則である。所々で宿《しゅく》（もとは野宿《のじゅく》、あるいは柴で仮小屋をつくることもあり、洞穴に入ることもあった）に籠って、儀礼や修行をおこなった。これを整理して十界修行とし、入峯前に新客（はじめて入峯する一年生山伏）の訓練に吹越《ふきごし》堂というところでおこなうこともあった。羽黒山ではもと入峯山伏は山麓先達の宿坊に集合して笈絨《おいからがき》という準備をした。それから羽黒山上の峯中《ぶちゅう》堂（もと吹越宿）に入って修行し、次に二の宿荒沢寺《こうたくじ》に移り、次に三の宿大満虚《だいまんこ》空蔵《くうぞう》堂に移って十界修行をしたという。そして最後は月山《がっさん》、湯殿山へも宿《しゅく》を移したのであろうとおもう。しかし神仏分離後は峯中堂では出羽《いでは》神社側の主催する入峯修行があり、荒沢寺の方では羽黒正善院側の主催する羽黒派修験本宗の入峯修行が、神式仏式別々におこなわれている。私はこの正善院側に入峯した。

いまは八月二十四日に笈絋《おいからげ》して二十五日に山伏行列で山上にのぼり、荒沢寺に入る。ここで一の宿、二の宿、三の宿全部をかねて修行するので、その都度「宿移り」の儀式がある。入峯のはじめには黄金堂前で、断末魔をあらわすといわれる「梵天《ぼんでん》倒し」の式があるが、要するに入峯ということは、一度死んで山中で地獄の苦しみをなめ、それまでの罪の贖《つぐな》いを果して、生まれ代って山を出てくることである。これを大峯修験では入峯の最初に銅鳥居《かねのとりい》をめぐりながら、これからあの世へ入るのだという意味の秘歌をうたう。

吉野なる　銅《かね》の鳥居に　手をかけて
弥陀の浄土に　入るぞうれしき

これとおなじことが「梵天倒し」で、このとき生命が断絶したことを意味する。これとおなじ儀礼は福島県の霊山《りょうぜん》修験にものこっていて、入峯前に梵天を倒し、仏前の燈明を消す。そして出峯《しゅつぶ》して戻ったとき、梵天を立て燈明をともして再生したことをあらわすのである。しかしちかごろ羽黒修験では「梵天倒し」を性交と受胎で説明し、入峯を母の胎内での胎児の生長と見て、出峯（出成《でなり》）は誕生を意味すると解釈している。

修験道にはいつのころからかインドやチベット的な左道密教が入って、すべてをセックスで説明する一派ができたことも事実である。しかしこれは日本の民族宗教を根幹として成立した、日本の修験道の正道ではない。いわんや土中入定や火定焼身や断崖捨身をする命がけの修験道とは、似ても似つかぬものである。入峯して一旦死に、苦行による滅罪をしてあたらしい生命として再生する「擬死再生」こそ修験道の本義である。

## 二―十界修行

羽黒山では現在八月二十五日の宿入りから三日間は、まず断食断水の行である。ほんとうなら無言でなければならない。しかも朝昼晩の勤行《ごんぎょう》が矢継早《やつぎばや》にあるから、寝る時間もない。風呂もなく顔も洗わず、便所へ行っても手を洗わない。これは畜生とおなじだから「畜生道」の修行である。断食はまた「餓鬼道」の修行である。もと七十五日入峯のときは、それでは死んでしまうから「手一合」という掌のくぼみに入るだけの米で一日の食糧とした。西行法師の大峯入峯のときもそうだったと記されている。

畜生道、餓鬼道にあわせて「地獄道」を三悪道《さんなくどう》という。この地獄道の修行を羽黒山では「なんばんいぶし」といって、室の戸をすっかり閉じて火鉢に唐辛子をくすべ、煙を充満させる。この煙は身体中の粘膜を刺激するから、涙や咳《せき》や嚔《くしゃみ》や洟《はなみず》が出る。窒息しそうな苦しみである。しかし私がいろいろの文献で推定するところでは、大峯修験では新客山伏を天井から法螺《ほら》貝の緒（「貝の緒《かいのお》」という）でしばって宙吊りしたのである。このときは天秤棒の一方に新客を吊り、他の方へ石を下げたと推定される。もし罪が重ければ新客の方が下がるので、そのときは「幽底に堕す」とあるから、この行はもと断崖の上で屋外でおこなったことを想定させる。しかも実際に谷底へ堕したことを目撃したと、慶長年間（一五九六―一六一五）の耶蘇会士《やそかいし》が通信している。この文献はドイツ人シュールハンマーの『山伏』（*Die Yamabushi*）という本に引用されている。

この尖巌《せんがん》の頂上に、後鬼が三エルレ（六尺三寸）以上の長さの鉄棒をもって来て、巧妙に、岩塊から空中に突き出したり戻したりできるように据える。その鉄棒の先に、二つの大きな秤皿と重石《おもし》がつけられ、その一方の皿の上に巡礼者（修行者）がのせられ、釣合がとれるようにする。巡礼者が乗ると、棒は外へ押し出され、空中と深淵の上に吊り下げられる。これを見るために他の修行者がまわりの尖巌の上にあつまって来る。このとき後鬼は、集まった人々に聞えるように、今年犯した罪を、このあわれな贖罪者に、公然と懺悔することを命ずる。すると彼は懺悔する。これが終ると棒と皿をもどして他の巡礼者をそのあとに乗せ、おなじように懺悔させる。もし罪を隠す人、また明かに懺悔しない人があれば、この悪魔の家来、もしくは人間化した悪魔（後鬼）は、彼を秤皿から落とさせる。すると彼は谷底へ落ちる前に、この恐ろしい岩壁に落ちて、身体が粉砕する。

このことから推定すると、羽黒山の「なんばんいぶし」は罪の重いものを谷底へ落とすかわりに、下から唐辛子の煙でいぶして苦しめたのである。これはいくら苦しくとも命だけは別条がないし、屋内の十界修行だからこのように変化したのであろう。しかしこのことは湯殿山の即身仏(ミイラ)を煙でいぶしたということと関係があるかもしれない。

十界はそのほか修羅《しゅら》道、人道、天道があって、あわせて六道《ろくどう》という。これが苦と迷の世界で、これから解脱すれば声聞《しょうもん》・縁覚《えんがく》・菩薩・仏という仏界に入る。六道のうち修羅道の行はいま相撲をとることになっている。すべて闘争するのが修羅の世界だから、打ち合いや殴り合いなど、武術の原始形態もあったであろう。人道修行は人間としてなすべきことは罪の懺悔《ざんげ》であるから、礼拝行をしなければならない。この礼拝も五体投地といって、地面に跪《ひざまず》いては立ち、跪いては立ちするので、これを百回も二百回もくりかえすことは最大の苦痛である。これも罪が重いと見られたものほど、長い時間礼拝が課せられる。とはいっても自ら罪の意識をふかく持って、自発的におこなうのでなければならない。次の天道修行は妓楽歌舞することで苦行とはいえないが、これを習得する苦痛を罪の贖いとしたものであろう。現在でも芸道の苦労がよくかたられる。しかしいま山伏はこれを延年といって、六道修行の終わりの宴会に舞や歌を披露することとしている。羽黒山では延年を「鳴《なり》子《こ》」とよんで、謡曲の一節をうたうことになっている。

以上のような苦の世界についで楽の世界が来る。これが声聞・縁覚という阿羅漢《あらかん》であるが、これを小木行《こぎぎょう》と閼伽行《あかぎょう》というのは、すこしこじつけの感がある。というのは小木行は山へ入って薪や採燈護摩の乳木《にゆうもく》（薪）を採ることで、なかなかの重労働だからである。また閼伽行は仏前や神前に供える水と、炊事用の水を谷川から汲みあげてくるはげしい労働である。とても楽などとはいえた義理でない。しかし修験道理論からいえば、この小木（薪）は煩悩の我が身を火葬にして、涅槃寂静《ねはんじやくじよう》に入るためであり、閼伽水はこれを地上にこぼして我が身が大地に帰することを意味するという。これですっかり煩悩をほろぼして悟りをひらけば、これ以上の楽はないから声聞・縁覚の行になる。しかし羽黒山では実際には小さな萩の枝を十本ほど束ねた小木のミニチュアを甲の机から乙の机にうつす。また桶の水を柄杓で甲の桶から乙の桶にうつすだけである。

このように修行をつんで菩薩の位に達すると、「床堅《とこがため》」の行をする。これも諸説があって帰するところがないのは、修験道が口伝《くでん》を重んじて記録をのこさなかったからである。しかし床堅は、もとは仮屋をつくったとき、柴で床を敷きかためることだったらしい。しかし十界修行の中に入って教理化されると、小打木《こうちぎ》と腕比《うでころ》という棒を打合せて、修行者が不動の坐禅に入ることを意味し、これがまた菩薩とおなじ姿だから菩薩道の修行になったものとおもわれる。

最後は仏道の行として即身成仏を印可《いんか》する「灌頂《かんじよう》」である。大峯山ではこれを「神仙《じんぜん》」の宿《しゆく》とか「小篠《おざさ》」の宿でおこなったが、羽黒山では荒沢寺能除殿《のうじよでん》の一室に扇天蓋《おうぎてんがい》と及位《のぞき》というものを下げ、また切り飾りを部屋のまわりに貼って灌頂道場をつくる。この中で修行

小打木と腕比（山形　荒沢寺正善院蔵）

扇天蓋と及位
（山形　荒沢寺能除殿）

者は当峯《とうぶ》大先達から印と真言を授けられて、大日如来と同体になったことを証明（印可）される。その詳細は別の機会にのべたいが、羽黒山ではこのあと採燈《さいとう》大護摩を焚き、再生の産声《うぶごえ》をあげて山を出るのである。

## 冬の峯入

### 一——冬の峯入と笙の窟

山伏の修行の四季峯入のうち、春と秋は抖擻行《とそうぎょう》という峯から峯へと徒歩で跋渉することであったが、夏と冬は一定の場所に籠居して苦行した。

しかし修験道は山を道場とするから、冬は高山であれば当然雪にとざされる。したがって堂舎のないところならば、洞窟に籠るほかはない。そこで山伏の冬の峯入は岩屋籠となるが、大峯修験道では「笙の窟」の冬籠がもっとも有名であった。

空海がその青年時代に各地の山々で山岳修行したことは、その自叙伝的小説である『三《さん》教指帰《ごうしいき》』にあきらかであるが、その中で、

或るときは金巌《きんがん》に登つて、雪に遇うて坎壈《かんらん》たり。或るときは石峯《せきほう》に跨つて、粮を絶つて轗軻《かんか》たり。

笙の窟

とのべたのは、金巌すなわち大峯金峯《きんぶ》山《せん》で雪の中で冬籠をしたり、石峯すなわち四国の石鎚山の冬籠をしたことをあらわしたものとおもわれる。金峯山（または金《かね》の御嶽《みたけ》）は平安時代初期までは吉野の奥の青根ヶ峯を指していたので、いまの金峯神社のあたりであろうが、石鎚山では中腹の成就社（もとの常住＝一四五〇メートル）で冬籠をしたのであろう。

しかし大峯修験道が確立されてからは「笙の窟」に冬籠することが冬峯入となった。これは山上ヶ嶽（一七一九メートル）に降雪がある前の九月九日に笙の窟に入り、越冬して翌年の三月三日に出峯したので、ほぼ六か月の山籠であった。その正確な日時は康正二年（一四五六）に辨盛の書いた『当山年中行事条々』にも、寛文十一年

（一六七一）に書かれた『吉野山衆徒年中行事』にも記されていないが、『金峯山創草記』には、

笙巌冬籠　九月九日より、後年三月三日に至る。

とあって、秋峯の終り、すなわち山上御戸閉《おとじめ》の九月九日に、冬峯入をおこなったことがわかる。このほか冬峯修行には晦山臥《みそかやまぶし》(または、つごもりやまぶし)ということがあって、十二月大晦日に入峯するものがあった。『金峯山創草記』には、

晦山臥出峯　四月八日、将軍家のために御祈禱す。当行の不断供花これを始む、但し十二月晦日入峯。

とあり、笙の窟の冬籠と晦山伏は、山伏の最高の名誉とされた。室町時代初期の『尺素往来《せきそおうらい》』(一条良基)には、

大峰抖擻、葛城修行、那智千日籠、笙岩窟冬籠等は、山伏の先途、捨身苦行の専一なり。

と書かれている。これがいかに重視されたかがわかる。

大峯では近世に入っても彫刻僧円空が笙の窟の冬籠をしているので、その伝統はつづいていたと見られる。円空の冬籠は延宝三年(一六七五)から四年と推定され、秋の紅葉のころ笙の窟に入っている。

唐衣《からころも》　笙窟に　打染(ち)て

このよ(夜)ばかりは　すみぞめのそで

という『円空歌集』の歌は、笙の窟からながめると、昼間は唐衣を染めたような紅葉であったが、夜となれば墨染の衣のように真っ暗だというので、十月から十一月の紅葉のころにここに入っている。これと符節を合わせるように、現在大和郡山の松尾寺に運ばれている円空作の役行者像には、次のような背銘がある。

延宝三乙卯十一月　於大峯　円空造之

実際に笙の窟に立って見ると、南面の谷はブナの巨木の生えた密林で、紅葉の見事さが想像できる。円空はこの歌のほかに、

こけむしろ　笙窟に　しきのべて
長夜《ながきよ》のこる　のり(法)のともしび

の歌をよんで、この冬籠をつらいとか、悲しいとかいわずに、風流と法悦をたのしんでいるように見える。これは平安時代の行尊や行慶とちがうところである。おそらく行尊や行慶が貴族出身であるのに対して、円空の庶民のたくましさが、こうした歌にあらわれているのであろう。また笙の窟の隣に鷲の窟があるが、円空は、

しづかなる　鷲窟に　住なれて
心の内は　苔のむしろ□

の歌も詠んでいる。また晦山伏として、大峯の小篠の山で越年した歌もある。

昨日今日　小篠山（の）に　降雪（る）は
　年の終の　　神の形かも

これはおなじ年の末に笙の窟で越年したのか、別の年に小篠へ入ったのか不明であるが、おそらく同じ年に笙の窟の越年を「小篠の山」としてよんだのであろう。このように大峯山中で越年する晦山伏は、かつての冬峯入の修行がおこなわれていた名残であった。

このように笙の窟で冬籠することは、平等院僧正行尊《ぎょうそん》にはじまるというのが、山伏のあいだの伝承で『本山修験伝記』（慶応年間まで書き継ぐ）の行尊伝には、

　大峯葛城の嶮岨に練行し、熊野三山の幽深に精進す。前代に苦行者多しといへども、笙窟の冬籠は尊（行尊）より始まれり。

とある。しかも行尊はここで三か年の岩屋籠をして、次のような歌を卒都婆（碑伝《ひで》ともいう）に書きのこしたことはすでにのべた通りである。

草の庵　なに露けしと　おもひけん
　もらぬ岩屋も　　袖はぬれけり

この歌は『金葉和歌集』にとられて名歌とされているが、よほど有名だったとみえて『撰集抄』（巻八）にも『古今著聞集』（巻二）にも、この歌の由来をといている。

また『続後撰集』の行尊の歌には「大みねにてよみ侍りける」の詞書で、

入しより　雪さへ深き　山路かな

跡たづぬべき　　人もなき身を

と冬峯入の歌がある。冬の大峯は今もしばしば遭難者が出るので、その冬籠のきびしさがおもわれる。

また幕末から明治初年の大峯修験者の林実利《じつかが》行者も笙の窟に千日籠りをした。これは衰えた修験道を再興しようという意図のもとにおこなった苦行であった。

## 二―晦山伏と小篠の宿

山伏の冬の峯入は、笙の窟の冬籠にしても晦山伏にしても決死の修行である。したがってこの修行をとげたものは最高の名誉であって、「入三度」とか「入六度」というような回数が『山伏帳』に記録された。『山伏帳』は『修験道章疏』(『日本大蔵経』所収)には下巻しかのせられていないが、

春山伏不勤仕之仁、晦入峯次第

として、平安末の大治四年(一一二九)から南北朝時代の延文二年(一三五七)までに三十人の入三度以上の晦山伏が記録されている。もちろん大治四年以前にも、延文二年以後にもあったであろうし、入二度以下の晦山伏もおったであろうから、その数は莫大なものになる。晦山伏はこのように『山伏帳』に記載されて、永久に名をのこすほどの名誉であった。

これを見てもわかる通り、冬峯入というものは個人プレーであった。夏峯入も個人的修行であったが、冬は一人またはごく少人数であったから、雪をどのようにしてわけて入ったのか、まったく想像もできない。

『山伏帳』には承安元年（一一七一）と文治三年（一一八七）に一院（後白河法皇）が晦入峯した記録をのせているが、これは熊野本宮であったからあまり問題はない。そして本宮対岸の吹越《ふきごし》の宿《しゅく》まで船で渡って、宿着《しゅくちゃく》採燈護摩の儀式を叡覧に供するという程度であった。しかしそのような儀礼的でない晦山伏は、雪を踏みわけて奥にすすんだのであろう。そしてこの書は、弘長元年（一二六一）の山臥隆胤、讃岐坊仙兼執行の二人が大晦日に参着して山伏振舞を拒否したことや、弘安八年（一二八五）には山伏尊隆と新熊野別当教範法印の二人が大晦日に入峯し、尊隆だけが山伏振舞をうけたこと、永仁三年（一二九五）大晦日には周防坊顕誉と山伏清寿が振舞をうけたことなどをのせている。このことから見て、晦山伏は断食を原則としたことが想像されるのである。

しかし大峯修験道に南北朝以後本宮から入る順の峯入（春山臥）がなくなると、晦山伏も吉野から入って、小篠の宿に籠るようになったらしい。それはさきにあげた円空の歌がこれを証明している。しかもそこで『金峯山創草記』に見られるように、四月八日の出峯まで山籠していた。寒さと飢えをいかにしてしのいだのか、その記録も口伝もまったく聞かれない。いかに近畿地方とはいえ、一五〇〇メートル前後の小篠は二、三メートルの雪に埋められるはずである。食糧は山伏独特の保存食もあったが、寒さをいかにしのいだのか、山伏の生活はまったく秘密に閉ざされている。

このような場合、笙の窟の方がまだましである。ここは一七八〇メートルの大普賢嶽の中腹の、一大巌壁の南面に開口した洞窟で、一五〇〇メートル余の高地にあるが、八キロほど降った天ヶ瀬や新田の人家から補給が可能である。事実、明治初年にここに千日籠りをした林実利《じつかが》行者（明治十七年に那智の大滝に捨身した）のときは、毎月天ヶ瀬の村人が食糧をはこんだことはすでにのべた通りである。そのため笙の窟の本尊だった寛喜四年（一二三二）三月銘の、将軍実朝（右大臣家）菩提のために大先達法印辨覚によって勧進造立された不動明王像の台座銘鉄板が、天ヶ瀬に下して保存されている。すなわち笙の窟は案外に人家に近いから冬籠も容易だったとおもわれる。しかし小篠の宿は吉野や洞川《どろかわ》から山上ヶ嶽を越えねばならないし、奥吉野川上村の柏木《かしわぎ》部落からでも、伯母《ばば》谷覗《だにのぞき》の険や龍ヶ嶽（一五三一メートル）を越さなければ入れない。入るとすれば決死の入山だったとおもわれる。

ところで晦山伏という修行がおこなわれた意味は、おそらく聖なる山中で越年の年籠《としごもり》をすることだったとおもわれる。いま恵方詣《えほうまいり》などといって大晦日から伊勢神宮や諸大社、あるいは氏神へまいるのは年籠であって、旧年の罪穢を懺悔して消除する意味である。晦山伏はそのための苦行だったのであるが、あまり危険なのでおこなわれなくなったらしい。

各地の修験道の山でこれを伝えているのは、羽黒山の松聖《まつひじり》ぐらいであるが、これは山上で百日精進ののち、大晦日に出峯するのである。ほかに彦山では旧正月（今は二月）に汐井《しおい》採《と》りの行があり、海岸まで歩いて海中に潜って海水を採り、竹筒に入れて山まで持ちかえる。この海水で諸堂舎をきよめるが、これなどは旧臘の冬の修行だったのであろう。これとおなじような十二月の清めの潮水汲みは奥高野の花園村（花採り行人の村）や、奥三河の花祭（山伏神楽）のおこなわれる天龍川筋の村々にもあった。これは山と海のちがいはあるにしても、新年をむかえるための罪穢をはらう山伏の滅罪苦行として、共通性をみとめることができるであろう。

## 三―羽黒山の松聖

冬峯入は山伏の修行のなかで、もっとも峻烈なものだったために、はやくからおとろえたり形式化したなかで、羽黒山だけがよく伝統を守って、今も松例祭《しょうれいさい》の名称でこれをおこなっている。これは明治十二年以後、羽黒山頂の出羽《いでは》神社（羽黒山・月山・湯殿山の三山合祭）の神事となったが、もとは松聖《まつひじり》行法とか松撃《まつうち》などとよばれ、実質的には山伏の冬峯入修行と、その出峯《しゅつぶ》結願をおこなったもの、と私は推定している。

いま松例祭といえば大晦日の行事のようにおもわれている。しかし、その前に百日精進とよばれる山籠の苦行があるのが、冬峯入修行なのである。したがってその入峯《にゅうぶ》（入《にゅう》

羽黒山の松例祭（両松聖の行列）

行《ぎょう》）は旧九月二十日（いまは降神祭といって九月二十四日）の「くくり笈酒」という酒盛からはじまった。江戸時代にはその山籠の行屋《ぎょうや》は自坊であったが、今は神道式になって、出羽神社の斎館《さいかん》の一室が二人の松聖の山籠行屋にあてられている。しかしどちらも後世の変化であることがあきらかとすれば、本来はどこで冬峯入の修行をしたのであろうか。

今の松例祭は年によってちがうであろうが、私の見た昭和四十二年の大晦日には、羽黒山は三メートル余の積雪であった。それをこの日だけブルドーザーで開いて数千の参拝者がのぼる。松聖の冬峯入の百日の山籠苦行は、この山上のどこかでおこなわれたはずである。今まで出たどの研究も解説書もそれをあきらかにしていないが、それは羽黒山の奥の院といわれる荒沢寺《こうたくじ》にちがいない、と私は信じている。

これをくわしく論ずるのは専門領域になるが、その一斑をのべれば、九月二十日の自坊入行を「くくり笈酒」というとともに「ホド立て」といったのは「火所《ほど》立て」で、清浄な火による別火《べっか》精進の火所（カマド）を立てたものである。ところが羽黒山でもっとも清浄な火のあるところは、荒沢寺の常火堂であった。ここには羽黒山開山照見大菩薩以来といわれる聖火が、昭和二十五年ごろまで焚きつがれて来たという。そしてこの聖火を管理するのが荒沢寺の一院「聖《ひじり》之院」であったことは、いろいろの証拠がある。そしてこの冬峯修行の松聖《まつひじり》というのも「聖之院」に関係があったと見なければならない。

すでに私が提唱しているように、ヒジリというのは「火」を「しる」ものである。「しる」は敬語となれば「しらす」とか「しろしめす」となり、「統治する」とか「管理支配する」意味である。したがって「火治《ひし》り」に「聖」の字があてられ、古代宗教者を意味する語となったのは、聖火を管理したからにほかならない。このような聖火の燃える常火堂の前にあった「聖之院」（今は坊址のみで草原となっている）に聖《ひじり》がおって、精進潔斎しながらこの聖火をまもったにちがいない。もしこの聖が精進を怠れば聖火はけがれ、火が消えるか災害の祟りがあると信じられたであろう。この聖の資格を獲得するのが冬峯修行であったにもかかわらず、江戸時代の横着な山伏が自坊を行屋にして、「ホド立て」だけでごまかすようになって、聖火をわすれたのである。

この冬峯修行する聖は位上《いじょう》（正）と先途《せんど》（副）の二人の松聖である。これを松聖というのは「松《まつ》火の聖」あるいは「松《まつ》明の聖」の意であろう。聖火は油をふくんだ松火（肥松《こえまつ》）

で焚かれるとともに、大晦日の松聖行法（松撃）には松明《まつ》に火打石で火をつける験競《げんくらべ》をおこなうからである。ところが近頃の解説書（戸川安章氏著『修験道と民俗』）では「待つ聖」だという。それは「松聖の百日間の修行は、この興屋聖（後に説明する）にいわいこめられている五穀の成長をまもりそだてるための、忌みごもりの行であり、穀霊のすこやかなる顕現を、静かに待っている聖者、すなわち待つ聖なのである」と説明される。

それればかりではない。江戸時代の羽黒山の伝承を集めた『拾塊集』という本は「松聖之事」の項に、

松聖とは松仙なり。六境・六識・六根の十八界を修験《をさめしる》して、永く人境を離る。茲に因り、客僧ともいひ、又尊称して公といふ。松（の字）は十と八と公とより成《な》る。神仙を学習する故に松仙といふ。仙とは聖なり。

などと、判ったような判らないような解説をするのだから、江戸時代にはすでに松聖が、常火堂の聖火や聖之院に関係があることは、わすれ去られたのである。しかし今では私がここにのべるように、これを「松火《まつ》の聖」として、冬峯修行と新年の聖火の関係をあきらかにすることができるようになったのは、修験道史に民俗学や歴史学や宗教学が関与して、綜合的に考察するようになったおかげである。

『拾塊集』はまた「松撃次第《まつうち》」として、大晦日の松聖行法すなわち松例祭が、文武天皇の慶雲年間（七〇四―七〇八）に、奥羽に身の長《たけ》八丈の麁乱鬼《そらんき》なるものがあらわれて災害疫《えき》

癘《れい》をもたらしたので、この悪鬼を防鎮滅却《ぼうちんめつきやく》するための行事であると説明する。しかしこれも羽黒修験道の冬峯修行とするかぎり、松聖の冬峯修行の結果獲得された超人間的呪験力を試みる「験競」であり、それにともなって旧年の穢を消除し、新年の聖火を鑽《き》り出す行事としなければならない。

## 四―興屋聖と恙虫

羽黒山伏の冬峯入の松聖は、百日精進を山上奥の院の荒沢寺でおこなわなくなって、自坊に「ホド立て」(火所立て)をして別火精進するあいだ、本尊として拝むのは開山能除《のうじよ》太子の御影《みえい》と五大尊の絵像と興屋聖《こうやひじり》である。

開山能除太子御影は不思議な姿である。

御顔醜くく、眦《まなじり》長く髪の中に入り、口は腋《わき》深く耳の根を通り、鼻は下ること一寸、面の長さ一尺

とあるような異形なので、崇峻《すしゆん》天皇第三皇子という身分にもかかわらず、出家放浪して羽黒についたという。山神を狼(大神)とする山が多いので、狼の神格化ではないかと私は考えている。高野山などでも修行者は山神、丹生津比売《にうつひめ》神(明神さん)を本尊として修行するから、ここでも山神を本尊として、これに仕える修行をしたのであろう。

五大尊は大日如来を中心とする五仏の忿怒形《ふんぬぎよう》(教令輪身《きようりようりんじん》)で、修験道では穢や災をし

りぞける仏としている。穢をきらう百日精進にふさわしい仏である。

これらにくらべて輿屋聖というのは、すこぶる意味が不明である。藁の芯を編んで円錐形の苫屋のような形につくり、前面に入口を開けた置物で、大きさは十五センチぐらい。上に笠のように五色の紙をのせ、円錐形の頂に水引で結ぶ。入口に鍬と鎌のミニチュアをしばり、中には竹筒に五穀(籾米・麦・大豆・小豆・胡麻)を入れたものをおく。これが何であるかは正確な伝承がないが、私はもっとも原始的な藁の祠《ほこら》であろうとおもう。

山伏の峯入はもとは山中に柴や木の葉で仮屋をつくり、本尊も地上でまつったときは、藁を円錐形に立てて祠としてまつったと推定される。いまも「山の神」をこの形でまつるところはすくなくない。「山の神」の一種である稲荷も、関東地方では藁の祠であった。常陸の国峯《こくぶ》として水戸藩の保護をうけた高鈴山麓の入四間《いりしけん》大岩神社は、神社ながら死者供養の「ほとけ立て」をするが、氏子は秋に藁の祠を境内に立てて先祖祭をする。藁の祠の稲荷や屋敷神はだんだん瓦製の祠にかわっていったが、その形は羽黒の松聖の輿屋聖の形そっくりなのである。

ところで祠(ホコラ)は穂倉(ホクラ)から出たという説がある。日本人は穀霊と祖霊を一体のものとして、米または五穀をもって祖霊をまつったことをかんがえれば、伊勢神宮の神殿といえども穂倉であっても不思議はない。その原始形態が藁の祠に五穀を入れてまつる形だったであろう。今日の民俗学の仮説からすれば、祖霊は山にとどまるときは山

松聖の百日精進本尊・興屋聖
（山形　東林坊蔵）

恙虫（羽黒山松例祭）

の神であるから、山の神を藁の祠に五穀でまつるのは当然である。かくて山中の仮屋で山の神をまつった修験山伏が、常設の籠堂や自坊でこれをまつるようになると、現在の民芸品のような興屋聖となって、祭壇の飾り物になったのであろう。

これにミニチュアの鍬と鎌をつけるのは悪魔をはらう呪術とおもわれるが、この形になると農小屋に開山聖がこもっていると解されるようになり、「小屋の聖」あるいは興屋聖とよばれたものと推定される。

このように山伏の行事は後世にいろいろ独断的な説明が加わり、またその説明に合わせるように行事や作り物が変化してゆく。羽黒山の松聖行事、すなわち大晦日の「松撃《まつうち》」に焼きあげる大松明を「つつが虫」とよぶのも、旧年の災を火によって祓いきよめることであるのに、風土病の原因となる恙虫《つつがむし》を焼くのだという独断的説明ができると、大松明そのものが芋虫のような形に変ってしまう。しかし羽黒山の故実を書いた『拾塊集』(元亀元年書写)には、この大松明は衆悪十八種をあらわし、鬼形に象《かたど》って悪魔を滅却するのだといっているから、災を火で焼いてしまう意味であった。しかもこの大松明は焼くだけでなく、位上《いじょう》松聖の分と先途《せんど》松聖の分と二つつくって、その焼き尽す速さを競う「験競」を兼ねていた。

## 五―大松明曳き

大松明を焼く山伏行事は各地にあり、これを羽黒山のように大晦日に焼いて「晦《みそか》山伏」とした例は、安芸宮島にもある。神仏分離以後は「鎮火祭」といっているが、もとは頂上の弥山《みせん》を中心とする修験道行事で、供僧《くそう》（山伏）の座主である大聖院《だいしょういん》から厳島神社まで、十余束の大松明に火をつけ、これを担いで二列になって走ったのである。二列というのが、右方と左方の験競の競争であったことはいうまでもない。現在では斎場を御本殿祓殿にもうけて火神をまつり、浄火を行燈にうつし、それを火蛸《ひたこ》という肥松《こえまつ》の松明にうつし、御笠浜まではこぶ。町民はそれから古竹の手松明に火をうつして海岸を走りまわるのである。

また大和の大神《おおみわ》神社の大晦日から元日にかけての繞道祭《にょうどうさい》も、二本の大松明をかついで八社めぐりをするが、もとは二組に分れて競争したのであろう。大松明は長さ八メートルもあり、先入道《さきのにゅうどう》、後《あとの》入道とよばれている。入道は入堂ということで、もと峯中籠堂《ぶちゅうこもりどう》にかつぎこんだとき、先と後が決められたものらしい。三輪《みわ》山には神仏分離以前は大御輪寺《だいごりんじ》があり、その別当が修験であった。この別当の秘伝を文保二年（一三一八）に書きしるしたのが『三輪大明神縁起』で、真言宗系の両部神道の聖典となっている。これでは三輪山は南と北で胎蔵界（本社大神《おおみわ》大明神）と金剛界（檜原大明神）に分けられるので、これをめぐる入峯修行があったものとおもわれる。

このように松明に火をつけて競争したり、柱松（柱松明）のもえ尽きる遅速を競ったりするのは、山伏の「験競」の一種である。これを夏峯入の出峯のときおこなったのは戸隠《とがくし》修験や妙高山修験で、戸隠では柱松といい、妙高では火祭というが、みなその意味はわすれられてしまった。しかし『戸隠山顕光寺流記』（長禄二年）にしるされたとおり、戸隠の柱松は夏峯入の験競であった。また妙高修験の中心をなす関山神社（別当宝蔵院）には旧六月十七日・十八日（いまは七月十六日から十八日まで）に火祭があり、マツと称する大松明二本に、上組と下組にわかれた三人ずつ二組の仮山伏《かりやまぶし》が競争して火をつけ、これが燃えているのを倒して曳きながら走る。この仮山伏六人の師範役（先達）六人の十二人は七月二日から十四日間、社務所で別火精進したというから、これが夏峯入の修行だったのである。

羽黒山松聖行事（松例祭）の大松明曳は、大晦日の午後の「綱撒《つなまき》」からはじまる。たいてい二、三メートルの雪があるので、通路だけは雪がかかれているが、ここに数千人の人があつまる。夕方から大松明の「まるき直し」があり、「綱さばき」で曳綱が大松明につけられる。深夜十二時近くなって本殿（三山合祭殿）の中で「烏飛《からすとび》の神事」と「兎の神事」という験競がおこなわれ、同時に、位上組の若者と先途組の若者がこの大松明に火をつけて曳く。そしてゴールに立てておいた大幣（大梵天）の下まで曳いて焼きあげる。最後に火の点火の遅速と火勢の強弱で勝負の判定があるという。

このとき一方本殿では「烏飛の神事」と「兎の神事」がおこなわれている。「烏飛の神事」は位上組六人と先途組六人の「験競役」の山伏が、書立読の呼出しで出て、本殿の四隅で袖をひるがえして跳躍する。これは修行中の鍛錬による天狗飛びの跳躍力を試験するものであろう。次に「兎の神事」では山伏が左右一組ずつ中央に出て気合をかけて机を叩くと、兎（兎の耳をつけた白衣の子供）は畳の上にひっくりかえり、また気合をかけて机を叩くと起き上る。これは山伏の験競にもっとも多い「祈り殺し、祈り活かし」であること

松例祭の「兎の神事」（験競）

松例祭の「烏飛」

はいうまでもない。

もちろんこの験競は位上の松聖と先途の松聖がここに出て対決すべきものであるが、この験競の間、松聖は補屋《しつらえや》という仮の控室の祭壇の前で祈禱をしている。その験力が自分の組の山伏にうつって、祈り殺し、祈り活かしに勝つというのであろう。この験力は実は神の力であって、峯入修行は修行者が神の力を身につけることであった。修験道理論ではこれを仏教(密教)的表現で「即身成仏」というのであるが、実際には「即身成神《そくしんじょうしん》」である。修行が真剣であればあるほど、その行者の罪や穢が消えて、神と同体になり、神の力で活殺自在の能力をもち、未来が予言され、病気を治したり、雨を降らしたりする験力が加わると信じられた。このような力を獲得したかどうかの試験が、この「兎の神事」だったのである。

生物を殺したり活かしたりするのを「うけひ」という。『古事記』には垂仁天皇の皇子、本牟智和気《ほむちわけ》の御子が啞であったので、出雲の大神に祈りにゆくとき、ほんとうに大神の力があるならば「うけひ」で鷺が死んだり活きたりするだろうといって祈ると、そのとおりになった。

この大神を拝むによりて、まことに験《しるし》あらば、この鷺巣《さぎす》の池に住める鷺や、うけひ落ちよ。かく詔《の》りたまふ時に、その鷺地に堕ちて死にき。又うけひ活きよと詔りたまへば、更に活きぬ。

このような日本民族の原始宗教の呪力が山伏には要求されたのである。そこには現代からみれば不合理と見えるものもあり、迷信と評価されるものがあるかもしれない。しかし宗教というものは、その不合理なものに人間以上の力を見、そこに現実の苦と矛盾の救済をもとめる人間の精神活動である。合理主義だけの近代が到達した文明というものは何であったのか。その反省が人間精神の原点である原始宗教の再評価に向っており、野性の宗教への関心がつよまりつつあるものと思う。

## 六―国分けと火の打替え

羽黒山の松聖行事は修験道のいろいろの信仰や儀礼、行事をふくんでいるので、これを分析すればするほど興味がある。しかしこれを見学するには、東京からならば年末帰省の混雑のピークである十二月三十日の夜行にのり、また大晦日を徹夜で雪の中に立たなければならないので、なかなかの苦行である。

大松明曳きと験競の興奮のあとで「国分け」と「火の打替え」があるのも羽黒ならではの行事である。まず「国分け」に先立って四メートルぐらいの鏡松明（柱松）が立てられ、これから二十間はなれたところに、位上方の山伏と先途方の山伏が出て、大先達と問答がある。それは羽黒の神と熊野の神と、九州の彦山の神が、日本六十六か国の領分を分割するために、測量用の一丈二尺の間尺《けんじゃく》（丈尺棒《じょうしゃくぼう》）を点検する問答である。そして大先達が、

新宮、本宮ござって丈尺を打ち、数足《かずあし》の数を御覧じろ

というのだが、実際の測量はない。これは検地のような土地の測量の結果、羽黒の神領は東国三十三か国であり、残りのうち二十四か国は熊野領、九か国は九州の彦山領とするという宣言をするための行事である。しかしどうしてこんな行事がのこったのだろうか。

これもまことに修験道史の上から面白いことで、熊野三所権現のうち、那智を落として

松例祭の「国分け」の丈尺棒

松例祭の「火打替えの神事」

しまったことでもわかるように、羽黒でもこの意味はすっかり忘れられてしまった。神領といっても山伏は霞場《かすみば》とか檀那場《だんなば》といって、お札配りをして初穂米をあつめたり、信者を自分の山に参詣させる信仰圏のことである。これは平安中期から鎌倉時代までは、熊野を中心とする大峯修験道が優位に立っていて、全国を信仰圏におさめていた。「蟻の熊野詣」というのは、その時代のありさまである。全国の山伏は熊野詣をしなければ、先達の資格がなかったし、熊野の神を地方にむかえて熊野方式の入峯や儀礼をおこなった。いわば修験道界における熊野制覇の時代は長かった。羽黒山の出羽《いでは》神社本殿も、正面の神座は四座あって、出羽三山の羽黒の神、月山の神、湯殿山の神と熊野の神である。どうしても熊野を無視することができなかったし、平安時代ごろは熊野で修行した山伏が出羽三山を管理していたであろう。熊野山伏に身をやつした義経辨慶の一行が、羽黒へ行くといって奥羽に下ったのにはそのような背景がある。

ところが熊野と吉野、とくに熊野は南北朝の動乱で戦乱にまきこまれ、室町時代以後はすっかり衰退してしまった。それ以後熊野から大峯へ入峯して、吉野へ出る春峯入（順峯）はなくなったのである。このような修験道界の異変に乗じて勢力を拡大したのは、白山と羽黒と彦山だったと推定される。そこで羽黒は東日本三十三か国は自分の信仰圏だと宣言したのが、この国分け行事の演出だった、と私は解釈している。

このとき熊野より優位であると主張するためには、熊野に西日本三十三か国をわたすわ

松例祭の松撃

けにはゆかなかったので、九か国を彦山に分けて二十四か国をわたしたところが、稚気満々としているではないか。

羽黒の松聖行事の最後は「火の打替」で、位上方と先途方の二人の松撃《まつうち》（松打）が、競争で浄火を火打石で打ち出す。この浄火を打ち出す松撃《まつうち》がこの行事の主役で、ほんとうはこれも松聖自身がつとめて験競するものであったろう。また火を打ち出す役を松撃というのは、燧石で火口《ほくち》に打ち出した火を松明につけるのでこうよばれたのであろうが、現在はこの火のうち勝火《かちび》の方を出羽神社の一年間の御神燈にするという。負火《まけび》はもとは本殿の横の霊祭殿にともして、庄内地方の不幸のあった家にあたえたといわれる。

このときの松撃役の姿はまことに異様で、顔に紅と白粉をぬり、肩には赤い木綿を縫いつけ、宝冠（満頭巾《あまときん》）ともいう山伏のかぶりものをかぶり、道化のような恰好をする。これは一種の魔除けの扮装で、一山のもっとも清浄な火を打ち出すのであるから、厳重な魔除けをしたのであろうと解釈される。またこの火打石の火花をうける火口《ほくち》は檜の盆（ヒナゴゼ）に入れられて、別の山伏が持っている。火口《ほくち》は懐爐灰のような桐の灰で、わずかな火花でも着火するものであるが、すこしでも湿気があればつきにくい。そこでいつの頃からか火薬につかう煙硝を盆にぬっておくようになった。この盆持をカドモチというのは火所《かど》持あるいは火道持の意味であろう。このようにしても火がつかないことがあって、ライターでつけたという笑い話もつたわっている。

しかしこの火口はもと奥の院荒沢寺の常火堂から受けたというので、火の打替えによって得られた浄火は、元来常火堂に一年間不滅に焚かれるものであったろう。この常火堂は昭和二十五年ごろまで焚かれていたといい、修験道のある山としてはかなり最近までのこっていたものである。現在は厳島の弥山《みせん》や、日光の古峯原《こぶがはら》、山寺立石寺などにものこっているが、修験道では不滅の火をまもることがもっとも重い任務であったことは、次に修験道と聖火の問題としてのべることにしたい。

# 第三章　山伏と聖火

# 不滅の法燈と光物

## 一──不滅の法燈

比叡山の根本中堂には「不滅の法燈」というものがあることは有名で、伝教大師以来消えたことがないという。印度の仏教は火をおがむ拝火教を外道としてしりぞけたのに、日本の仏教ではどうして火をありがたがるのであろうか。日本仏教の聖火は密教の火とはまた異るもので、何かのシンボルとして火を神聖視するのである。

また護摩の火に対しては、仏教では人間の苦の源泉であり、人間同士の争いの原因ともなる煩悩を焼きほろぼすのだと説明する。たしかにこの説明はもっともで、われわれはできるだけ煩悩から遠ざかり、それから解脱しなければならない。ところが今日成田山に参詣する何百万の善男善女のなかに、煩悩を焼くために成田山に参詣し、正覚をひらくために護摩を依頼する人が、何人おるかが問題なのである。私はこの間、東京西郊の高尾山に参詣して、本堂にうず高く積まれた何万枚かの護摩札の山を見て、とくにその感をふかくした。

また日本の「不滅の法燈」のような聖火は、どうして高野山や比叡山にあるのかということも一つ問題である。本山だからあるのか、あるいはとくべつにありがたい仏や大師だから、聖火を献燈するのか。しかし献燈ならば毎日あたらしくあげる方が鄭重ではなかろうか。

　したがってこれを説明するためには、比叡山や高野山で不滅の法燈を焚くことは、これを絶やすことなく焚くことに意味があり、もしこれを絶やせば比叡山や高野山に不吉なことがある、という信仰がこれをささえていると見なければならない。しかもこのような信仰は、山岳宗教のあるところならば、どこにでもあることが最近わかって来た。私はそれを以前に『山の宗教―修験道』（昭和四十五年刊）に書いたが、その後もどんどんあたらしい聖火がわかって来ている。比叡山の「不滅の法燈」は仏教のものでも、天台宗のものでもなくて、比叡山の山岳宗教にともなうものだったのである。比叡山で有名な千日回峯行という荒行も山岳宗教であるばかりでなく、『源氏物語』に出る「山の聖」などという祈禱僧だって、山岳宗教家として、すなわち山伏の苦行によって得た験力が信仰されたといわなければならない。

　ところで比叡山の法燈は、どんなに説明しても不滅ということはできない。何故かといえば元亀二年（一五七一）に信長の焼討に会って、根本中堂も焼けたからで、これが再興されてから、ふたたび奥羽の比叡山といわれる山寺立石寺《りつしやくじ》から不滅の火をうつして、現在の法燈がもえている。その立石寺の法燈は一千百年前に、慈覚大師が比叡山の法燈をうつ

霊火堂の大湯釜と大樽
（広島　宮島弥山）

山寺立石寺の不滅の法燈（山形）

したものというので、もとの火が戻ったという解釈である。このような火を兄弟火というが、私のしらべたところでは、立石寺の火は羽黒山からうつしたという説がある。その真偽をいまたしかめる術《すべ》はないけれども、立石寺の聖火と羽黒山の聖火がまったく似ていたことはたしかである。しかも両方とも、奥羽の山岳宗教の山としていろいろ共通性がある。

山形市外にあって全山の奇岩と芭蕉の句碑で有名な立石寺は、慈覚大師の開基であるが、大師はこの山を狩人の磐次《ばんじ》・磐三郎《ばんざぶろう》の兄弟からゆずられたという。いまも開山堂の上の磐司社には、このとき殺生禁断になった猪たちのよろこびをあらわすという猪踊《ししおどり》が祭に奉納される。修験道の山に多い狩人開創伝説である。

この山には三不滅といって、根本中堂の「一千百年不滅の法燈」、開山堂の「不滅の法香」、奥の院常火堂の「不滅の法爐」があった。このうちの「不滅の法燈」が比叡山にうつされたのであるが、本来山伏の聖火というものは、大きな薪榾《まきほだ》を焚き継ぐ法爐であった。この型の聖火は昭和二十五年ごろまで、羽黒山の奥の院の荒沢寺常火堂にあったし、安芸宮島の最高峰、弥山《みせん》頂上の霊火堂「消えずの火」にいまも焚きつがれている。現存の本格的聖火はこれ一つになったが、山寺立石寺の聖火は明治二年まで、たしかに焚かれていたという。薪榾というのは太い丸太を適当に切ったもので、もとは松丸太がもちいられた。したがって火災をおこしやすく、これを絶やしたところは火災のためといわれる。宮島弥山の霊火堂も、もとは求聞持《ぐもんじ》堂の土間で焚いていた霊火で、昭和初年に火災をおこしたので、求聞持堂の外に霊火堂を建てて移したものである。しかし山寺立石寺は明治二年の奥の院の火災からこれを絶やした。まことに惜しいことである。

私はこの前後の事情を昭和四十三年に、山内塔頭《たっちゅう》の中性院の老僧から聞くことができた。その話によれば奥の院は今の規模とちがっていて、一番奥の高いところに常火堂があり、その下に如法経堂があったという。このことは山岳宗教においては聖火がもっとも貴いものであって、これを崇拝の対象とした時代があったことを物語っている。そのあとで仏教が入ってきて、本尊がまつられ、聖火は法燈となり、本尊への献燈のように見られることになった。

山寺立石寺の常火堂の火を不滅に焚きつぐのは、この如法経堂にこもって、精進潔斎しながら石墨草筆の法華経写経をする聖（山伏）であった。これは聖火をけがさないためであって、禊による潔斎や不浄食と女人を遠ざけるとともに、写経によって煩悩をはらい、心身共に清浄にならなければならない。このように清浄をもとめ不浄をきらう聖火は何かといえば、山神の霊のシンボルであって仏教ではないのである。

## 二――修験の山の光物

よく修験道の山に光物の話がある。たとえば奈良の東山に光物があるのを聖武天皇が見られて、使をつかわして光をたずねさせると、山中に一優婆塞《うばそく》（山伏）がおった。見れば執金剛神《しっこんごうしん》像の足首に縄をしばり、それを引きながら一心に「礼仏悔過《らいぶつけか》」していた。これは自分の罪穢や信者の罪穢を五体投地《ごたいとうち》の礼拝で懺悔祓除する山伏の苦行であった。その熱心な苦行のために執金剛神像の足首から光を放ったのが、聖武天皇の見られた光物であったという。この優婆塞は金鷲優婆塞《こんじゅうばそく》または金鷲菩薩とよばれた、と奈良時代の説話集『日本霊異記』（中巻第二十一話）にあるが、これがのちの良辨《ろうべん》僧正である。

いうまでもなく、このような説話が生まれる背景には、山に聖火を焚く山岳宗教者がおったことをものがたるものである。このように火を「しる」（統治する、管理する）ところから、「ひしり」あるいは「ひじり」（聖）の名がでたというのが私の説である。ひじりは仏教以前の原始宗教者であったが、仏教伝来とともに「優婆塞」とよばれ、禅師とよばれ、これが平安時代以後は「山臥」（山伏）とよばれるようになったものである。

修験道の起源をなす日本固有の山岳宗教、あるいは原始宗教では、火は霊魂のシンボルであった。タマシヒもタマ（霊魂）をあらわす火であって、人魂《ひとだま》の形で表象されている。しかも原始社会では火は得がたいものなので、山の聖地でヒジリが不滅の火を管理していて、人々はこれを頒けてもらって爐や竈の火とした。山寺立石寺にはそれがつたえられていないが、羽黒山奥の院、荒沢寺常火堂の不滅の火は、庄内平野の家に不幸があって、穢れた火を消して再び火を焚くとき、この火をもらいに来たという。しかし常火堂がなくってからは、荒沢寺「聖《ひじり》之院」から火打石をうけて帰って、これで打った火を使ったという。いうまでもなく「聖之院」こそ、不滅の聖火を管理するヒジリのおったところで、さきにのべた羽黒山冬峯入の松聖（松明聖《まつひじり》）は、この聖之院で一年間松榾を焚いて、聖火をまもった時代があるものと、私は推定している。

ところが山の聖火が里にうつされて、民家の竈や爐で不滅の火を焚き継ぐところもあった。それは新しい開墾をはじめた本家筋にあたる家で、分家はその元火を分けてもらって新しい竈をおこした。これが「竈を分ける」という分家の方式であった。このようにして一戸に一つの火があるのが「戸っ火」（ヘッツヒ）である。

四百年不滅の火（岐阜県明方村気良の千葉家）

本家の火では私は四百年不滅という囲爐裡《いろり》の火を、岐阜県郡上郡《ぐじよう》明方村《みようがた》気良《けら》というところで見たことがある。薪を囲爐裡にくべて、夜はその燠《おき》（炭化した燃えのこり）の火にていねいに灰をかぶせて、翌朝まで保存し、朝には硫黄をつけた付木《つけぎ》で火をおこして、ふたたび薪を焚く。薪の火はよく跳ねて畳をこがし、火災になるおそれがあるので、囲爐裡のまわりを三〇センチのトタン板で囲っていたが、この家のお婆さん一代は焚き継ぐつもりだといっていた。ということは、プロパンガスの普及で囲爐裡の必要がないので、次の世代ではどうなるかわからないということである。

また木曾谷や越中の五箇山には、六百年不滅の火を焚く家があるともいわれる。菅江真澄の遊覧記『雪の出羽路』（平鹿郡七）

の田村の条に、

八瀬大原の里は、同姓婚姻して他郷に求めずといふ。其意をよめるとか、

親の親　子の子の子まで　山賤の
ほた(榾)の火け(消)たぬを　かたみとぞする

とあるのも、八瀬大原に不滅の聖火を焚く家があったのをあらわしたものであろう。皇室にも聖火が内侍所にあったので、新しく皇位を継ぐべき皇太子は「火継」（日継）の皇子《みこ》とよばれたらしい。このような聖火は祖先の霊のシンボルであるから、その家の続くかぎり消してはならないし、消えれば不吉とされたのである。

これに対して山岳霊場に焚かれる聖火は、その麓の村々の祖霊のシンボルとして焚き継がれる。麓の村の死者の霊は、その近くの山岳霊場へ行くという信仰があり、紀州の北部では高野山へ行き、紀州南部では熊野妙法山へ行くと信じられて納骨供養がおこった。山寺立石寺も納骨と死者供養の山であるから、そこにあつまる祖霊のシンボルとして不滅の聖火が焚かれたのである。また羽黒山も月山も湯殿山も納骨と祖霊供養の山である。羽黒山の出羽神社の横の霊祭殿で供養を受付け、塔婆を立てるので、ここの不滅の火の意味もあきらかであろう。月山は九合目が広大な賽《さい》の河原で、頂上本社内の祖霊社で死者の供養を受付けているが、ここでは盆の十五日に山頂で大柴燈護摩を焚いて、麓の村から送られた霊の集まる目印にするといわれる。

善光寺も一つの山岳霊場で納骨供養で知られており、死者の霊魂はかならず善光寺参りをするから、本堂の地下にある廻壇《かいだん》（戒壇）めぐりの暗闇の中で、死んだ肉親の霊に会えるという信仰がある。ここにも不滅の火はあったのであって、阿弥陀如来に奉仕する中衆《なかしゅう》十五坊の代表は、堂明坊、堂照坊という燈明をつかさどる坊であった。

以上のような修験道の山の聖火は、麓の村から神秘な光物として見え、夜は、この火にむかって祈りをささげるという礼拝の対象になったであろう。またこれを海から見れば夜の航海の燈台の役目をはたしたであろう。牡鹿《おじか》半島の金華山も修験道のあった山であるが、これが航海者のための目印となるとともに、光物は黄金の伝説を生んだ。また讃岐の金毘羅《こんぴら》大権現の奥の院の常夜燈も、瀬戸内航海者の燈台となったといわれ、航海安全と豊漁の信仰を生んだ。

## 三―太田権現の聖火

聖火がいかに航海者にとって礼拝の対象になるかに、私があらためておどろいたのは、北海道の渡島《おしま》半島西海岸の聖地、太田権現の洞穴を見たときであった。

太田権現の洞穴は、いま久遠《くどお》郡大成《たいせい》町となっているが、もとは久遠村の太田であって、江戸時代から和人にもよく知られていた。これは太田権現のある帆越《ほごえ》岬が西風のはげしい北海道西海岸の難所であるため、航海者や漁民が太田権現の洞穴に焚かれる聖火を灯台として航海したからである。いまでも鮭鱒《さけます》漁業船団でさえ、この沖を通るときはエンジンをストップさせて汽笛をならし、権現を拝んでから通るといわれる。六月二十四日の祭典の日にはこの辺鄙な寒村の、険峻な洞穴めがけて数千の人があつまり、参詣しなくとも賽銭を送金する漁業者の数は莫大だという。

私がわざわざここを訪れたのは、昭和四十二年八月の二日で、その目的はこの太田権現の洞穴に、放浪の山伏で彫刻をのこした円空の旧蹟をたずねるためであった。太田権現はその前年に、やはり放浪者で仏像彫刻をよくした木喰行道の足跡をもとめて熊石まで入ったとき、ここで円空と木喰行道の出会いを知ったが、登ることができなかった。しかし私は『円空仏』を執筆するために、どうしてもその場所が知りたくて、再度渡道したのである。

その結果、私は「海の修験」というものがあることを発見した。航海者のために不滅の聖火を焚く山伏である。山伏は山にだけおるものでなく、里にもおり海岸にもおり、島にもおる。そこに神があって庶民の信仰があつまれば、おのずから山伏がこれを管理するようになる。彼らは普通の僧侶や神主が、恥かしくて近づかぬような雑信仰と民間信仰を、あえてみずからの天職として命をかける。底辺の人々のために、底辺へ底辺へともぐりこむのが、山伏というものである。かれらは学問も知識もなく、品位も知性もないけれども、人の行かない太田権現の洞穴のようなところで、航海者のために聖火を焚く。航海安全を売物にする塩釜神社や、金刀比羅《ことひら》神社の官僚的神官はこんな辺鄙であぶない場所にはちかづかない。祝詞を「かしこみかしこみまをし」て、お賽銭をかぞえている方が安全だからである。金毘羅《こんぴら》さんももとは聖火を焚いたのだが、金刀比羅と名をかえたとき、それをわすれたのである。

太田権現はおそらくアイヌ時代からの聖地であったとおもわれるが、荒波が足許を洗う数百メートルの断崖の途中に西にむかって開口した洞穴にまつられている。ここにのぼったものでなければ、この厳しさ恐ろしさはわからない。私も円空の実態と山伏の心をじかに知りたいと思って、一心にここへ登った。今は洞穴の下に足をのせるだけの足がかりをつけ、十メートルほどの鉄の鎖を下げてあるので、それをたぐってのぼる。これのない時代には、一体どうして山伏たちはのぼったのであろうと不思議であった。命がけでこの洞穴にもぐりこんで下を見れば、目のくるめくような垂直の岩壁の裾が海の中にのびていた。

円空はここに住んで仏像をつくったことを一言もいわなかったが、幸運にも百二十三年後の寛政元年（一七八九）にここをおとずれた大旅行家、菅江真澄がこれを見て、旅行記『蝦夷喧辞辯《えみしのさえぎ》』にスケッチをそえて書きのこした。

斧作りの仏堂のうちにいと多くたゝせ給ふは、淡路（近江の誤り）の国の円空といふほうし《(法師)》のこもりて、をこなひ《(修行)》のいとまにあらゆる仏をつくりをさめ、はたこと《(又)(異)》すぎよう《(修行)》者も近きころ此いはやにこもり居て（下略）

としるし「火うちけ」（火打箱）もあったとのべているのは、ここで聖火を焚いた証拠である。その後も何世代にもわたって山伏が住んだことがわかるが、円空仏は聖火の不始末から焼けてしまって、今はない。しかし何故に山伏はこんなところで危険と孤独を冒して、一文にもならぬ聖火を焚くのかという疑問は、山伏の伝統というものをあきらかにしなければわからない問題である。

## 海の修験道

### 一――龍燈伝説と海の光物

古代から中世にかけて、山陰地方に覇をとなえた修験の山は伯耆《ほうき》大山《だいせん》である。この山は一七三一メートルでそれほど高くないが、山裾が海岸にせまっているので、海上からよく見える。したがって山陰の海岸を航海する船や漁船にとって、よい目印になる。そのためであろうか、この山の神は海から上ったという縁起である。

山の神が海から上るといえばまことに不思議である。しかし龍燈伝説といって、海中から光物が上って来て、山の上の神社や寺院に入ってゆくという伝説はきわめて多い。これが山の上の松に提燈のようにかかるという龍燈松などもある。柳田国男翁は『神樹篇』

（全集第十一巻）に「龍燈松伝説」を書いて、お盆の高燈籠がこの伝説の起源だというが、一般に龍宮の龍王や龍女が、霊山の神や仏に帰依して聖火を献納するものだといわれている。いうまでもなくこの伝説のあるところは、海がよく見える景色のよい霊場であり、したがって海から見える山である。福島県いわき市の閼伽井嶽《あかいだけ》常福寺などはその典型的な山で、水戸光圀もわざわざ龍燈見物に出向いている。龍燈のあがるのがお盆と十二月に多いというので、高燈籠あるいは盆燈籠の説が出たのであるが、十二月はどう説明したらよいであろうか。

このような現象を説明するには、自然現象として科学的な説明をする立場と、まったく信仰として自然現象を否定する立場と、その折衷的立場があるものである。柳田翁はこの立場をきめずに各地の例証を列挙されたので、結局は不徹底な説明に終わった。心理学的な幻覚として説明するにはあまりにも、万人が見たという話がありすぎる。海ではないが越後の上越沿線からよく見える八海山《はっかいさん》などは、毎年七月晦日の夜、麓の人が登山するので、山上から麓を見れば数十の火が龍燈のごとく飛来するのを見ることができる、などというのはあまりにも常識的で龍燈伝説には入れられない。やはり本当か嘘か曖昧模糊《あいまいもこ》とした不思議な話でなければ、龍燈伝説とはなりにくい。

このような観点からすれば、柳田翁はふれられなかったが、日本人には死者の霊（祖霊）は山の上にあつまるという信仰がある。そうした山が霊場となり、修験道が発生する。

その場合、山の神はそこにあつまる祖霊の代表者、支配者であるとともに、始祖霊の性格をもつ。このように山に死霊や祖霊があつまるという信仰は「山中他界観念」とよばれる。そして祖霊の祭はかつて盆と大晦日だったから、盆と大晦日の龍燈は、山中他界信仰の伝説化されたものということができる。

山中他界信仰に対し、「海上他界観念」というのも古代日本人のあいだにあり、これが「根の国妣《はは》の国」であった。海の彼方に祖霊の集る世界（常世《とこよ》）があって、何か人々に困難なことがあれば、「世直し」に来てくれる。そこには宝物が一杯あるし、不老不死であるというので、中国東方海上の楽土である蓬莱島とイメージがダブってしまった。琉球にはこの信仰が強くのこっていてニライカナイ（先祖の国）といい、お盆の精霊《しょうりょう》はそこから来ると信じて海岸で精霊迎えをする。日本でも宝船は海上他界のミロクの国から来ると信じられていた。

海上他界はまた中国の龍宮と習合して、浦島太郎のようにそこへゆけば年をとらないし、宝物や快楽が充満しているという観念があった。したがって龍宮から山の霊場へ聖火が飛ぶという伝説は、海上他界と山中他界との間の霊の去来が生んだものだという結論になる。

このような説明をながながとしたのは、伯耆大山の山神が出雲の美保《みほ》の関の海から上ったということと、海の聖火の関係についてのべようとおもうからである。『大山寺縁起絵巻』は応永五年（一三九八）につくられたものであるが、その詞書は鎌倉時代に書かれた

ものである。先にもふれたその第七段に、

美保の浦過ぎけるに、海の底より金色の狼出で来る。あやしみ追ふ程に、此の山（伯耆大山）の洞に入りにけり。（中略）只一矢に射ころさんとしけるに、地蔵菩薩矢《や》前《さき》に現じて見え給へば、信心忽に発《おこ》りて、

とあって、伯耆大山の山の神の化身は狼といわれ、今も大神《おおかみ》山神社にまつられている。そしてその本地仏は地蔵菩薩とされて来た。この狼が金色だったというのは、やはり光物として海から出現したことをものがたる縁起である。

ところが美保の浦というところは神代神話でも、海の彼方から光物が上って来たところとされる。『古事記』では大国主神が日本の国土をつくるのに困って、美保の岬に立ってぼんやり海の方を見ていると、海の彼方から二人の神が上って来た。一人はたいそう小さな神で少彦名《すくなひこな》という神、もう一人は大和の三輪《みわ》山にまつられた大物主《おおものぬし》神（大国主神の幸魂《さきみたま》奇魂《くしみたま》）であった。この三輪の大物主神は「海《うなばら》を光《てら》して依《よ》り来る神」とか、「神光《あやしきひかり》を照し忽に浮び来るもの」とのべられた神で、これが龍燈伝説のもとであり、同時に大山寺縁起の海中出現の金色の狼（山の神）伝説の原型である。

## 二―伯耆大山と「御火《みほ》」の浦

ところが海上他界から光物となって霊や神の上って来るところには、聖火が焚かれてい

た。いま美保の関と書く「美保」は『古事記』では「御大」と書かれ、「みほ」と読ませている。私はこれは「御火《みほ》」の写し間違いがそのまま踏襲されて、誰もそれを指摘しないで現在にいたったと考えている。したがってこの岬の突端の地蔵岬（今も一等燈台あり）には聖火が焚かれていたと推定して誤りはあるまい。その聖火を焚く修験が伯耆大山の山伏だったので、大山の山の神はここから上ったと言い伝え、その本地仏の地蔵菩薩をまつったものとおもう。

これに関連して島根半島の西端にも日御碕《ひのみさき》（現在一等燈台）がある。夕日の沈む景色は美しいが、朝日の上るのが見えないところで、日御碕はおかしいので、これも「火の岬」であろう。そうすれば日御碕神社はもと熊野神社だったから、この聖火を焚き継いだのも山伏にちがいない。神代神話ではここに近い稲佐浜には武甕槌神《たけみかつち》があらわれている。しかも出雲大社も伯耆大山と間接の関係があって、大社の奥の院として江戸時代初期まで大社を支配していた浮浪山鰐淵寺《がくえんじ》（平田市別所町）は伯耆大山の下寺であった。この寺は吉野とおなじ蔵王権現《ざおうごんげん》をまつる山伏の聖地で、大社の八雲山《やくもやま》と山つづきの谷にある。したがって伯耆大山は島根半島全体を支配下において、その東と西の突端の火を焚いていたと推定される。縁起にも、

西に鰐淵寺、金剛蔵王の霊地なり。東に枕木山《まくらぎ》（美保の関の上）、医王善逝《いわうぜんぜい》（薬師）の霊場あり。即ち胎金《たいこん》（胎蔵界と金剛界）両部の峰にて、霊験《れいけん》今に新たなり。

焼火神社の洞窟と社殿（隠岐島）

とあるから、この二山は伯耆大山の山伏が入峯《にゅうぶ》修行するところであったろう。そのようなところに海の聖火が焚かれていた。

また隠岐の島にも修験の焚く火があって、西之島の焼火《たくひ》神社となっている。神社は洞窟の中にあるから、昔はこの洞窟で火が焚きつがれていたのであろう。いまその慣習はないが、もとはこのあたりを航海する船は松明に火をつけて海に投げ、焼火の神に火をささげたという。焼火《たくひ》の聖火の燈台で安全に航海できることを感謝したのだとおもう。隠岐には熊野修験の痕跡が多いから、焼火の聖火も熊野に関係のある山伏が焚いたとおもわれる。

海の聖火のもう一つの例をあげると、土佐の室戸岬は景色と燈台と台風で有名であるが、この岬の頂上に最御《ほつみ》崎寺《さきじ》がある。四国八十八か所霊場の二十四番としても知られている。いまは樹林におおわれているが、室戸岬燈台より高いので、海もよく見えるし、海からもこの寺の常夜燈はよく見えたであろう。しかしこの寺のない時代には、寺の真下にある

「みくろ洞」という洞穴で火が焚かれたであろうと、私は推定している。

この洞穴は弘法大師修行の地といわれ、洞の内側は煙ですすけている。代々の山伏が火を焚いたためだろうとおもわれる。洞外の荒浪の洗う岬の磯には、弘法大師の護摩壇《ごまだん》岩というものがあるから、天気の良い時は外で焚いたのかも知れない。すべてこのような山伏の霊場では、無名の一般山伏のしたことはすべて弘法大師や慈覚大師、あるいは役行者や空也上人の話になってしまう。いわゆる一将功成り万骨枯るのたぐいであろう。

室戸岬は実に「海の修験」の霊地であり、山伏の聖火の焚かれた燈台と私は考えている。弘法大師空海は青年時代に、ここで山伏修行したことを確かな自叙伝に書いている。それは前にもあげた『三教指帰《さんごうしいき》』（巻上）で、

ここに大聖《だいしやう》の誠言を信じ、飛焔を鑽燧《さんすい》に望み、阿国大滝嶽に躋《のぼ》り攀《よ》ぢ、土州室戸崎に勤念《ごんねん》す。谷響《ひびき》を惜しまず、明星来影す。


とある。

弘法大師空海が青年時代には山伏（優婆塞《うばそく》）となって、吉野・大峯や石鎚山で修行したことはさきにもふれたが、ここにも阿波の大滝嶽と土佐の室戸崎で修行したことをのべている。その目的は虚空蔵求聞持法《こくうぞうぐもんじほう》という密教の呪術をおこなって、記憶力を増進させるためであった。この経典は昔の「記憶を良くする本」であって、明星のよく見える高山にこもって俗界をはなれ、密教修法を一日三回しながら虚空蔵菩薩の真言を一百万遍唱えるこ

とをすすめる。これは奈良時代のはじめから吉野でおこなわれていたが、空海はまだ大学生だった十八歳のとき、この話をきいて密教を知り、大学をやめて山伏になったという曰く付きの修法である。空海はそれから三十一歳まで山伏の生活をおくり、密教の奥義をきわめようと唐に渡ったのである。したがって日本の密教はまず修験道から出発したもので、印度の密教とまったく性格がちがう。ちかごろ密教は快楽主義の仏教で、空海は性の解放者であるという迷説をとなえた評論家があるが、これは印度の密教と日本の密教の混同であり、弘法大師空海の山林苦行の生涯とその真意を曲解したものといえる。快楽主義の印度密教はほろび、苦行主義の日本密教が栄えたのは、空海が密教を、そして仏教そのものを庶民信仰の立場で理解し、実践したことによるであろう。と同時にそれは日本人の民族性に合致するように、密教をつくりかえたことを意味する。

## 三―室戸岬の飛焰

ところが『三教指帰』の引用文の「飛焰を鑽燧に望み」という一文は、古来解釈不能の文で、せいぜい火打石（鑽燧）で火を打ち出すように、一瞬もやまずに精進努力すること、というぐらいに解釈されていた。そうすると飛焰は何であろうか。空海がこの文を書いたのは若冠二十四歳以前の真面目な青年であるから、嘘や誇張とはかんがえられない。したがってこれを文字どおりとれば、屋外の風の吹くところで大きな火を焚くことである。そうすると飛焔を火打石で焚く目的をもって、阿波の大滝嶽によじのぼったり、土佐の室戸崎で修行をしたのだということになる。

従来、仏教の理解も密教の理解も、庶民信仰の面からの理解がまったくなかった。これは仏教や密教が僧侶の独占物だったからで、庶民は無視されていた。無知な庶民の信ずることや拝むものや言い伝えは、低級で間違いだらけで、箸にも棒にもかからないものとおもわれて来た。いや今も文化人を自負する紳士や僧侶からは、そうおもわれている。しかし仏教も密教も庶民の立場に立てば、案外にわかりよくて筋が通っているのである。ことに日本の密教や「空海の思想と行動」なども、修験道の面から見ればわかりやすい。とりあえず「飛焔を鑽燧に望む」などはその一例であろう。

阿波の大滝嶽もいつからか太龍寺山（六〇二メートル）と名をかえているが、『阿州奇事雑話』（巻二）によると、那賀郡見能林《みのはやし》村の津峰権現と同郡加茂谷村の舎利山大龍寺とには、除夜の晩に山頂へ龍燈があがったとある。そこには龍燈杉という大木があったのを、方広寺大仏の仏殿建立に伐られたという。（柳田国男翁『龍燈杉伝説』）おそらくこの山頂龍燈というのも、空海が求聞持法のために焚きはじめた飛焔ではなかったかとおもう。

空海の求聞持法修行伝説の跡には、ほかにも聖火がある。有名な安芸の宮島の山頂である弥山《みせん》の七不思議、霊火堂の「消えずの火」も空海が焚いたと伝えられ、四、五十年前に、霊火堂が出来るまでは求聞持堂の外陣の土間で焚かれていた。この火が広島の原爆広場の平和の火の元火であることはすでにのべた。私は宮島で空海が求聞持法を修した可能性は高いとおもうので、原爆広場の平和の願いは空海の願いが焚きつがれているといえる。

以上のべたところでもう想像がつくように、室戸岬の最御崎寺《ほつみさきじ》は「火《ほ》の岬《みさき》寺」である。室戸岬も「火の岬」だったのである。最御崎寺は室戸の東寺《ひがしでら》とよばれるのに対して、西寺《にしでら》は四国霊場二十六番の金剛頂寺であるが、行当《ぎょうとう》岬の上に立ち、弘法大師の弟子とつたえる智弘上人の入定処がある。やはり修験のおったところで、この岬の上、もしくは、海辺の行道《ぎょうどう》岩に火が焚かれたであろう。行当《ぎょうとう》岬はもとは行道《ぎょうどう》岬だったであろうから、これも山伏の行場であった。大峯山ヶ嶽の「行道岩」のように、断崖につき出た岩にへばりつきながらめぐる決死の行場である。いまは伝承もうしなわれたが、行当岬の海岸にはそれにふさわしい形の岩がある。

このように海岸に多くの修験の遺跡があるのは、海の修験がおった証拠で、いかにも海国日本にふさわしい宗教のあり方である。九州の方にも宮崎の青島（粟島）の南の戸崎鼻（燈台あり）には俗に「御崎の観音」がまつられているが、これは雲海山日御崎寺《ひのみさきじ》である。ここも聖火が焚かれて寺になったとかんがえてよい。その南の都井岬（燈台あり）にも「御崎の権現」がある。このようにひろってゆけば、わが国の海辺には無数の海の修験がおったことがわかり、一体山伏とは何であったのか、その宗教の本質は何かということを深く考えさせられるのである。

# 高野山の聖火

## 一――高野山奥の院の聖火

高野山の奥の院にも、有名な不滅の聖火がある。それは高野山の山伏である行人《ぎょうにん》の始祖、祈《き》親《しん》上人定誉《じょうよ》（別名・持経《じきょう》上人）が火打石で打ち出したという「持経燈」または「祈親燈」

貧女の一燈（和歌山　高野山奥の院）

とよばれるものであるが、これはいつからか「貧女の一燈」とよばれるようになった。

これに対して奥の院燈籠堂には、白河燈と昭和燈がある。昭和燈は第二次世界大戦の戦没者のために、今上天皇が献燈されたもので、もっとも新しい。白河燈は寛治二年（一〇八八）に白河上皇が高野山へ登られたとき、奥の院大師廟に献燈されたものが、今に点《とも》しつづけられている。これは「万燈会」をおこなったものとおもわれるが、高野山の諸記録は、このとき三十万燈を献じたと書いている。しかしこのときのもっとも正確な記録である『白河上皇高野御幸記』（西南院本）では、

其（奥の院御廟）の北頭《ほとり》の石上に、御明《みあかし》卅（三十）燈を並べ置く

とあって、三十万燈をともしたことになっているのは、実際には三十燈しかともしていない。

これは万燈会というものが形式化したことをものがたるもので、奈良時代には実際に一万燈にちかい燈明をともして万燈会と称したことが『続日本紀』や『東大寺要録』でわかる。ところがこの時代には、長者一人があげたものならば、一燈でも万燈とかぞえたことをしめしている。これがいわゆる、

長者の万燈

というものであった。しかしこれに対して、

貧者（貧女）の一燈

という言葉があって、貧者が一燈ずつ一万人あつまって、万燈会をすることであった。そのいずれがほんとうの聖火であったかといえば、誠心のこもった貧者の一燈の方が聖火であったことはいうまでもない。そのために、高野山の根本の聖火である、山伏持経上人が火打石で打ち出した不滅の聖火と、貧者の一燈が重複してしまって、持経燈が「貧女の一燈」と誤られるようになったのである。

そこで高野山の根本の聖火である持経燈の由来とその修験道的意味をのべる前に、高野山の万燈会についてのべておきたい。白河燈と持経燈については『紀伊続風土記』（高野山の部・総分方奥院）に、

白河上皇三万燈を輝《かがや》かし、親《したし》く一燈を廟前に供し給ふ。今の白河燈是なり。持経白河の二燈、堂中の左右にありて、依然として絶る事なし。持経燈の火を乞ひて雩祭《あまごひ》に用ゆれば霊験ありとて、年々諸国より来り乞ふ者多し。俗に貧女の一燈といふ是なり。

とあるから、これはいずれも万燈会の火であった。持経燈が雨乞に効験のあることは、戦前ぐらいまでは備中・美作あたりでも、この火をもらいに来たことが知られ、山伏の聖火の特徴である。しかしこれは万燈会の元火から火を分けてもらうことによる効験であった。

高野山の万燈会というものは祈親上人よりも古く、弘法大師のときからおこなわれていた。それは弘法大師の詩文集である『性霊集《しょうりょうしゅう》』（巻八）に天長九年（八三二）八月二十二日付の「高野山万燈会願文」があるから、これには、

黒暗は生死の源、遍明《へんみやう》は円寂《ゑんじやく》（悟）の本なり。（中略）是に於て空海、諸の金剛子等とともに、金剛峯寺に於て、聊《いささ》か万燈万華《まんどうまんげ》の会《ゑ》を設けて、両部の曼荼羅《まんだら》・四種の智印に奉献す。期する所は毎年一度、斯の事を設け奉りて、四恩に答へ奉らん。虚空尽き、衆生尽き、涅槃尽きなば、我が願も尽きなん。

といっている。私はこの文を、のちの祈親上人（持経上人）の万燈会の不滅の聖火からかんがえて、弘法大師の打ち出した不滅の聖火があったものと推定する。というのは万燈会には一万もの燈明に火をうつす根本燈明があったはずで、それは不滅の聖火だからである。しかしそれはのちにのべるような事情で絶えてしまったので、祈親上人が第二の聖火を打ち出したのである。

## 二―万燈会と勧進

祈親上人定誉が高野山へのぼったのは、鎌倉時代末の『高野山興廃記』によれば、寛弘の末、長和の初めとしているが、普通は長和五年（一〇一六）と伝えられている。このころ高野山は正暦五年（九九四）の大火のあと、復興できず、僧徒も住めないほど荒廃していた。長保三年（一〇〇一）から長和五年まで住山の僧は全くなかったという。したがって弘法大師の聖火があっても消えるのは当然であろう。

祈親上人はこの高野山を再興せよという夢の告げを長谷寺観音からうけて、高野山へのぼった。それまで山伏として廻国をしていたらしい。彼が高野山へのぼって第一にしたことは、不滅の聖火を打ち出すことであった。『高野春秋』は、

直ちに祖廟の前に到着す。ここに定誉、至感を発し、青苔を攬《つま》んで、燧《ひうち》を把《と》りて誓つて曰く、今此の石火、火を億歳に伝へ令《し》むべくんば、苔上に薫《くん》じ炷《とも》れと。言下に一たび鑽《き》れば、鑽火《きりび》苔面に迸《ほとばし》り、炷烟《しゅえん》を生ず。上人甚だ喜び、之を燃し伝ふ。今にいたるまで灼燿《しゃくえう》たり。

とのべているので、はじめは油の燈明ではなくて、やはり薪を燃す不滅火だったかもしれない。

この聖火を焚いた場所が祖廟、すなわち奥の院の弘法大師廟の前にあるのは、弘法大師の霊の不滅を象徴している。すなわちここでは弘法大師の霊は神格化されたのである。そしてこの火を不滅に焚きつぐことによってその法孫がますます繁盛し、この山が不滅であることを象徴する火でもあった。これとおなじ廟前の聖火については平安時代の『栄花物語』(疑の巻)に、藤原道長が祖先の墓(三昧《さんまい》)の前で不滅の火を鑽《き》り出したことをのせ、これが藤原氏繁栄の基であるとしたのとよく似ている。このことは聖火が祖先や祖師の霊魂を意味し、この火が燃え続くかぎり、その山や家は存続するが、この火が消えればその山や家には不吉なことがあるという信仰をあらわすのである。

したがってこのような聖火はある一つの誓願を立てて、それが叶うか叶わないかを占う

火でもあった。祈親上人はこの火が一度でつけば高野山の復興が成るし、一度でつかなければ失敗するという占をしたと伝えられるのはそのためである。ということはすでにのべた験競《げんくらべ》の火とおなじで、祈親上人の験力がすぐれておれば、復興が成功するはずであり、同時に火もつくという一種のデモンストレーションでもあった。

それはどうしてこのようなデモンストレーションが必要であったかといえば、高野山の復興のためには、「勧進《かんじん》」による喜捨をあつめなければならなかったからである。そのために祈親上人は配下に多くの勧進聖《かんじんひじり》をもっていて、都や田舎をまわって高野山復興の寄進をもとめた。その名目は高野山万燈会に一燈の油代を奉納させるということにあった。その万燈会の元火として持経燈を打ち出したのであるから、これが一度で青苔にもえついた聖火である、というデモンストレーションが必要だったのである。

ここで勧進という仕事の原理を説明すれば、零細《れいさい》な金品を出来るだけ多数の人からあつめて、その信仰の結集として、大伽藍や大仏像や大経巻を完成することである。その論理は、一人の富者の大寄進は一倍の功徳しかないのに、一万人の貧者のわずかな寄進は一万倍の功徳があるという「多数作善《さぜん》」の論理である。庶民信仰においては信仰を同じくするものの集団が大事であって、金品の多寡は問うところでないという主義があったからである。そのために勧進聖や上人は「勧進帳」をもって、全国津々浦々を廻国して、信仰を説き説教《せっきょう》を語って金品をあつめた。そして実際にかれらは大きな仕事をなしとげた実績を持っている。

たとえば奈良時代に零細な農民の勧進をあつめてつくられた河内知識寺《ちしきじ》の河内《かわち》大仏は、奈良大仏よりも大きくて六丈あったという。聖武天皇はこの河内大仏を見て奈良大仏の造立を発願され、行基とその配下の勧進聖に勧進を委託したのである。これを万燈会に適用すれば、長者が一人で万燈をあげてもその功徳は一万倍であるが、貧者が一燈ずつ一万人で万燈をあげれば一億倍の功徳を一人一人がうけられることになる。

すでにのべたように、弘法大師の高野山開創にも、その費用の出所は疑問とされている。しかし私はこれを万燈会《まんどうえ》あるいは万華会《まんげえ》に、一燈分の油代や一華分の花代を勧進によって集めることが、おこなわれていたものとかんがえている。祈親上人はこうした勧進方法を継承して、万燈会を再興し、そのための元火を打ち出したのが持経燈であったと推定されるのである。

## 三―貧女の一燈

ところで万燈会の勧進に一燈を献ずる信仰は「多数作善」にあることはいうまでもないが、これは同時に先祖の霊を供養するという意味をもっていた。というのは山岳信仰のもっとも原始的な形は、先祖の霊が山に集まるということにあったことは、すでに「山中他界観念」でのべたところである。おそらく高野山も、山麓の民からは先祖の霊のあつまる山として、「骨のぼせ」や「髪納め」のおこなわれる山であったのが、高野山の山伏である高野行人や、その分派をなす高野聖の勧進唱導（説経）によって、全国的な納骨と先祖供養の山になったのである。

そのような勧進唱導に万燈会への一燈の喜捨と、持経燈の由来がかたられていたと推定されるのが「貧女の一燈」である。これにはいずれ刈萱道心と石童丸のような筋書の物語がついていたとおもわれる。ところが近世になるとお照という貧女が父母の供養のために、高野山万燈会に一燈を献じようとおもったけれども、その金がないので、自分の黒髪を切って売った金をあげたという類型的な筋書になった。謡曲『自然居士《じねんこじ》』などでは、京都雲《うん》居《ご》寺《じ》造営の勧進に応じて父母の菩提を弔おうとした娘が、人買に身を売った金で「身《み》の代《しろ》衣《ごろも》」を上げたという話になっており、このような説経説話がお照物語になったのであろう。しかしその原型はやはり貧者が一燈ずつを上げて、万燈会に参加する「貧者の一燈」にあったわけで、その貧者の目的は先祖や父母の菩提を弔うことにあった。

ところがこうして年々おこなわれた万燈会の元火が持経燈であったために、持経燈を「貧女の一燈」とよぶようになり、高野山では近来持経燈を忘れてしまっている。しかし現存する高野山の根本聖火は、この持経燈なのである。そしてこの聖火を管理するのは、行人とよばれる高野山の山伏であったが、このことも現在では忘れ去られようとしている。これは高野山では学問を専一とする「学侶」が重んじられ、山岳修行を専門とする「行人」や、廻国勧進をする「聖《ひじり》」が軽んぜられた結果である。

しかしすでに「室戸岬の飛焔」の項でのべたように、弘法大師空海の青年時代は山伏（優婆塞《うばそく》）であったし、その真言密教そのものが、山岳宗教であった。また「高野山万燈会願文」に見られるような勧進もする「聖《ひじり》」があった。そして納骨や奥の院の管理は、この行人の権利でもあったから、高野山の聖火は山伏の聖火であったといってよい。

またこの火を鑽《き》り出した祈親上人は法華経修行のために山林苦行をする持経者であったために、持経上人とよばれた。その上不滅の聖火、すなわち常燈をはじめたところから、「常照上人」ともよばれている。祈親上人という名は、つねに自分の両親の死後の世界を知りたいと祈ったからだと説明されているが、むしろ人々に親の菩提を祈って万燈会に献燈することをすすめたので、名づけられたものであろう。祈親上人はまた山籠《さんろう》となって冬の高野山に籠り、雪に埋もれた堂舎をまもったのも、山伏としての性格をあらわしている。

高野山はもと越冬の手段がなかったので、山籠《さんろう》だけをのこして山麓で越冬した。その山麓が天野であり、慈尊院であったが、祈親上人は土室《つちむろ》という暖爐《だんろ》を工夫して、越冬山籠したといわれている。この土室が普及するにつれて、冬も高野山上に僧侶が住むようになった。もっともこの土室は現在金剛峯寺や、由緒寺院にのこっているものとは異るらしく、土をもって塗り込めた塗籠《ぬりご》であったらしい。現在は三尺に五尺の矩形の爐の上に、土を塗った同形の煙突をつけた暖爐を土室とよんでいる。

祈親上人はまた政治的手腕もあって、治安三年（一〇二三）の藤原道長の高野山登拝は、彼の奔走によったものとおもわれる。そのために高野山の復興は急速にすすんだのであるが、この道長の登拝をすすめた表向きの功労者は、醍醐の仁海《にんがい》僧正であった。しかしこの仁海も「雨の僧正」とよばれるほどの祈雨の法験僧《ほっけんそう》で、平素肉食をし、他人の女房に通じて名僧成尊《せいそん》を生ませたといわれる。このような山伏的性格の僧正であったから、祈親上人の委託をうけて道長に奔走したことは、ほぼたしかであろう。しかし彼はそれほどの復興の功労者にもかかわらず、道長登嶺の記録にまったく姿をあらわさない。

このように祈親上人は「客僧」として高野山に住んだので、客僧は山伏の代名詞となり、のちに秀吉の高野山攻めから高野山を救った山伏の木食応其《もくじきおうご》も、客僧として終始した。かれらは高野山の堂舎の管理と、山内の警備および荘園の年貢取立てなどを任務としたが、非常のときには武器をとって僧兵となった。また山伏として、大峯山や葛城山への入峯先達もつとめた。江戸時代には葛城正大先達（西先達）となって四月七日から五月四日まで天野涌宿《わきのしゅく》（脇宿）に籠り、それから友ヶ島をはじめ葛城二十八宿を修行して六月十四日に天野に帰ったから、四十日の山林修行であった。また東先達は大峯正大先達となって、五月と七月に大峯小篠宿《おざさのしゅく》に籠って大護摩を修し、諸国修験に補任状を出す権限をもっていた。高野山奥の院の不滅の聖火は、このような高野山の行人によって焚きつがれて来たのである。

# 第四章　山伏の服装

# 兜巾と宝冠

## 一――山伏問答

山伏というものはきわめて実践的な宗教家なので、あまり理論とか教理を持たない。ただひたすらに山中をあるいて身を苦しめ、禁欲と孤独に堪え、ときには寂莫《じやくまく》境で無念無想の三昧《さんまい》に入り、ときには滝や海の音にも敗けじとはげしく祈る。また断食断水不眠不動の四無の行によって、死と直面する。何のためにそのような危険なまねをするか、ときいたら、「そこに山があるからだ」と答えるかもしれない。

しかしそうはいっても何程かの教理はあるだろうといえば、そのときは服装や持物を示して、その教理を説くのである。謡曲『安宅《あたか》』には、これが山伏問答として見えている。

夫れ山伏といつぱ、役の行者の行儀を受け、其の身は不動明王の尊容をかたどり、兜《と》巾《きん》といつぱ五智の宝冠なり。十二因縁のひだをすゑて戴き、九会《ゑ》曼荼羅の柿の篠懸《すずかけ》、胎蔵黒色のはばきをはき、さて八目《やつめ》の草鞋《わらんづ》は、八葉の蓮華を踏まへたり。

などと、兜巾、篠懸、脛巾《はばき》（脚絆）、草鞋は不動明王の服装で、密教の教理によるものだと説いている。

この山伏問答は、よく庶民信仰の寺院や、旧修験道の山の神社などで焚かれる柴燈《さいとう》護摩のとき、新客山伏の道場入りにとなえられるので、聞いた人も多いとおもう。私ももう三十年も前になるが、大峯山へ登るために学生をつれて、近畿鉄道吉野線へ乗換えようと、国鉄吉野口駅で電車を待っていた。七月の暑いホームで息もむせんばかりであった。ところがそこで山伏姿の先達《せんだつ》が、引率の新客にこの山伏問答を大きな声で復唱させていた。その声はまわりの緑の中にさわやかにひびいて行った。

そこへ電車が来ると、電車に乗ってからも先達は兜巾をつける心得とか、五智の宝冠や十二因縁の意味、曼荼羅《まんだら》とは何かを教えていた。一種の仏教概論、密教概論だが、もちろんそれは専門家の私から見れば間違いだらけであった。しかしどうせ仏教とか宗教の教理というのは独断《ドグマ》なのだから、その先達の精一杯の理解で十分なのである。先達といって山伏の服装はつけているが、それをぬげば食堂の主人だったり、洋品屋の主人だったりする。そのような人はレストランといって妙なフランス料理を食わせたり、ブティックといって妙な下着を着せたりはしない。地道にたぬきそばや、けつねうどんや、木の葉丼などを売り、シャツやパンツを売って、あとはせっせと山へ登る善良な人たちである。

山伏の服装を不動明王にかたどるということは、密教の「即身成仏」という教理をあらわしている。即身成仏は、この身このままで我《われ》と仏が一体となることである。とくに密教では大日如来を最高の仏とするから、即身成仏は大日如来と我《われ》が一体になることだと説く。

これに対して、修験道は大日如来では物足りないから、不動明王と我《われ》が一体になるのだという。

実は大日如来と不動明王は一つの仏の表と裏である。どうしてあの厳かにとりすました大日如来と、火焰を背負って物凄い形相《ぎようそう》をした不動明王が同一かといえば、最高にして完全無欠な絶対者が大日如来で、心の内に慈悲と智恵をたたえているにもかかわらず、無知な凡人や悪人には、その価値とありがたさが分らないものである。そのような愚者や悪人を「難解難入《なんげなんにゆう》の衆生《しゆじよう》」といって、力でおどかさないと仏教や密教の信仰にちかづいて来ない。そのために大日如来は不動明王に変身して、仏教を信じないものは剣でおびやかし、それでも信じないものは索《さく》でしばって引っぱって来る。愚者や悪人を見つけて不動明王に告げ口したり、雑用をする召使が、矜迦羅《こんがら》、制吒迦《せいだか》の二童子ということになる。まことに親切なことである。

したがって不動明王を大日如来の教令輪身《きようりようりんじん》（強制的な教化説法の変身）というのであるが、修験道では日本人は愚者と悪人が多いから、不動明王でないと仏教信仰に入れないという。これはまさに悪人正機であり、愚者正機の宗教である。大峯修験道の本尊で、吉野蔵王《ざおう》堂（金峯山寺《きんぷせんじ》）の本尊である蔵王権現も、この教令輪身にほかならない。悪人正機は浄土真宗だけの専売でなく、日本仏教そのものの本質だったのである。

蔵王権現の出現については、次のような伝説がつたえられている。それは役行者が日本人にふさわしい本尊の出現を祈請《きせい》したところ、釈迦如来があらわれた。そこで役行者はそれではやさしすぎますと言うと、今度は弥勒《みろく》菩薩があらわれた。それでも日本にふさわしくありませんというと、最後に髪の毛を逆立て、三目二臂で三鈷をふりあげた大忿怒形《ふんぬぎょう》の蔵王権現があらわれた。役行者はこれこそ日本仏教の本尊であると、大峯山上ヶ嶽、中腹の金峯《きんぷ》山、山麓《せん》の吉野とにまつって修験道を開いたという。この大忿怒形の蔵王権現こそ不動明王の化身であった。このようなわけで山伏は不動明王にかたどった服装を身につけるのである。

## 二―兜巾と頭巾

そこで山伏の頭にかぶる被り物は一般に兜巾《ときん》と書かれるが、山伏の伝書『木葉衣《このはごろも》』などでは、頭巾《ときん》と書いている。したがって頭の被り物はすべて頭巾なのであって、そのもっとも形式化した小型で六角形尖頭型のものを兜巾とする。布を漆で固めたものや木製のものもあり、これをちょこなんと額にのせて、紐を顎でむすぶか後頭部へひっかける。しかし山伏問答に見えるように、もとは十二角形に十二の襞《ひだ》をとってあったし、それはもっと大きくて頭巾《ずきん》のように頭にすっぽり被るものであった。

このような頭巾《ずきん》を大日如来の「五智の宝冠」にたとえて、これを被る山伏は、大日如来の教令輪身である不動明王とおなじだという。五智というのは大日如来の智恵の五種で、大円鏡智《だいえんきょうち》（東方阿閦《あしゅく》如来）、平等性智《びょうどうしょうち》（南方宝生《ほうしょう》如来）、妙観察智《みょうかんざっち》（西方阿弥陀如来）、成所作智《じょうしょさち》（北方不空成就《ふくうじょうじゅ》如来）、法界体性智《ほっかいたいしょうち》（中央大日如来）の総合であって、この五智から五仏が生まれるとする。これをあらわすために、大日如来は五角形の宝冠をかぶるのだという。もちろん大日如来というのは諸仏のなかの王者にたとえられるから、帝王のかぶる宝冠をかぶせたにすぎないのであるが、修験道は別の理由から頭巾《ずきん》を頭にのせていたのを、五智の宝冠にこじつけたものである。

そのために兜巾を実物教材として、五智や五仏や大日如来というものの教理を説明することができた。また頭巾を布でつくった場合はその頂上を結ばなければならないので、自然にできる襞を十二として十二因縁にこじつける。十二因縁というのは、人間の生病老死の苦を、原罪としての煩悩からおこることを説明するために立てられた十二の概念である。その原罪を無明《むみょう》といい、無明から行《ぎょう》がおこり、行から識《しき》がおこり、識から名色《みょうしき》（物質）がおこる。この名色から六処《ろくしょ》（六根）がおこり、六処から触《そく》（触覚）がおこり、触から受《じゅ》（感覚性）がおこり、受から愛《あい》（愛著）がおこって取《しゅ》（独占欲）を生ずる。取のために有（業《ごう》）がうまれ、有のために生（生の苦）がうまれ、生のために老死の苦を生ずる。したがって老死の苦をのがれようとすれば、十二因縁の根本である無明を滅ぼさなければならない。無明をほろぼすということは、仏道の悟（菩提）を開いて、仏（覚者）になることだと教える。

実は十二因縁という教理は、四聖諦《ししょうたい》、八正道《はっしょうどう》、六波羅密《ろっぱらみつ》とともに仏教の根本をなす教理といわれながら、その概念は今日の常識で理解することは、すこぶる困難である。だから山伏の先達が、これをどの程度まで知っていたかはまことにうたがわしい。したがって虚《こ》仮威《けおど》しに使ったと見るのが真相だが、このような仏教用語を口うつしに覚える服従心が尊かったものとおもう。

ところで頭巾《ときん》は日本人の習慣として冠《かんむり》や烏帽子《えぼし》をかぶるとおなじく、庶民がつねに頭にかぶった頭巾《ずきん》である。冠や烏帽子ももとは『日本書紀』(推古天皇十一年十二月条)に、冠位十二階を定めたとき、

当色《その》の絁《きぬ》を以て縫へり。頂は撮《とり》摠べて嚢《ふくろ》の如くし、縁《もとほり》を着けたり。

とあるように袋状に縫った頭巾であった。それが貴族階級やそれに仕えるものが、威厳のある冠と烏帽子に変化させたのに対して、庶民は袋状の頭巾のままかぶり、山伏も庶民と同じく頭巾をかぶっていた。それは『西行物語絵巻』や『北野天神縁起絵巻』や『善信上人絵』などに見える山伏を見ればあきらかである。

しかし現在は防寒や防護のための頭巾《ずきん》であったことはわすれられて形式化し、小型のものを額にのせる兜巾にまで退化した。それでも羽黒修験の伝統をまもる荒沢寺の秋峯入には、大先達は頭巾型の白い袋の底をしぼったようなアマ頭巾をかぶり、出羽《いでは》神社大晦日の松例祭《しょうれいさい》を主宰する松聖《まつひじり》もアマ頭巾をかむる。今の白の毛糸のスキー帽のような恰好である。

松聖というのは「位上《いじよう》の松聖」と「先途《せんど》の松聖」との二人であるが、羽黒修験最高位の山伏なのでこの頭巾をかむるといわれる。これは役行者像の頭巾とおなじことである。しかし山伏の頭巾の発祥はもう一つ古くは鉢巻であったろう、と私は考えている。

頭巾を被った山伏(『西行物語絵巻』)

アマ頭巾を被る松聖(山形　羽黒山松例祭)

## 三―宝冠と裹頭《かとう》

羽黒山にちかい山形県東田川郡櫛引《くしびき》町黒川には有名な黒川能がある。二月一日というもっとも寒い日におこなわれるので、黒川能見学はわれわれの難行苦行の一つである。その朝、田も畑も山も雪で白一色になった中に、一本だけ踏まれた道を、白の晒木綿で頭を包んだ若者が、ぞくぞくと春日神社へあつまっていく。これを各種の報告書は「包み頭巾」などといっているが、私がきいた青年はこともなげに「宝冠です」というのにおどろいた。黒川能はいうまでもなく、春日神社の「王祇祭《おうぎさい》」の延年式（饗応の酒盛と芸能）の一部として舞われる猿楽である。能よりもこの延年式の伝統の方が見所なのであるが、見学者の関心は能の方にかたむいてしまう。また王祇祭というのも「扇祭《おうぎまつり》」ということをわすれて、このような文字をあてて、勿体ぶったのである。三本の「ぼんてん」（大御幣）に白木綿を張って扇状にしたものを、神の依代として祭るのでこの名がある、と私は考えている。これは熊野那智に「扇祭」（那智の火祭と田楽）があることを見ればわかることである。その詳細はここにのべるスペースはないが、「ぼんてん」は修験道の豪快な御幣で、三本というのは出羽三山の三神をむかえて祭ったのであろう。私の推定では修正会《しゅしょうえ》または修二会《しゅにえ》を山伏の司祭でおこない、村人がこれに参加し、終わって饗応と酒盛があった。その余興に舞楽や猿楽や、神楽や田楽を舞ったのを、ここでは猿楽だけがのこったのである。

ともあれ「宝冠」をかむって紙縒《こより》の山伏襷をした若者たちは、春日神社から「王祇様」(三本のぼんてん棒を骨にして白布を張った扇状の御神体)を出して、頭屋《とうや》へかつぎこむ。頭屋は上座《かみざ》と下座《しもざ》と二軒あって、王祇様も二体である。これを持つ王祇守《おうぎもり》と提燈持四人が重い役で、いずれも宝冠をかむり山伏襷をしている。また頭屋の頭人も素襖《すおう》姿に宝冠をかむって山伏襷をして門口へ出むかえる。このようにして頭屋での饗応と酒盛ののち、徹夜で黒川能が舞われる。ことに王祇様を扇状にひろげ立てた下で、稚児の大地《だいち》踏《ふみ》(反閇《へんばい》)が舞われるのがめずらしい。翁や三番叟の原始形態とみられる。

やがて夜が明けると「朝尋常」(朝晨朝《じんぢょう》のあやまり)といって、王祇様の行列は春日神社へ帰っていく。これにお供するときも若者はみな宝冠をかむり山伏襷をしている。神社の拝殿でふたたび饗応と酒盛と上座下座の立合の能がある。能衆の「たすき」も錦ではあるが山伏襷である。この襷はやがて山伏の服装の「結袈裟《ゆいげさ》」になることはのちにのべるが、最後に修験道行事の験競《げんくらべ》をあらわす王祇納めがある。これは王祇様を棚からおろして、内陣に納める遅速をあらそうもので、他所の「ぼんてん納め」にあたる。

このような片田舎の修験道行事に、もっとも原始的な兜巾にあたる晒木綿の鉢巻の「宝冠」がのこった。しかし、この鉢巻の宝冠は、晒木綿をもっと長くして、頭を包んで鉢巻に巻いた端を長く両肩に下げると「行人巻《ぎょうにんまき》」となる。これは湯殿山の行人山伏が現在もかむっており、王祇様とおなじ「ぼんてん」の大幣をもつ。

ところがこの「行人巻」はどうした間違いか、能狂言の約束では女性をあらわす被り物になった。しかしそれはしばらく擱《お》くことにして、これが南都北嶺では、行人や堂衆、六《ろっ》方衆《ぽうしゅう》などの山伏階級の被り物になったのであって、これを裹頭《かとう》（頭を裹《つつ》むの意）という。比叡山の堂衆であった辨慶の被り物はこれである。ただしこれは白絹の五条袈裟を頭に巻いたことになっているが、もともとの起こりは白木綿の鉢巻だったのである。いま実物は奈良の薪能《たきぎのう》で、学生アルバイトなどが扮した貧弱な脛の六方衆の裹頭に見ることができる。

すべて日本の古い伝統は山間僻地にのこった。そこには日本人の生活も宗教も芸能も、生命力にあふれた野性のままのこっている。兜巾一つとりあげてもそうである。南都北嶺

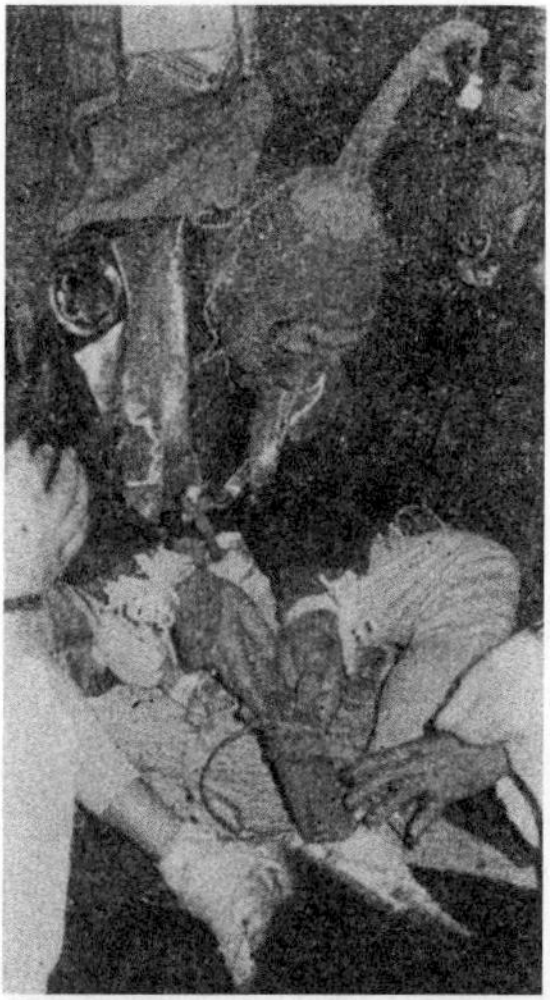

（上）「おやす」を被った歳法
（長野　新野雪祭）
（下）烏頭型烏帽子（静岡　西浦田楽）

烏帽子を被った滝本衆（『熊野那智参詣図』）

のような中央文化は、それを恰好いい、洗練された、高価なものに改変する。しかしその改変も、今のように出鱈目な思い付きでなく、伝統を踏んでいるから、注意ぶかく観察すれば、その原型の推定が可能なのである。

ところで日本人の被り物は、その原始にさかのぼれば、俗も僧も、神官も、貴族も庶民も鉢巻だったであろう。日本人が野蛮な蓬髪《ほうはつ》で鬚もじゃだった時代にも、神を祭ったり、貴人をむかえたりする晴の場では鉢巻をしたとおもわれる。いまの団交やデモの「団結」や「必勝」の鉢巻はその残存である。しかしそこに中国の風俗として壺冠《つぼかんむり》(唐冠)が入って頭を包むようになると、これが冠と烏帽子の方向へ発展していった。しかし冠の額《ひたい》といわれる部分はもとの鉢巻で、神主さんなどの冠の後に垂らす纓《えい》というものは、鉢巻の結びの余りが、あんな形に変形したにすぎない。そして立っている巾子《こじ》が外来の壺冠なのである。この壺冠の袋状の部分が堅くなって大きく立つと、三番叟などの立烏帽子《たてえぼし》になる。

山伏もこの立烏帽子をかぶったことが、山伏の田楽である三河の鳳来寺《ほうらいじ》田楽や黒沢《くろさわ》田楽、田峰《だみね》田楽、とくに信濃の新野《にいの》雪祭《ゆきまつり》(田楽)と遠江水窪《みさくぼ》の西浦《にしうれ》田楽に顕著に見られる。鳳来寺田楽では山伏姿の歳頭《さいとう》が立烏帽子をかむり、棒(金剛杖)をもつ。新野では歳法《さいほう》が烏帽子を道化化した、藁製《もどき》の「おやす」(わんご)をかむる。西浦では山伏の頭目である別当(高木家)と能衆がすべて日月の紋の烏帽子をかむるが、この立烏帽子は先端が烏の嘴のように尖っている。ところがこれとまったくおなじ烏帽子は「烏帽子《からすぼうし》」といって、熊野那智の滝本衆《たきもとしゅ》によってもちいられていた。中世の『熊野那智参詣図』(那智曼荼羅)にえがかれているのでわかるが、今も那智大社では正月の牛玉《ごおう》刷《すり》の水を大滝の滝壺から汲むのに、神官がこの山伏の烏帽子《からすぼうし》をかむるということをきいた。

# 篠懸と違帯

## 一――旅の衣は篠懸

旅の衣は　篠懸《すずかけ》の　旅の衣は　篠懸の　露けき袖や　しをるらん、子《ね》に臥し寅《とら》に起き馴れて　子に臥し寅に起き馴れて　雲居の月を峯雪の

という文句は山伏をうたった謡曲によく出てくる。子は十二時、寅は午前四時である。その「旅の衣」は篠懸とよばれ、特別の衣のようにおもわれているが、もともと庶民の仕事着であった。したがって上衣とズボンが別々になっていて、普通上衣の方を篠懸といい、ズボンの方は袴というが、実は膝までの半袴である。

その原型をなす庶民の仕事着はヒタタレとよばれて、平安時代の末には武士の日常着になった。上衣は水干の形で、袴は長袴であった。ただし鎧をつけるときは広袖（鰭袖《はたそで》）を袖括《そでぐくり》の紐でくくるのでシャツのようになり、袴も下をしぼって脛当《すねあて》（脚絆）をつけるので裁着袴《たっつけ》（もんぺ）の形になる。日本ではいつも仕事着はツーピースで、晴着はワンピースであった。したがってヒタ（日常）タレ（着物）は仕事着で、ワンピースの「小袖」は晴着であった。

このような服制のなかで篠懸という山伏の着物が出来たが、これをスズカケとよぶ理由

については古来諸説がある。山伏伝承をまとめた修験道入門書である『木葉衣《このはごろも》』（下巻）には、鈴掛と書いているが、謡曲などがすでに「篠懸」と書いたように、スズは篠のことである。山に篠《ささ》の多い信濃の枕詞は「みすず刈る」で、私の愛誦歌に伊藤左千夫の、

　みすず刈る　南信濃の　湯ヶ原は
　　　野辺の小径に　韮《にら》の花咲く

がある。この歌を口ずさむと、見わたすかぎり熊篠に覆われた高原から、南アルプスをながめる南信濃の風物のなかに身をおく想いがする。また私が野鳥の声をきくために毎年のようにおとずれる戸隠高原も一面篠でおおわれており、その「スズの子」または根曲り竹の子といわれる小指大の筍は戸隠の美味である。

　このようにスズと信濃の関係は密接であるのに、『万葉集』（巻二）の「みすず刈る」は「三薦苅」あるいは「水薦苅」の文字をもちいているために、これを「みこも刈る」とよませる説は誤りである。薦はいうまでもなく篶《すず》の代用字であり、「み」（三または水）はその美称であって、信濃に水薦《みこも》の生える湿地がたくさんあるとはおもえない。万葉では、

　水《み》薦苅《すずかる》　信濃《しなの》乃《の》真弓《まゆみ》　吾引者《わがひかば》
　　　宇真人《うまびと》佐備而《さびし》　不欲《いな》常《と》将言《いはむ》可聞《かも》　（久米禅師）
　三《み》薦苅《すずかる》　信濃乃真弓　不引為《ひかずして》
　　　強作留《しひざる》小事《わざ》乎《を》　知跡《しると》言莫《いはな》君《く》二《に》　（石川郎女）

とあって、久米禅師が石川郎女に、あなたを誘って見ても、あなたは身分が高いので、私をきらってきっとことわるでしょう、というと、石川郎女は無理遣りに誘って見なければ、ことわるかどうかわからないじゃありませんか、という相聞歌に「みすず刈る信濃」をつかったのである。またこの時代の禅師は山伏なので、久米の禅師はこのような歌をよむところを見ると、久米の仙人の二の舞をふむ代物だったかもしれない。

ともあれスズは篠のことであるが、それではなぜ篠をスズというかということになる。たしかに山伏は山中を歩くときには、霧の中でも先達や仲間からはぐれないために、篠懸衣の腰に鈴を掛けてあるく。しかももっとも原始的な鈴というのは篠を束ねて、手にもって振りながら舞ったもので、これが神楽の篠《ささ》の採物《とりもの》舞になった。この篠はのちに稲穂（すずき）となりやがてこれを模した金属の鈴になったと私は考えている。しかし、篠束を振る颯々《さつさつ》たる音はたしかに清らかな音だったにちがいないし、この篠に神霊を憑り付けて、これを振りながら託宣や口寄せをすることができたのである。その篠をもった巫女に神霊の憑り付いた恍惚状態を「狂う」というので、謡曲の狂女はたいてい篠を手にもってあらわれる。すなわち狂女舞のもとは巫女舞だったのである。

この巫女舞の篠の採物舞が宮廷神楽にもあったことは、天治本『楽章類語抄』の神楽歌にものこっていて、これに本末合せて四首ある。

（本）　此の篠は　何処《いづこ》の篠ぞ　天に坐《ま》す

（末）豊岡姫の　宮の御篠ぞ　宮の御篠ぞ
篠分けば　袖こそ破《や》れめ　利根川の
石は踏むとも　いざ河原より　いざ河原より
（本）篠の葉に　雪降り積る　冬の夜に
豊《とよ》明の遊を　するが楽しさ
（末）瑞籬《みずかき》の　神の御代より　篠の葉を
手ぶさに取りて　遊びけらしも

山伏天狗の篠懸（『天狗草紙絵巻』）

この歌から考えて、私は山伏の篠懸という言葉は、もと「篠分《すずわ》け衣」ではなかったかという説を立てている。

山伏が山野を跋渉《ばっしょう》するときは、篠のほかに茨や叢を分けなければならなかったであろうが、山でもっとも多いのは篠である。いまの登山術でも篠の中を分けて通るのを藪漕《やぶこ》ぎといっている。私が大峯奥駈をしたときも、熊野の大雲取小雲取越えをしたときも、背より高い篠を漕がねばならなかった。これが、「篠分《すずわ》け」だったことを、私は神楽歌から示唆された。従来は『木葉衣』のように、山野を歩けば衣が篠にかかるからだと解されていた。しかし、上衣のほうの裾は篠にかかるかもしれないが、篠懸は下袴と合わせてスーツとなっているので、上衣だけの名称ではない。このような名称は実際に山野を跋渉した時代にひきもどして考察をしなければならないのであって、現在の山伏の篠懸は儀礼衣装になったものと見なければならない。したがって『天狗草紙絵巻』(伝三井寺巻)の「諸宗長老天狗集合図」に出る「三山検校」と書かれた山伏天狗の篠懸は素絹で、これに篠の模様を摺っただけとなっている。

## 二―篠懸の原型

能や歌舞伎に出てくる辨慶の篠懸はまことに恰好がよい。しかしあのように上衣の裾をひらひらさせていたのでは、山を歩くときは茨や木の枝にひっかかってしまう。また袖もあんなぶわぶわでは、すぐ引っちぎれてしまう。まさに神楽歌の、

篠分けば　袖こそ破れめ

である。したがって実際に山を歩くときは着籠《きこみ》といって、上衣の裾を下袴の紐の下に引入れて紐で締める。ワイシャツを着てズボンをはいてバンドでしめる要領である。これは実

用的だが恰好がよくないので、先達や度衆は上衣の裾を下袴の紐の外に出して垂らす掛《かけ》衣《ごろも》とする。これを『彦山修験秘《ひ》決印信口《けついんじんく》決《けつ》集』では着籠をキコメとよませ、掛衣は懸衣と書いている。『木葉衣』には、

大永年間ニ門流ノ古実ヲ記シテ『峰中法則《ぶちゅうほっそく》』ト題スル書三巻アリ。其書巻一ニ云。先達、度衆ハ要二掛衣《かけごろも》一云々。可レ有二衣帯《あておび》一。新客等要二着籠《きこみ》一云々。可レ有二違帯《ちがひおび》一ト見タリ。秘決集ニハ懸衣、着込ト書タルモ同ジコトナリ。掛衣ト云フハ、先《まづ》袴ヲ着テ、其上ヨリ上衣ヲ被《き》テ、衣帯《あておび》ヲ着ルヲ云フ。着籠トハ、先ツ上衣ヲ着テ其上ヨリ袴ヲ着、上衣ノ裾ヲ袴ノ内ヘアラシムルヲ云フ。違帯トハ、上衣ノ衽《えり》ヲ前ニテ合セ、其上ヨリ長キ紐シテ、前ヨリ後ニ廻シテ打違ヘテ、前ニテ結ブコト常ノ帯ノ如クスルヲ云フ。

とあるのは、大永年間の『峰中法則』を解説しながら、江戸時代末にはよくわからなくなっていたことを暴露している。それは別に違帯についてのべることにするが、『木葉衣』では篠懸というのは、もと山中経歴の必要のためにできたにもかかわらず、実際には法袍《ほうほう》として僧衆の儀礼衣になったとのべている。

すべて修験道の故実や服装、持物は、もときびしい山中修行の実践だったものが儀礼化することによって変質したのである。武道でも真剣での仕合が竹刀《しない》に代って変質したとおなじことである。だからその本来の精神や機能は、もとの実践にもどしてあきらかにする必要がある。そうすると篠懸は山中修行にもっとも実用的なものとして葛衣《ふじごろも》がもとであろ

うとおもわれる。それはおそらく筒袖の上衣に、下袴は股引のようなものだったろう。葛衣については『日本霊異記』（上巻第二十八話）の役優婆塞伝に、

更に巌窟に居《す》み、葛《ふじ》を被《き》、松を餌《く》ひ

とあるのがそれであり、弘法大師空海の自伝的文学の『三教指帰』（巻下）に、

橡《とち》の飯、荼《と》の菜、一旬を給せず。紙の袍《きぬ》、葛の褞《ころも》、二つの肩を蔽《おほ》はず。

とある葛褞《ふじごろも》がそれである。その形は平安時代の木彫として有名な太宰府観世音寺の大黒天立像にみられる、筒袖に半袴というものであったろう。あるいは出雲大社の奥の院であった修験寺院、鰐淵寺《がくえんじ》（平田市）の伝雨《う》宝童子《ほうどうじ》像も筒袖に裁着袴《たつつけ》で、古様の篠懸ではなかったかとおもう。この像は『垂迹美術』（石田茂作編）には江戸時代としているが、すくなくとも室町初期をくだらぬものとおもわれる。あるいは江戸時代の作ではあるが、木喰行道の作った金毘羅大権現像もこの形の篠懸で、これは山伏金剛房宥盛《ゆうせい》を金毘羅大権現として崇拝していたことをあらわしている。

篠懸は藤や蔓《つた》などの繊維を織る葛布《ふじぬの》の代りに麻布をもちいるようになると、これを強化したり防水したりするために柿渋《かきしぶ》で摺るようになったらしい。これが柿衣《かきのころも》である。柿渋で摺るところから摺衣《すりごろも》ともいい、羽黒修験は摺《すり》ともいっているけれども、この方は市松模様に染めるので、実際の摺衣ではない。篠懸は儀礼用のものは丸紋などの模様を染めるのが普通であるが、入峯のときは浄衣で、白麻で仕立てられる。

また篠懸を苔衣《こけのころも》というのは、これを窟籠りに着るからである。窟を「苔の窟」というところから名づけたものとおもわれる。平安中期の有名な山伏、日蔵（道賢上人）の歌に、

みだけの笙《しやう》の岩屋にこもりてよめる

寂莫《じやくまく》の　苔の岩戸の　しづけきに
涙の雨の　ふらぬ日ぞなき　（『新古今集』）

とあり、また『夫木集』の後京極摂政良経の歌には、

山ぶしの　岩屋の洞に　年ふりて
苔にかさぬる　墨ぞめの袖

木造雨宝童子像（島根　鰐淵寺蔵）

などとある。これが『梁塵秘抄』（巻二）では、

聖の好む物、木の節、鹿角《わさづの》、鹿の皮、簑笠、錫杖、木欒《もくれん》子《じ》、火打笥《ひうちけ》、岩屋の苔の衣

とある。

しかし苔の衣は実は実物がのこっていないので十分な推定はできないが、これは木の葉などを重ねて綴りあわせて、簑のようにした衣ではないかという推定も成り立つ。すなわち篠懸や墨染の衣の上に重ねて、岩屋の滴《しずく》をふせいだり、暖をとったのかもしれない。おそらく「木葉衣」というのは、このことではないかとおもわれるのである。それならば明治十七年に熊野那智の大滝から捨身して死んだ、実利《じつかが》行者という山伏の肖像画にえがかれている。また高山寺本『鳥獣戯画巻』の甲巻には、猿・蛙・兎の法華会の図に、木の葉衣を着た猿の遊行者が画かれている。この場面は従来は蛙の葬式と解釈されていたが、私は法華会であることを証明した（角川版「新修日本絵巻物全集」第四巻『鳥獣戯画』所収拙稿「鳥獣戯画巻と民俗」）。そしてこの絵

木葉衣を着た実利の肖像画

巻の甲巻の下巻の断簡と推定される祭礼の図（東京国立博物館蔵）には、木の葉を着て仮装し、蓮の葉を笠にかむった猿もえがかれ、平安時代にはしばしば見られたものらしい。そのほかにはこれを見ることができないが、山伏のあいだの伝承にはあったと見えて『木葉衣』の著者行智は、

かきつめて　木の葉ごろもを　つづりをけば
　　さすがに人の　　見まくとぞいふ

という歌を冒頭にのせている。苔の衣が木葉衣とおなじではないかということは、『宇津保物語』（吹上の下）に、山伏になった「忠こそ」が、

「山にまかりこもりしは、（中略）親を害する罪よりまさる罪や侍らむと、魂しづまらずして、速かにまかりこもりて、山林をすみかとし、熊狼を友とし、木の実、松の葉を供養とし、木の皮、苔を衣として、年ごろになり侍りぬ」

と奏上しているからである。これは「木の皮」を綴って「苔の衣」としたことを、このように書きあやまったものと、私はかんがえている。したがって『宇津保物語』の写本の段階で苔の衣とは何かがわからなくなっていたとおもわれる。

## 三――衣帯と違帯

山伏伝承というものは、これが秘伝によるものだったために、不明に帰したものが多い。

したがって修験道書の片言隻句から、口誦伝承の破片や民俗一般のほかに、絵画や彫刻なども資料として考察をくわえる必要がある。その場合、絵巻物はその制作時代の各種風俗をそのまま具体的につたえるので、もっとも都合がよい。私の長年の研究にもかかわらず、篠懸の謎がすべて解けたわけではないが、すくなくも『木葉衣』（天保三年）の段階で不明であったものが、すこしずつあきらかになりつつある。

そこで『木葉衣』はさきに引用したように、篠懸は先達や度衆（二度以上入峯《にゅうぶ》修行したもの）と新客（はじめて入峯するもの）とで着用の仕方と帯のむすび方に相違があるといっている。その記述には矛盾があるけれども、この伝承は謎をとく鍵としてきわめて貴重である。というのは違帯《ちがいおび》を新客がするという点で、ここから山伏の結架裟や山伏襷の謎がとけてくるからである。すなわち先達・度衆は篠懸を掛衣《かけごろも》（懸衣）に着て衣帯《あておび》をしめる。これに対して新客は着籠《きこみ》（きこめ）に着て違帯《ちがいおび》をしめる。この新客の着用の仕方が実戦用であって、先達・度衆の着方は儀礼用である。

なぜ着籠と違帯が実戦用であるかといえば、上衣の裾が下袴の帯の中にかくされていることと、上衣の袖を違帯で襷《たすき》にかけてしぼっているからである。これでどんな篠や密林の中をかきわけても身軽である。違帯の山伏用語については私も久しく疑問としていたが、これは絵巻物と山伏神楽の服装で解けた。そうして見ると『木葉衣』の違帯の説明はまちがいであって、これはただの帯にすぎない。修験道故実をよくつたえた『彦山修験秘決印

信口決集』では、

違紳《チガイオビ》　衣帯《新客》

とだけで、説明がない。しかし鎌倉時代末の『法然上人行状画図』には、この違帯（違紳）と見るべきものがしばしば画かれている。たとえば巻三十四の摂津経ヶ島（神戸）で、法然が村里の男女に説教教化する図には、二人連れの山伏がおり、年上の山伏は素絹半袴に五条袈裟であるが、お伴の方は素絹に白の違帯をしめている。

これでわかるように違帯というのは帯と襷との兼用の紐であった。したがって、

挙《アゲ》二違帯《ヲ》一

というように書かれる。まず紐を背中に左肩から右腰へ斜にかけ、これで一まわり腰にまわして、左腰で結んでから、その端を背中と胸で三角形になるように、斜線にかけて袖をしぼる。私も実験してみたが、なかなか長い帯紐を必要とする。ところがこれとおなじものは、各地の修験系の民俗芸能のなかに残っている。

素絹に白の違帯の山伏（右）
（『法然上人行状画図』）

たすきの舞（長野　遠山霜月神楽）

こうした山伏襷をした神楽や田楽は、あきらかに修験系の芸能なのであるが、古い概念にとらわれた神楽田楽の研究者は、これを肯んじようとしない。

修験道書が、違帯といっている山伏襷をのこした神楽としては、信州の下伊那郡南信濃村から、上村《かみむら》にかけておこなわれる遠山郷霜月神楽《しもつきかぐら》があり、浄衣に派手な襷をした「たすきの舞」は華麗である。また田楽では三河の鳳来寺（南設楽《しだら》郡鳳来町）の、鳳来寺田楽の歳頭《さいとう》とよばれる山伏が、赤帯で山伏襷をする。この歳頭は呪術をつかさどり、天狗面をつけて「松の乱声《らんじょう》」や「棒の乱声」などで悪魔はらいをし、最後の「苗引《なえひき》ぼこ遊び」で豊作を祈願する。すぐ隣の田峰《だみね》田楽（北設楽郡設楽町）の「さいはらい」も山伏装束で襷をし、鬼の面をつけて災をはらう呪的舞踊をする。新野《にいの》（長野県阿南町）の雪祭といわれる田楽も、「競馬《きょうま》」という重要な番組には、駒乗が太い赤襷を山伏襷にかける。

このように江戸時代から現在の山伏たちが忘れてしまった伝統を、かえって民衆の方がもちつづけ、山伏の服装の秘密をといてくれる。そしてこの篠懸の違帯は、山伏の結袈裟《ゆいげさ》というものの、原型を暗示するものであることはつぎにのべたい。

# 結袈裟と注連

## 一——結袈裟と輪袈裟

八月は月後れのお盆月で、坊さんの師走《しわす》だから僧走《そはす》とでもいいたいように、坊さんがいそがしく走りまわる。自転車からスクーター、バイク、小型から高級車まで、さまざまである。おそらく坊さんの階級も自転車から高級車まで段々があるのかも知れないし、衣の色も軍人さんのように階級があるらしい。しかし袈裟《けさ》は大体首にかける折五条《おりごじょう》といわれる輪袈裟《わげさ》で統一されている。例外として禅宗なら絡子《らくす》(掛絡《から》)という五条袈裟のミニチュアのようなのもある。また奈良の法相宗や華厳宗の坊さんは、左肩にちょっとのせた粋な威《い》儀《ぎ》袈裟をつけ、これをまねて浄土真宗は折五条のほかに威儀細《いぎぼそ》ももちいる。

とにかく日本の坊さんは印度の袈裟(Kasāya, 壊色《えじき》と訳す)とは似ても似つかぬものを身につける。それは仏像の被《き》ている袈裟と比較すれば一目瞭然なので、これにはいろいろと苦心の解釈がおこなわれているが、いずれも印度の袈裟を基準にするから、すっきりゆかないのである。これをすこし発想を百八十度変えて、山伏の首から掛ける結袈裟《ゆいげさ》と比較したらどうだろうか。その意味では、日本仏教そのものが発想を変えなければならないのであって、その土台も柱も壁も国産で、サッシドアとインテリアだけが外来とかんがえた方がよい。

日本人のインテリアならぬインテリや、金持の舶来趣味は奈良時代以前からで、「病膏《やまいこう》肓《こう》に入る」である。だからあの紐のような輪袈裟を、仏像が衣文を引いて被ている袈裟の変化だとこじつけなければ、着ているのがはずかしい。仏像の被ている布は袈裟ともいい、衣《ころも》ともいうように、一枚の大きな布を体に巻きつけているもので、下は素裸である。その衣（袈裟）に三種類あって、僧伽梨《そうがり》（大衣＝二十五条ないし九条衣）・鬱多羅僧《うったらそう》（上衣＝七条衣）・安陀会《あんだえ》（小衣＝五条衣）となる。小布を綴り合わせるときの布幅の数でわけたもので、安陀会だからアンダーウェアーというわけではない。

ところが中国や日本では印度のように暑くないので、まず衿のある長い着物を着てから、袈裟を坊さんのシンボルとしてだけ着るようになった。それで安陀会は小さな長方形にして、帯紐をつけて左肩から右腰のところに下げ、偏袒右肩《へんだんうけん》（右肩のはだぬき）の恰好にしたのである。しかしそれでもこれでは歩くにも、自転車やスクーターに乗るにも不便である。それで印度にも中国にもない輪袈裟という法服が、修験道で発明されたもので、日本人の実用新案といってよい。『木葉衣』はこれは修験道の執事袈裟《しゅうじげさ》の変化で、便利だから他宗がまねて使ったと言っている。

事実、山伏の方は古くから、紐を輪にした結袈裟《ゆいげさ》や注連《しめ》や木綿《ゆう》手繦《たすき》を首にかけて山野を跋渉していた。これに五条袈裟をくわえて、才覚のある山伏が輪袈裟をつくりだし他宗にも流行したのであろう。この輪袈裟の祖型は、結袈裟よりも紐袈裟《ひもげさ》であろうし、結袈裟すら紐袈裟から出たものと、私はかんがえている。そして紐袈裟のもう一つ前は、日本の襷《たすき》(手繦)であった。

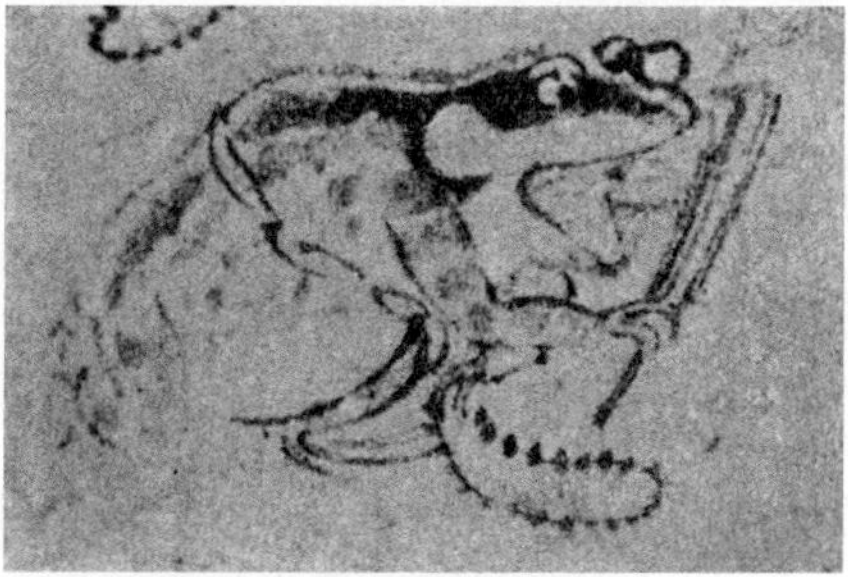

蛙山伏の紐袈裟(『鳥獣戯画巻』丙巻)

このように推理をすすめてくると、篠懸《すずかけ》のところで説明した違帯《ちがいおび》が生きてくる。「違帯を挙げる」というのは襷をすることで、襷という字は和製の漢字(国字)だから、紐で袖を挙げることである。しかし違帯のように襷を結ばないで、これを左肩から右脇へ斜に掛けておく場合もある。ちょうど粋な料理人がこんな襷をかけるように。そのような襷の紐袈裟が平安時代からすでにあったことは、高山寺本『鳥獣戯画巻』の丙巻末尾の「験競《げんくらべ》」の図に、猿山伏と蛙山伏がかけている。私はこの戯画の図を「験競」と断定し、「鳥獣戯画巻と民俗」(角川版「新修日本絵巻物全集」の『鳥獣戯画』所収)の論文に、

惣髪の板敷山の山伏
（『善信聖人絵』下巻-3）

> 蛙山伏はみな紐袈裟を肩からかけているが、これは作業用の袈裟で、いま東大寺お水取りの練行衆がもちいている。猿方も紐袈裟であるが、紙の右端が切れているので、
> 応援猿の数はわからない。

と書いたが、よく見ると違帯すなわち山伏襷をした蛙山伏が一人いる。またおなじ『鳥獣戯画巻』の丁巻にも「験競」の図があり、この方は総髪でアマ頭巾の山伏が違帯をしている。このように、平安時代の山伏の実戦的服装には、紐袈裟か違帯をし、別に儀礼用としては素絹に五条袈裟で裹頭《かとう》をしたことが、この絵巻物でわかるのである。

そのほか『法然上人行状画図』巻十七の空也僧は鹿角杖《わさづえ》をかついで黒の紐袈裟をしている。この絵巻の巻三十四に白の違帯をした法体《ほったい》山伏がいることはすでにのべたが、巻三十九の空也僧のお伴が素絹に檜笠、鉦鼓を胸に下げて黒の違帯をかけている。またおなじ巻に白の違帯をしたものもいる。そして鎌倉末期の『善信聖人絵』（親鸞伝絵）下巻第三段には、板敷山《いたじきやま》の山伏が惣髪にアマ頭巾《ときん》で大紋の篠懸を着、白の違帯をしているところが画かれている。このように山伏はもと襷の変形である紐袈裟と、それを結んだ違帯をつけていたことがわかる。これが儀礼的・装飾的になって、歌舞伎芝居の辨慶のような結袈裟《ゆいげさ》になった。そして一般の坊さんもその便利さに着目して輪袈裟をするようになった。結論として坊さんの輪袈裟は、袈裟でもなんでもない、襷だったということが、修験道史の立場から言えるのである。

## 二―磨紫金《ましこ》袈裟と執事《しゆうじ》袈裟

右のような私の結袈裟襷起源説は、江戸時代の山伏も気づかなかった。それで『木葉衣』は昔から結袈裟があったように書いている。

結袈裟の始め、最も旧きことは、和州吉野郡鳥栖《とりすみ》山中鳳閣寺《ほうかくじ》に安置するところの、理源大師（聖宝《しょうぼう》）御肖像に、結袈裟を着したまう事なり。次には『北野縁起』に日蔵上人（道賢）、結袈裟被《き》たる画あり、これらを証として、その初の最も久しきことを知るべし。

というが、鳳閣寺の理源大師像は後世の作であり、理源大師時代のものでない。また『北野天神縁起絵巻』に画かれた、笙の窟で修行する日蔵上人図は、黒衣で袈裟はよくわからない。したがってすくなくも鎌倉時代までは、山伏は修行のためには頭巾《ときん》、篠懸に紐袈裟または違帯、儀礼用には裹頭《かとう》、素絹《そけん》に五条袈裟と見て間違いあるまい。このような山伏の服装の歴史的研究はまだ誰もしたことがないので、もしこれとちがった史料が出れば将来訂正したい。

そこで話を二つに分けて、まず山伏の五条袈裟の変形をのべておきたい。それは「末志《まし》古《こ》」というもので、磨紫金などとも書くが、長さ三尺六寸、幅一尺四寸六分の九条袈裟(もと五条か)のミニチュアを縦に折って幅三寸の帯状にし、紙縒《こより》を組んだ線索《せんさく》という紐で肩から下げる。これに金属製の輪宝《りんぽう》を五箇つけるのは、結袈裟の影響であり、紙縒を線索とするのは、のちにいう木綿手繦《ゆうたすき》から来たものである。したがって五条袈裟と紐袈裟の両系統が複合している。儀礼にはこれを開いて小さな九条袈裟の代用とするという。すなわち「九条披《ひらき》」というのがこれである。

それでは一体「末志古」というのは何かといえば、『木葉衣』は呪験師の呪事《まじないごと》に着るからだとしている。『日本紀私記』(御巫本)には「当遭害」を「末志古礼奈牟《まじこれなむ》」とよましており「蠱」は「まじこる」と和訓するので、このような説が出たのであろう。しかし「ま

鳳閣寺の理源大師像

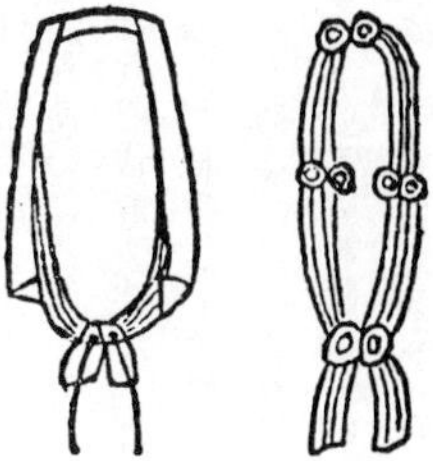

紙捻り袈裟は、或いは組み糸もても造る。経に謂うところの持繋線索なり。
同じく組み糸にて結び、輪袈裟の如く嚢に貫き入れて領に繋くるなり。

紙捻り袈裟（『木葉衣』）

しこ」は猿の異名で、藤葛を結ぶのを「猿子結《ましこむすび》」などというから、紙縒の線索の結び方から出た名称ではないかとおもう。これを磨紫金などと書いたのは、仏教でもっとも貴重な金属を紫磨金《しまこん》というのを誤用して当字《あてじ》にしたものであろう。吉野桜本坊の『花供手鑑《はなくてかがみ》』には、

装束ハ掛衣《かけごろも》、房袈裟《ふさげさ》、頭巾、念殊（珠）、中啓、大護摩装束家来ニ為レ持事

但四人目以下ハ磨紫金持参

衆中石帯ナシ

とあり、先達山伏の大宿《おおじゆく》、二宿《にのしゆく》、三宿《さんのしゆく》は房袈裟であるが、助法の走り使いするものは略式の磨紫金（末志古）の袈裟だという。いうまでもなく房袈裟は結袈裟のことである。

末志古の袈裟は結袈裟と紐袈裟の複合であるとのべたが、これをもうすこし幅広く折り、長さ二尺七寸に幅八寸としたものが、山伏の執事《しゆうじ》袈裟である。これは執事というよりも、走り使いに便にしてこれを肩にかけたのであって、今の南都諸宗の坊さんが、肩から斜にかける威儀《いぎ》袈裟がこれにあたる。『木葉衣』は略袈裟を瑜祇《ゆぎ》袈裟または威儀袈裟として末志古とおなじく三尺六寸に幅三寸などといっているのは、もうこれが分らなくなっていたのである。このように江戸末期には、山伏の服制は何がなんだかわからなくなっていた。いまいろいろ総合して見ると執事袈裟は威儀袈裟とおなじである。そしてこれは「威儀」というように儀礼用の袈裟であるとともに、旅行や徒歩や仕事に便なもので、輪袈裟とお

なじようにもちいられる。虚無僧《こむそう》が左肩にこれをかけて尺八をふくのも、旅行用だからである。『木葉衣』は、

また一種の衣あり。執事袈裟と名づく。この製、錦を以てこれを作る。全体は磨紫金《ましこ》衣《え》の打越《うちこし》(背中に下げる部分)の如くす。長量二尺七寸許り、幅一尺八寸(八寸の誤か)。但し、紐を以て両端に連ねてこれを施し、中一処を結び通して、その形環の如くにして領《えり》に掛く。これは全く磨紫金衣を略作せるものにして、道路往還、或いは房中雑事等を弁ずる時、用いるが故に、執事袈裟《しゅうじげさ》の名もこれあるものなり。(中略)輪《わ》袈裟《げさ》といふあり、これをも執事袈裟と呼ぶことは、前の制に依りて損略を加へ、組紐を用ゐず。錦或いは余の織物にてもこれを造ること、周廻四尺余、幅二寸許り。環の如くにして領《えり》に掛くるものなり。これは殊に出行辨事《しゅつかうべんじ》等の時、被服するに簡便なるが故に、伝密《でんみつ》の流《ともがら》、自他門にこれを共用す。(下略)

とのべて、輪袈裟が修験道から出たことを主張している。

これは当然みとむべきであろう。

## 三—紙縒袈裟と注連

山伏の服装の話は一般読者には退屈かもしれない。しかしお盆で走りまわる坊さんの輪袈裟が修験道から出ていることや、辨慶の首から下げた結袈裟がどこから出たかを理解し

山伏の結袈裟のボンデン菊綴（前）

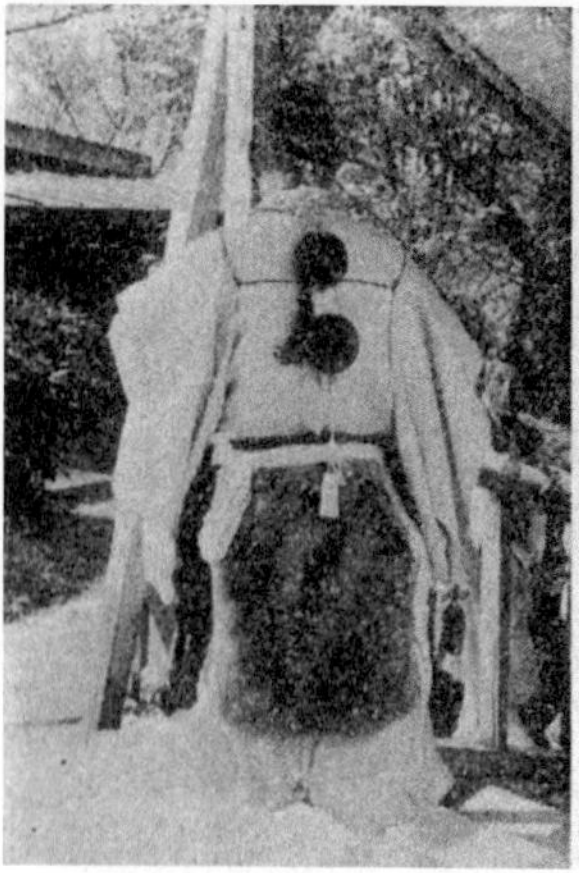
同右（後）と曳敷

てもらうには、このような退屈な考証もしなければならない。

そこで五条袈裟の変形複合である磨紫金の方はしばらくおき、日本の襷の変形としての結袈裟を考えて見よう。今の結袈裟は、二寸ほどの幅の帯状の布を、首から胸の左右に下げ、それに菊綴《きくとじ》のようなボンデンを二つずつ、四個つける。これは房《ふさ》とも束房《たばふさ》ともよばれ、階級によっていろいろの色房があって派手である。また衿の後から背中に下がる打越《うちこし》というものがあり、これにも色房が二ついている。打越がぶらついては不便だから、これに二尺五寸の結緒《ゆいお》（威儀結）がついて後腰から脇の下にまわして、前の袈裟の左右を結ぶ横紐にしばる。「結袈裟」という名称は、この横紐で左右の袈裟を結んで輪状にするところから来たものであろうが、本来はこの横紐が襷の紐だったのである。結架裟の本体が五条架裟を幅二寸に折ったものになったので、襷がこのように退化したとかんがえられる。

ところで山伏の結架裟が成立するには襷としての紐架裟や違帯とともに、わすれることのできないものに、注連《しめ》というものがある。山登りの唱言《となえごと》に、

懺悔《さんげ》懺悔《さんげ》　六根清浄《ろつこんしようじよう》

お注連に八大　金剛童子

というのがある。山に登るということはかつて犯した罪穢を懺悔して、六根（眼・耳・鼻・舌・身・意）を清浄にすれば、首から下げた注連に八大金剛童子がやどって、その身を守護してくれるという意味である。正月飾りの注連にも「輪注連《わじめ》」というのがあって、自転車や自動車にもつけるが、山伏の注連は紙縒《こより》を十本ほど束ねて、結び目を八つつくって輪にし、首から掛けて山へ入る。いまこれを実行しているのは出羽三山で、羽黒山から入って月山頂上へのぼり、湯殿山へ降りてくると注連掛《しめかけ》というところに、この注連を掛けて帰ったのである。この注連掛に注連寺《ちゆうれんじ》があるが、現在は神仏分離以後、湯殿山の御神体石のまわりの木の枝にかけるようになった。湯殿山へのぼった人ならば、この注連が新しいものも古いものも木に花が咲いたように垂れているのを見たとおもう。中にはこの注連を御神体石からわき出る酸化鉄の湯につけて染め、持ちかえってお守りにする。私もこれ

を一つ持っている。
大峯山でもこれをつかったことは、山上ヶ嶽行場の終りにモッテンカケというところがあるのでわかる。これも山伏の先達は説明できなくなっているが、モッテンは元結《もとゆい》の訛りで、紙縒のことである。だから紙縒の注連をここにかけて帰ったのであろう。しかも注連は神に仕えるものの清浄のシンボルなのであるから、仏教から出たものでなく、山の神霊を対象にした山伏の服装にほかならない。したがって山伏は服装においても神仏習合を表示して、結袈裟のようなものをつくり、それが輪袈裟になったところに、日本仏教の本質があらわれているということができよう。
『木葉衣』は注連を「紙捻《こより》袈裟」として図をあげ、説明をつけている。

紙捻《こより》或は組紐《くみひも》にて造り、掛《かけ》来る所あり。大和の大峯、出羽の羽黒山、同鳥海山、常陸の筑波山、其余の処にても登山の輩、これを繫《かく》ることあり。

この組紐で造ったのが木綿手襁《ゆうたすき》とよばれ、白山でもこれをつけたことが、美濃白鳥《しろとり》の長《なが》滝白山《たきはくさん》神社の遺品でわかる。これに三輪《みわ》神道裁許状がついているところを見ると、大和の三輪山でもこれをつけて登ったのであろう。『木葉衣』の紙捻袈裟の図に八つの結び目があるのは八大金剛童子の座をあらわしたものとおもうが、この華鬘《けまん》結びは花を象徴するので、これが今の山伏の房花《ぼうけ》状の房になったと推定される。しかし後《うしろ》の打越の二房はよいが、前の六房は四房に減って、全部で六房となってしまった。だんだん山伏がその故事や伝承を失ったからである。

山伏はその服装や持物に即して、教理を説くという具体性と庶民性をもっている。しかしこれも正しい伝承にもとづいた、服装や持物でなければならないのであって、そうでないと誤った教理や、牽強附会にみちびかれることになる。修験道は江戸時代に固定化し、混乱し、変質した。その上、神仏分離で多くの文献や伝承を失ったのであるから、今後は緻密な歴史的研究で復原し、そこに表現された日本独自の精神と庶民信仰をあきらかにしなければならない。

# 曳敷と山人

## 一――曳敷の毛皮

山伏の服装は兜巾《ときん》、篠懸《すずがけ》、結袈裟《ゆいげさ》がよく目立つが、このほかに尻に曳敷《ひつしき》という毛皮をつけることも見のがすわけにはゆかない。というのはこの毛皮が山伏の歴史をあきらかにする一つの鍵《かぎ》となるからである。

曳敷は登山家のあいだでももちいられていて、恰好だけでも一人前に見せようというアルピニストは、少々無理をしてもこれを買うそうである。羚羊《かもしか》の皮が上等だそうで、山伏も先達にならないと着けない。羚羊だけでなく、鹿の皮や虎の皮をつかうこともあるが、いずれにしても、これらの動物を殺さなければ皮はとれない。したがって、マタギという伝統的な狩人は、もちろんこれをつけ、熊の皮の袖無しなども着ているのは、山中生活者（山人）が毛皮を衣料とした時代が長かったからである。このことから私は山伏は山人の後裔であるという仮説を立てているが、これを論証するものの一つが、毛皮の曳敷なのである。一枚の曳敷は小さいけれども、その意味はきわめて大きい。

いまの山伏たちはこれをわすれて、休憩のとき腰を下すために、曳敷をつけているようにおもっている。しかしこれが山伏の必須の服装だったことは、さきにあげた平安時代の今様《いまよう》（流行歌）をあつめた『梁塵秘抄』（巻二）に見えていて、曳敷がちかごろのものでないことをおもわせる。

聖の好む物、木の節、鹿角《わさづの》、鹿の皮、蓑笠《みのかさ》、錫杖《しやくぢやう》、木欒子《もくれんじ》、火打笥《ひうちけ》、岩屋の苔の衣

この鹿の皮というのは、曳敷のもとが鹿の皮の腰衣、あるいは鹿の裘《かわごろも》であったことをしめすものである。すなわち山中修行者は山人とおなじような服装をして、山人とおなじような食物をたべていたと想定しなければならない。麻の衣の篠懸だけでは、寒気のはげしい冬の山籠はできないし、苔の衣といわれる木葉衣だけでもしのぐことはできなかったであろう。

しかし山伏の鹿の皮が防寒のためだけだったら、これも意味は小さい。山伏が僧形にな

っても、この殺生の結果である鹿の皮を、曳敷としてでも身につけるには、一つの自己主張があったものとおもわれる。それは山伏は「ひじり」であるという主張である。すなわち山伏が僧侶であるならば、髪を剃り、殺生せず、妻をもってはならないはずである。ところが山伏は「ひじり」であるから有髪で妻帯し、殺生もゆるされるという主張を、一枚の毛皮によって表現したものとおもう。

私がすでに旧著『高野聖』でのべたように、日本の仏教、とくに庶民仏教は「ひじりの仏教」である。特に念仏の浄土教と修験道は、これを代表するものといえる。念仏の遊行者や隠遁者が、半僧半俗の「ひじり」であったことは、なにも親鸞にはじまったものではない。これが平安時代にも多かった有様は、『今昔物語』を見ればわかるし、寛弘元年(一〇〇四)の『三州俗聖《さんしゆうぞくひじり》起請十二箇条事』には、飲酒、肉食、蓄髪、妻帯を当然のこととする俗聖の主張をのべている。いやそれどころか、奈良時代の『日本霊異記』は多くの肉食妻帯僧をあげ、かれらは「ひじり」である以上、それは正当であるばかりか、観音の化身であるとまでいっている。

このような意味で念仏聖も山伏も、同根の日本の原始宗教者、「ひじり」から分れたものである。親鸞の伝記では、常陸の板敷山《いたじきやま》の山伏辨円が聖人に説得されて弟子になったとしているが、親鸞の関東の弟子(門侶)は山伏や「ひじり」が大部分だったと私はおもっている。なかでも親鸞の実子善鸞(慈信坊)は山伏であった。倉田百三の『出家とその弟子』のように、善鸞を不肖の子とするのは、京都の本願寺側の主張であって、関東では多くの弟子をもつ大勢力であったことが、本願寺三代宗主、覚如の伝『慕帰絵詞《ぼきえことば》』（巻四）にも見える。

（善鸞は）アマサヘ堅固ナラヌサマニ邪道ヲコトトスル御子《みこ》ニナラレテ、別解別行ノ人ニテマシマスウヘハ、（中略）コノ慈信房（善鸞）ハ安心《あんじん》（信仰）ナドコソ、師範（如信）ト一味ナラヌトハ申セドモ、サル一道（修験道）ノ先達トナラレケレバ、（中略）彼ノ慈信坊、凡ハ聖人（親鸞）ノ使節トシテ坂東へ差向タテマツラレケルニ、真俗ニツケテ、門流（真宗）ノ義ニチガヒテコソ振舞ハレケレドモ、神子《みこ》巫女《かんなき》ノ主領トナリシカバ（下略）

などといっているが、親鸞自身も毛皮を身につけたり、有髪《うはつ》を標榜していた。

親鸞はもと比叡山で正式の得度をうけているので、一時なりとも実際に有髪であったかどうか疑問であるけれども、晩年まで自分を「愚禿《ぐとく》」といったのは、すくなくとも精神的には有髪の俗聖であることを表明したものといえる。というのは「禿」という字は「かぶろ」であって短く切り下げたオカッパ髪のことである。童髪《わらわがみ》というのはこのことで、髻《もとどり》がほどけた状態も大童《おおわらわ》という。これは山伏の惣髪《そうはつ》とまったくおなじで、これが兜巾《ときん》のうしろにはみ出した状態はよく中世の絵巻物のなかに描かれている。『今昔物語』（巻十五）の「ひじり」も肉食妻帯しながら、頭髪ハ三四寸許ニ生ヒテ綴《ツヅレ》ヲ着タリ。

とか、

形《かたち》法師也ト云ヘドモ僧ニ非ズ。頭ノ髪ハ二寸許ニ生ジテ、俗ノ水干《すゐかん》袴ヲ着タリ。亦狩漁ヲ役トシテ魚鳥ヲ食トセリ。

と書かれている。その意味で親鸞の生前の肖像である「安城《あんじょう》の御影《みえい》」に、動物の毛皮がもちいられているのは、偶然とはいえない。

## 二―「ひじり」親鸞・空也と毛皮

「安城の御影」というのは親鸞の真影であって、八十三歳の建長七年に、法眼朝円というものが画いたものである。親鸞はこの肖像と鏡にうつった自分とを見くらべて、「よく似たり」といったというのだから、すべて写実と考えてよい。『存覚上人袖日記』には、

此御影御テヅカラ被レ御二覧御鏡一、ヨク似タリト被レ仰、御シラガノ数マデモ不レ違奉レ写云々

と書かれ、「御敷皮」の上に座り、「御鹿杖《おんかせづえ》」と「御草履」を前に置いているのを説明している。

一、御座ハ大文(紋)、御敷皮ヲ被レ用、狸皮、

一、御草履ハ猫ノ皮、一、御鹿杖ハ桑ノ木ノマタブリ也。上ヨリマタブリノ所マデ猫

安城の御影

、皮ヲ被レ巻

鹿杖《かせづえ》というのも狩人の持物で二股の木を杖にするので、マタブリともいわれるが、『梁塵秘抄』では鹿角《わさづの》となっている。すなわち、もとは鹿の角を頭につけた杖であって、空也もこれを持ち、鹿の皮を腰にまとっていたので有名である。これをワサヅノあるいはワサヅエというのは、狩人がこの角に輪注連《わしめ》、すなわちワサをかけて山の神をまつったことから、山人（狩人）の持物となり、空也聖や空也僧の持物となり、これがやがて山伏の金剛杖や錫杖になっていった。

このように親鸞の身につけていたものは、獣の角や皮であって、殺生の獲物だから僧侶の持つべきものではなかった。しかし親鸞も「ひじり」の自覚があったればこそ、これを身につけ、堂々と自分の肖像に画かせたのである。従来の親鸞伝や親鸞論は、日本の庶民宗教者の伝統である「ひじり」としてとりあげないために、肉食妻帯や「愚禿」や猫の皮・狸の皮を特別あつかいして、特別にありがたがったり、特別に貶《けな》したりすることになる。しかし歴史事実としては、念仏聖も山伏もともに「ひじり」なのであるから、動物の皮をもちいても不思議はない。

念仏聖の開祖のようにいわれる空也も、若いときは山伏（優婆塞《うばそく》＝優八塞《うばそく》）であった。空也のもっとも信頼すべき伝記である『空也誄《るい》』に、

少壮の日、優八塞を以て、五畿七道を歴《へ》て名山霊窟に遊ぶ。

とあるのがそれで、山伏のおこなう断食や腕上《わんじょう》焼香などの苦行をしながら、日本国中を修行した。空也はまたたえず南無阿弥陀仏の六字名号をとなえたので、阿弥陀聖《あみだのひじり》ともよばれたが、これはまた空也僧ともよばれて、鹿の皮の腰衣をつけ鹿角《わさづの》の杖をもって諸国をあるいた。そのありさまは鎌倉時代中期の康勝作、空也像（京都六波羅蜜寺蔵）に見られる通りで、これは平安時代末の高山寺本『鳥獣戯画』や鎌倉時代末の『法然上人行状画図』や

空也上人立像（京都　月輪寺蔵）

『融通念仏縁起絵巻』（清涼寺本）などにも描かれている。これらでは空也僧が鹿角杖《わさづえ》に数珠をかけているのは、山人が輪注連（ワサ）をかけたのが変化したものであろう。また絵巻のなかには鹿の皮の袖無羽織を着たものも見出される。『今昔物語』（巻二十九）には阿弥陀聖が、

鹿ノ角ヲ付タル杖ヲ、尻ニハ金ヲ朳《えぶり》ニシタルヲ突テ、金鼓《きんこ》ヲ扣《たたい》テ、万ノ所ニ阿弥陀仏ヲ勧テ

と鹿角杖をもったことを記しているのに、鹿皮のことはのべられていない。しかし空也より三十年ほどおくれて寛弘年間（一〇〇四―一〇一二）に京都に革堂《こうどう》行願寺を建てた革聖《かわひじり》行円も鹿皮を身にまとっていたのであるから、阿弥陀聖も当然鹿皮をつけていたであろうと推定される。すなわち平安時代の「ひじり」が動物の皮を着るのは、あまりめずらしいことではなかったらしい。

空也が鹿角杖《わさづえ》をもち、鹿皮を腰にまいたいわれについては、海北友雪（一五九〇―一六七七）のえがいた『空也上人絵詞伝』にのべられたような伝説があった。空也が鞍馬山に一人籠って修行していたとき、鹿・猿・狐・狼などが庵をたずねて来たが、そのうち平定《さだ》盛《もり》という武士が狩に来て、鹿や猿を殺して皮と角をとった。空也はこれをかなしんで、皮と角をもらいうけて身につけたというのである。一方平定盛も発心入道して「ひじり」になり、定盛《じようせい》法師といった。これが有髪妻帯の空也僧の祖である。絵詞伝に、

上人（空也）宣ふやう、妻子をすつれば慈悲の殺生なり。妻子有ながら有髪にして衣を着し、教へにまかせ、身を捨、念仏修行せよと宣て、御衣をたび、十念を授けられしかば（下略）

とあるのは、狩人（山人）が「ひじり」の祖であったことの寓話伝承である。しかもかれらは山人であった昔をわすれることなく、鹿角杖をもち、皮衣を着たり、皮の腰衣をつけたりした。一方の山人の後裔である山伏も、鹿角杖に代る金剛杖や錫杖をもち、曳敷の毛皮をつけてあるくことになった。このようにかんがえると、曳敷をつけることはきわめて大きな意味があることがわかる。

## 三――山伏と山人

すでに説いて来たところであきらかなように、山伏の信仰や実践にも、生活や服装にも、日本の原始宗教者の残影がある。これを印度や中国の仏教と、陰陽道からだけ説明しようとする、過去の修験道史や仏教史には無理があった。いわば山伏は日本民族固有の生活と精神を、ながく保持した宗教者なのである。

私は山伏の食物や服装のなかには、農耕以前の狩猟時代の生活がのこっているとかんがえている。山伏の信仰対象とするそれぞれの山の山神は、まずかれら狩猟民の獲物をゆたかにし、その食物を保護する神であった。この山神を大名持《おおなもち》神（大汝《おおなんじ》神）とか、素戔嗚神とか、木花咲耶姫《このはなさくや》や菊理媛《きくりひめ》、伊弉冊《いざなみ》神などと、記紀神話に出る神にあてたのは、後世神道の作為である。それぞれの山には、その山にこもり鎮まり、その山を支配する別々の山神があって、山人はその神をまつったのである。

しかし山神は気の荒い、祟《たたり》やすいワイルドな神である。そのために嵐がつづいて、狩の獲物にさっぱり会わなかったり、旱天《かんてん》がつづいて、山の果物が実らなかったりすれば、飢え死しなければならなかった。農耕以前の狩猟民の食物は、動物や魚介だけでなく、野生の木の実であった。そのような採集経済というのは、その年の気候に左右される不安定なものである。いまも山の木の果実が不作な年は、熊や猪や猿が人里へ下りて来て、作物を荒すことがあるが、人里の栽培作物や家畜のない時代には、その運命はあきらかであろう。

このような危機にできることは、山神の怒りをしずめるために、もっとも貴いもの、すなわち人間の生命を犠《いけにえ》にすることであった。この狩猟時代の信仰が山伏の捨身《しゃしん》というきびしい実践になってのこったものと、私はかんがえている。山伏は山神の怒りの原因である人々の犯せる罪を贖《つぐな》うために、自らの生命を絶った。その話はたくさんのこっているが、その根源はかれらが山人だったときの信仰を、のちの世にも実践したのであり、その山人のシンボルが曳敷だったのである。

また山伏はよく木食《もくじき》ということをする。栽培食物である五穀や十穀をたべない修行である。その代り山野に自然に採集される果実を主食とし、山草、野草をたべる。よく松の葉を食べたといわれ、これは中国の神仙術や道教の辟穀《へきこく》だというが、松の葉と松の実だけで実際に生命をつなぐことは困難であろう。それで栗や胡桃《くるみ》や椎《しい》、榧《かや》などの堅果《ナッツ》をたべることになるが、これらは縄文時代の狩猟民の主食だったことがわかっている。したがって山伏の木食は山人の昔を修行形態のなかに再現することであった。

もう一つ山伏はよく窟ごもりをする。大峯山の冬峯入に笙の窟にこもることは、山伏の第一の名誉とされたが、大峯山には窟が多い。そしてそこは多く役行者がこもったという伝説になっている。また彦山は全山に四十八窟というほどの窟があって、それぞれが石窟寺院の形態をなしていた。これは大陸の石窟寺院の影響をうけたという点もあるが、やはり原始古代山人の住居が、洞窟や岩蔭であったことと関係があるとかんがえられる。縄文時代にも、平地では竪穴《たてあな》住居であったとしても、山中では洞穴がもちいられたにちがいない。やがて縄文から弥生時代となっても、狩人や宗教者は前代の洞穴をもちいたことが、修験道の洞窟神聖視につながったのである。そしてこの窟籠には、地面からの湿気をいかにふせぐかが問題で、そのためにも曳敷の毛皮は必要だったであろう。また苔の衣としては、木の皮や木の葉の前は、毛皮だったとおもわれる。

洞窟はまた人を葬る場所としてもちいられ、横穴群集墳などをのこすことになるが、これはやがて黄泉にかよう通路の信仰が生まれたり、「胎内くぐり」のような「生まれ代り」の儀礼の場ともなった。平安中期の道賢上人（日蔵《にちぞう》）が、大峯の笙の窟から金峯山の浄土と地獄をめぐり、やがて蘇生した話が生まれたのも、このような洞窟信仰がもとである。しかしその原始形態は山人の住居であったのであって、山伏の生活には山人の生活の痕跡がいろいろのこっている、その一つの尾骶骨のような退化現象が曳敷であったのである。

# 第五章　山伏の持物

# 山伏の笈

## 一——辨慶の笈

『奥の細道』で、芭蕉が飯坂《いいざか》温泉の鯖野《さばの》の薬師、瑠璃光山医王寺《るりこういおうじ》をたずねたのは五月朔日であった。

月の輪のわたしを越て、瀬の上と云宿《しゆく》に出づ。佐藤庄司が旧跡は左の山際一里半斗《ばかり》に有《あり》。飯塚《いひづか》の里鯖野と聞いて、尋〳〵《たづね》行《ゆく》に、丸山と云《いふ》に尋《たづね》あたる。是庄司が旧館也。（中略）寺に入て茶を乞《こ》へば、爰に義経の太刀辨慶が笈《おひ》をとゞめて什物とす。

笈も太刀も五月《さつき》にかざれ帋幟《かみのぼり》　芭蕉

五月朔日の事也。

私もこの寺を七月はじめにおとずれたことがあるが、旧暦五月朔日とあまりへだたらぬ季節なので、この寺の境内の緑は顔を染めるばかりだった。ほととぎすのけたたましい鳴声が寺をつつみこんだ森にこだまし、まわりの畑の彼方からもひびいて来た。それは境内に立つ佐藤庄司夫妻の墓や、いたましい物語の嗣信・忠信兄弟の墓にふさわしい伴奏であった。芭蕉もおそらくこのような季節に、この寺をおとずれたかとおもうと感無量であった。そのとき寺では武者絵などを描いた紙の幟を立てていたのであろうが、義経の太刀と弁慶の笈は、本堂の隅にでもおかれていたのであろう。

二十年前なので、いまは変ったかとおもうが、私がたずねたときは寺のたたずまいも古びて、陸奥《みちのく》らしい藁屋根が煤《すす》けていた。拝観を乞うて踏む畳や廊下もギシギシ音がするので、おそるおそるあるいた。このような雰囲気のなかで、われわれの心は緊張し、過去にむかって凝集する。お寺で生活する方々にはお気の毒だが、いつまでもこのままでおいてほしいと、私は念願した。そして案内された庫裡《くり》の奥の、三間ほどのひんやりした陳列棚に、埃をかむった義経の太刀と弁慶の笈が雑然とおいてあった。

われわれの歴史観ではなく歴史感は、物語と歴史的環境によって構成される。歴史事実の追求よりも、物語の文学性と史跡に支配されるのである。したがって義経の太刀、弁慶の笈は、佐藤庄司の墓と嗣信・忠信の墓、医王寺のたたずまいとほととぎすの声の中で、真実性を獲得する。そのような所ではじめて源平合戦のなかに位置づけられるのであって、あそこから出して博物館の陳列棚におけば、しらじらしい一振の太刀、一箇の笈にすぎないものとなる。

しかし弁慶の笈も、一度は修験道史のなかで、分析と評価をうけることは必要であろう。しかしそれは博物館での笈であって、医王寺の笈はいつまでも弁慶の笈でありたいものである。私は二十年前に引率していった国史学科の学生の前でこのような説明をしたが、いまもこの考え方はかわっていない。宗教とか歴史というものは文学や芸術と同じように、「科学」になじまないものである。

ところで医王寺にあるあの笈は箱笈《はこおい》というもので、源平時代にはまずなかったといってよいであろう。現存の遺品もみな室町期以降のものであり、医王寺の笈も室町期である。山伏の笈として箱笈は儀礼用のものが多かった。だから現存の重要美術品などといわれる遺品は重量もかなりあり、装飾的で、山中を跋渉《ばっしょう》したにしてはいたんでいない。この点で美術史という学問の限界は、いつも大衆の実用品で使いすての文化財にはまったく無関心で、飾り物や贅沢品などのブルジョア的作品しか取りあつかわないという点にある。現在山伏の笈で重要文化財になっているのは、元亀三年（一五七二）の刻銘のある、福岡県英《ひ》彦《こ》山《さん》神社の板笈《いたおい》だけである。

山伏の実用の笈は竹笈と板笈が大部分であった。これは山野を跋渉するためには、生活必要品を収納することができることと、軽量であることが要求されたからである。第一「笈」という文字は竹冠であることから見て、中国でも竹製だったのであろう。われわれは中世の絵巻物のなかで、多くの竹笈を見ることができる。たとえば鎌倉時代末期の制作とされる『法然上人行状画図』（「勅修御伝」または「四十八巻伝」）では、第六巻の第六段に法然の説法を聞きに来た紐袈裟の山伏が、一人の弟子と竹笈を背負った従者をつれている。これは長い足のついた角型の竹籠の形をしている。元来笈というものは、背負い籠だ

竹笈
(『法然上人行状画図』巻 27-5)

金銅装山伏板笈
(福岡　英彦山神社蔵)

竹笈を背負った小僧(『善信聖人絵』下巻-4)

ったのである。

おなじ第二十七巻第五段の熊谷蓮生房の往生の図には、うわさをきいてかけつける善男善女のなかに、竹笈を背負った黒衣の遊行者がまじっている。これは三本脚の竹笈なので、高野聖かもしれない。細長い四角の籠に三本の脚がある。第三十四巻第一段には土佐に遠流《おんる》される法然の輿によりそって、三本脚の竹笈を負う僧がお伴する。これは第二段の淀川を下る川船でも、室津からの渡船でもついているので、弟子の一人かもしれない。第三十五巻第二段では讃岐子松《こまつ》庄の生福寺で説法する法然のところに、竹笈に大きな檜笠をつけた遊行者がまじっている。

第三十六巻第一段の法然赦免の帰京にお伴する僧の竹笈は面白く、かなり大きな三本脚の笈であるが、おそらく油単《ゆたん》とおもわれる防水用の皮でつつみ、十文字に紐でくくっている。これが雨天のときの笈の包み方とおもわれる。おなじ鎌倉時代末期の『善信聖人絵』(「親鸞聖人伝絵」下巻第四段)でも、越後から関東に旅する親鸞と箱根山中での親鸞にお伴をする小僧は竹笈を背負っている。

## 二—竹笈と板笈

竹笈が旅行にもっとも実用的であることは、リュックサックと比較すればよくわかる。日本人は農耕にも行商にも背負籠《しょいかご》をつかった時代が長かったが、これはそれだけの便利さがあったからである。しかし絵巻に山伏や遊行者のほかに、竹笈を負うたものがないことから見て、これは山伏や遊行者のシンボルだったものとおもわれる。

その遊行者のなかで、とくに竹笈を負うので有名だったのは、高野聖である。大永から天文のころ（一五二一―一五五四）の俳諧集『新撰犬筑波集《いぬつくばしゅう》』（山崎宗鑑）に、

　高野にはしちく（紫竹）を笈の足にして

という付句があるのは、高野聖が竹笈をもちいていて、それに贅沢な紫竹の脚をつかったことをものがたっている。実際にこのころから江戸時代初期にかけて『洛中洛外図』の各所に画かれた高野聖は、みな竹笈に黒の覆布をかぶせ、笈の上に笠をのせて背負っていた。そして三本脚のうち、後につき出た一本の脚が、いかにも水底をはいまわるタガメという虫の形に似ているので、タガメの異名がコウヤヒジリとなったほどである。しかも『洛中洛外図』で見ると、丸い籠型の竹笈もあった。

高野聖の笈（『洛中洛外図』町田家本）

近世の記録では菅江《すがえ》真《ま》澄《すみ》の旅行記『蝦《え》夷《ぞ》迺《の》天《て》布《ぶ》利《り》』に竹笈のことがみえる。この不思議

な放浪者は当時日本人が入れなかった蝦夷地の有珠《うす》善光寺（伊達市）を、寛政三年（一七九一）六月十日におとずれたが、ここに円空仏二体とともに、竹笈におさめられた善光寺仏についてしるしている。

二間斗《ばかり》の堂のあるに、戸おし明《あけ》て入《いれ》ば、円空の作れる仏二軀《く》あり。一軀は石臼《いしうす》にすゑたり。（中略）名の似たれば、みすず刈る科野《しなの》の国、芋井《いもゐ》の郷の御仏《みほとけ》をうつしまつりて善光寺となずらふ。竹笈のうちに、こがね《（黄金）》の光る仏を入たるは、国巡りの修行者のここに身まかりしかば、そのままをさめ《（納）》ぬと。

とあり、このときから百二十五年前の寛文六年（一六六六）に、円空が有珠に足跡をのこした貴重な記録であるとともに、一無名の善光寺聖が、竹笈に金銅の善光寺仏を入れて、ここまで来て死んだことをしるしとめた記録である。

このように笈というものは、山伏や遊行者が自分の信仰する本尊を入れてあるくものであった。これが山伏の笈の第一の効用である。この本尊を負うているおかげで、山賊にもおかされず安全に旅ができた。またその笈を道端や辻にすえて、信心をすすめたり、縁起や説経をかたってお賽銭をあつめることができた。これが勧進であって、そのためには笈におさめた本尊が必要だったのである。したがって山伏にとっては、笈は命から二番目に大切なものであった。

その上に笈は旅行に必須の衣類や、防寒具や雨具や、薬を入れなければならない。またお経や旅日記や、納経帳も入れていたであろう。だから笈そのものは軽量でなければならなかった。そのために竹笈と板笈が実用的となったのであるが、使いすてのために現物はほとんどのこらなかった。ただ板笈はさきにのべたように、中世のものが英彦山《ひこさん》神社にのこった。これは太い葛蔓《ふじづる》のようなものを□の形にまげて縁《ふち》とし、半分から上にうすい板を張り、下半分を二本の脚にしている。いまの登山につかうジュラルミンの背負い梯子《はしご》の発想である。板を張らないときは、実際に横木二、三本をわたした梯子状のものだったらしく、これを修験道の中世の文献では「縁笈《ふちおひ》」とよんでいる。板笈になったのはそののちのことで、英彦山神社の板笈などは、やや儀礼化したものではないかとおもう。

儀礼化した板笈を私は近江の善水寺《ぜんすいじ》（甲賀郡甲西町岩根）で見たことがあるが、これに肩箱や本尊の巻物や、宝刀や斧をしばって、山伏の「笈渡し」という儀礼にもちいるということであった。このあたりは飯道寺《はんどうじ》修験（当山派三十六山の梅本坊・岩本坊）の修験行事のあるところである。したがって入峯の実践はなくなっても儀礼だけはのこり、入峯の実用笈であった板笈が、錦など張られて、「笈渡し」儀礼用になっていたのである。このことから見ると、英彦山の板笈（重要文化財）も背の当る裏地に、茶地宝相華《ほうそうげ》唐草文《からくさもん》の綾《あや》織をもちい、背負緒も同じ綾のくけ帯であることから見て、「笈渡し」に使ったものかとおもわれる。その上、綾の裏地には金銅製鷹《たか》と獅子の金具をつけているので、長途の旅では背中がいたむであろう。

板笈を山伏が実用として背負っている図は、鎌倉時代中期の『西行物語絵巻』に、数か所ででてくる。これは西行が吉野山へ入山する図や、大峯山中で山伏たちと休んでいるところ、そして出峯して山伏と別れるところなどで、休んでいるところでは脚のながい板笈を木や柱に立てかけているのが、英彦山神社板笈とまったくおなじである。そしてこれらの図でわかるのは、板笈に荷物を結んだら、その上から簑をかけて笠をのせ、雨にぬれないようにそなえていたことである。

山伏の笈としてはじめて絵巻にあらわれるのが、板笈であることは注意すべきことで、箱笈はのちのものと断定してよい。南北朝期の絵巻、『慕帰絵』の第七巻にも板笈がえがかれているが、これはかならずしも山伏ではない。『慕帰絵』は観応二年(一三五一)にできたが、巻七は文明十四年(一四八二)の補作といわれる。しかしその図柄はもとのものに拠ったと信じられているので、この板笈のつかい方は注意してよい。すなわち結んだ荷物の上から長い簑をかぶせ、板笈の脚を地に立てて、人間は立ったまま休んでいる。これは山の斜面で尻を下さずに休むときに、いっそう有効であったろう。なおもう一つ『洛中洛外図』(滝沢家本)にも板笈を背負った山伏が画かれている。ここでは板笈と荷物と全体に油単《ゆたん》らしい布をかけている。

山伏と板笈（『西行物語絵巻』）

板笈と蓑笠（『慕帰絵』巻 7）

## 三―箱笈と笈渡し

以上のように見てくると、一般の常識としての山伏の笈をすべて箱笈とすることは、あやしくなってくる。飯坂温泉医王寺の辨慶の笈も、結局は物語的歴史の所産である。山伏の服装や持物について一般にもたれている常識は、芝居などで構成されることが多い。芝居の作り山伏の義経や辨慶は、みなこの箱笈を背負っている。ただ室町時代のお伽草子系の絵巻物にはしばしば箱笈が見られ、『道成寺縁起絵巻』の山伏も箱笈を背負っている。

しかしよくかんがえてみると、あんなものを背負って長途の旅をしたり、断崖をよじのぼったり、急坂を下ったりすることが無理なことは、すぐわかるはずである。大体あれは背中でゴロゴロするし、後板が背骨にコリコリあたって痛くてしかたがない。それに箱と金具の重量は相当なものである。箱笈は大体横幅が六十センチから六五センチ、高さが六五センチから七五センチ、厚さは三十センチから三五センチで、小さな茶簞笥を背負うようなものである。これに根来塗《ねごろぬり》のような漆をかけ、金銅透彫《すかしぼり》の金属板を一面に張り、蝶《ちょう》番《つがい》や鋲《びょう》金具を打つ。美術工芸品を目的としたものがすくなくない。

ところが江戸時代末期に、行智によって書かれた修験道入門書である『木葉衣《このはごろも》』(下巻)には、山伏の笈をとりあげながら、この箱笈だけを説明し、ただ「古は竹にて編みて造りたる者なり」と一行入れている。これは江戸時代の修験道が実際の入峯実践をわすれ、形だけの儀礼になってしまった証拠である。しかし行智はこの笈に入れる法具を、大永五年（一五二五）の『峯中法則《ぶちゆうほつそく》』を引いてのせている。

小不動尊、金剛袋、白色舎利《しやり》、前具一面、乳木《にゆうもく》二枚、如意《によい》一本、香爐《かうろ》一枚

そのほかに笈の上にのせる肩箱《かたばこ》（平箱）があって、この中には先達ならば、

峰書、折紙、正灌頂《しやうくわんちやう》乳木、閼伽《あか》札《ふだ》、現参《げんさん》帳、磨紫金《ましこ》、折頭《をりと》巾《きん》、硯、八乳鞋《やつめわらぢ》、座具、配帳、番帳、役者帳、番伝

を入れるのだという。これらもまた峰中修行といっても、一堂にこもって儀礼的に十界修行を行なうための法具であって、実際に十五日も、七十五日もの入峯に必要なものではない。

それでは箱笈は何のためにできたものであろうか。私はこれは携帯用の厨子《ずし》だったとかんがえている。箱笈が上段と下段に分れているのは、上段に本尊をかざり、下段に荘厳用の法具をおさめた証拠である。そのために上段の扉は観音開きになっており、扉の裏に二天や脇侍が画かれている。本尊はいまは小不動尊が一般的であるが、金剛界五仏を安置したものもあるので、それぞれの修行者の好む本尊が安置されたのであろう。

このような箱笈は平素は高級山伏の床の間などにかざって、毎日本尊を供養したらしいが、入峯のときは一定の場所で「笈渡し」の儀礼につかった。いま羽黒山では七日間の秋峯入に、正大《しようだい》先達は黄金《こがね》堂から笈渡しの松まで五十メートルほど背負って行列すると、こ

こで承仕《じょうじ》という強力《ごうりき》にわたしてしまう。これを笈渡しとおもっているが、実際は正大先達が老体で入峯できないとき、当峯《とうぶ》大先達という実際入峯する先達に本尊をわたし、同時に入峯中の指揮権をわたすのである。当峯大先達は山先達でもあるわけで、大峯山などでは、大峯山上ヶ嶽の蔵王堂前で、奥駈《おくがけ》入峯のとき、山先達への笈渡しがおこなわれていた。このような儀礼に箱笈は必要だったのである。

# 山伏の錫杖

## 一――印度の有声杖

修験道のお寺へ行くと、よく役行者の鉄の下駄と鉄の錫杖《しゃくじょう》というものがおいてある。清水寺などもそうで、こんな重いものを持ってあるいた人は、よほど力持ちだったろうと素朴な人はまずおどろいてしまうのである。

もちろんこのようなものは山伏のシンボルとして、お寺がつくって立てたり、寄進者があげたものである。これも山岳寺院や巌窟《がんくつ》寺院にはふさわしいし、修験道が力の宗教であることを印象づける。もっともこの力は精神的な力、信仰の力であり、わが罪、わが煩悩をほろぼす力であるが、これを腕力、体力と誤解して、錫杖や金剛杖をふりまわすようになったとき、修験道はおとろえたのである。

ある修験の山に棒術の先生をしている山伏がおって、よく弱い新客の修行者をいじめるのを見たことがある。棒術の棒も錫杖や金剛杖から出たものであるが、これが慈悲の杖であることをわすれると、修験道はただこわがられるだけのものになる。近世になってからの修験道は恐れられ、忌み嫌われ、敬遠されておとろえた。しかし『古今著聞集』（巻二）に見える西行の大峯修行では、先達はこの著名な歌人を遠慮なしに金剛杖で打った。西行がこれに抗議すると、これはあなたの堕ちるかもしれない地獄道、餓鬼道、畜生道の苦を、いま果されているのだといった。西行は翻然とさとって先達に合掌し、随喜の涙を流したという。この書には、

まことに愚痴にして、此《（於）》（先達の）心をしらざりけりとて、とが《（罪）》をくひ《（悔）》てしりぞきぬ。其後は（西行は）こと《（事）》にをきてすくよかに、かひ〴〵しくぞふるまひける。もとより身はしたたか《（健）》なれば、人よりもこと《（殊）》にぞつかへける。

とある。私は先達も立派だが西行も立派だとおもう。よく戦時中、鬼軍曹のような下士官にしごかれたのを、だから軍隊は非人間的だとか、一銭五厘の葉書《はがき》で人権を無視したなどと、三文小説に書いたり、三文評論に書いたりする生《なま》インテリがある。これはほんとうの人権が何であるか、人類と民族の歴史がいかに厳粛であるかを知らぬ、「まことの愚痴」を告白するものである。私も軍曹にしごかれた経験をもつので、西行の言葉に心から打た

れるのである。

そこでこの錫杖は、修験道ではどのような意味をもつかをかんがえて見よう。あの地蔵菩薩の仏像や画像や石像のもつ錫杖は、一応印度以来の錫杖《カッカラ》（Khakkara）とかんがえてよいものであるが、修験道では別の起源をもつと私はかんがえている。仏教くさいものは何《なん》でも彼《か》でも印度起源だとおもい、経典にこじつけて説明して来たものを、実は日本で民衆の中からはじめられたのだと訂正するのが、私の仏教民俗学であり、また宗教民俗学である。この立場に立つことによって、怪物のような修験道というものが、かなりあきらかになって来たのである。

印度でも錫杖は有声杖《うしょうじょう》といって、音を出す杖であった。環《かん》をつらねた鈴《すず》のような金属楽器を杖の頭につけたものとおもえばよい。したがってこれは、錫杖頭《しゃくじょうとう》ともいわれる金属部分と、木杖と石突《いしづき》から成っている。印度で有声杖を必要としたのは、熱帯や亜熱帯の風土のために、毒蛇毒虫が多いからで、比丘形の地蔵菩薩のように片肌脱ぎ（偏袒右肩《へんだんうけん》）であることは、同時に毒蛇毒虫に警告をあたえる有声杖を必要とすることであった。いわばガラガラ蛇の尾のようなものである。それで『四分律《しぶんりつ》』（第五十二）には、

> 諸比丘、道を行くに蛇、蠍《さそり》、蜈蚣《むかで》、百足《むかで》を見る。未離欲《みりよく》の比丘、見て皆怖れて仏に白《まう》す。仏曰く、錫杖を捉《と》りて揺《ゆ》ることを聴《ゆる》す。

とあるが、比丘の十八物の中に、錫杖をくわえた理由だとされている。もちろん印度では

釈尊以前から、隠者たちがもちいたものを、仏教で採用したにちがいない。そうするとこれはまた精神的な意味をもって来て、煩悩をほろぼし、覚りを開く道具だと説かれるようになる。しかし印度では比丘が遊行したり、分衛《ぶんえい》（乞食＝托鉢）したりするときのシンボルにしたので、遊行を飛錫《ひしゃく》とか巡錫などといい、一所に留ることを留錫《るしゃく》とか掛錫《けしゃく》というようになった。

## 二―『九条錫杖』と錫杖頭

修験道のほかに、真言宗や天台宗、華厳宗、法相宗などで勤行《ごんぎょう》にとなえるものに『九条錫杖』がある。九節になった短い願文であるが、いそがしいときは第一節と第二節と第九節をとなえて、中抜きするのが『三条錫杖』である。これをとなえるときは経頭《きょうとう》という役が、錫杖頭をもってジャラジャラ振るのにあわせて、一同がとなえる。しかしもとは錫杖衆という役が別にあって、錫杖をにぎやかに振ったものらしい。

これは旧仏教といわれる諸宗の大きな法会を四箇法要《しかのほうよう》といって、唄《ばい》、散華《さんげ》、梵音《ぼんのん》、錫杖によって諸仏を讃嘆し、諸仏の来臨を請うた。

そのために華麗な声明（仏教声楽）ができている。唄《ばい》は如来唄や云何唄《うんがばい》、出家唄があり、散華にも大日、釈迦、阿弥陀などの香華供養がある。梵音《ぼんのん》というのも梵語のことでなく、仏教音楽ということで、漢訳八十華厳の文をとなえて、諸仏諸菩薩を供養する。そして錫杖の声明で、錫杖の功徳を讃嘆するという順序である。これを唄師《ばいし》、散華頭《さんげとう》、散華衆、梵音頭、梵音衆、錫杖頭、錫杖衆がつとめ、きわめて華麗な法式ではあるけれども、いたって形式的である。

これに対して修験道の『九条錫杖』や『三条錫杖』はまったく荒々しいもので、いかにも毒蛇毒虫はおろか、悪魔、魑魅魍魎《ちみもうりよう》も退散するであろうとおもわれる。これを見るところの『九条錫杖』というものは、本来修験道の山岳修行者がとなえたものが、各宗の法要に入ったもののようである。これは『九条錫杖』の第六条に、

当《まさ》に衆生のために願ふべし。十方一切の邪魔外道《じやまげだう》、魍魎鬼神、毒獣毒龍、毒虫の類、錫杖の声を聞かば毒害を摧伏《さいぶく》し、菩提心を発し、具《つぶさ》に万行を修して速に菩提を証せんことを。

とあるのとおもいあわせられる。しかものちにとくように、わが国の山岳修行者は奈良時代から錫杖をもちいていた証拠がある。

また『九条錫杖』の第七条では、地獄、餓鬼、畜生など八難をうくべき衆生は、この錫杖の音をきけば惑痴《わくち》二障や、百八煩悩からすみやかに解脱《げだつ》し、菩提《ぼだい》を証することができるという。こうした現世と来世の救済だけでなく、錫杖の音は仏道修行の六波羅蜜《ろくはらみつ》（布施、持戒、忍辱、精進、禅定、智慧）を実践させ、かつ勇気づける。その第五条では、

当《まさ》に衆生のために願ふべし。十方一切の無量の衆生、錫杖の声を聞かば、懈怠者《けたいしや》は精

進し、破戒者は持戒し、不信者を信ぜしめ、慳貪者《けんどんしゃ》は布施し瞋恚者《しんにしゃ》は慈悲し、愚癡者《ぐちしゃ》は智慧し、嬌慢者《けうまんしゃ》は恭敬《くぎやう》し、放逸者《はういつしゃ》は摂心《せふしん》し、具《つぶさ》に万行《まんぎやう》を修し、速に菩提を証せんことを。

とある。これらは毒蛇毒虫や猛獣の害をまぬがれようとするはじめの錫杖の用途を、仏教の教理によって精神的に高めようとしたものと理解される。

しかし修験道はつねにもっとも実用的、実践的に仏教教理や仏具や仏像を受容する。したがって錫杖は悪魔をはらう咒力のある鈴であるとともに、山中修行者の勇気を鼓舞する楽器として、これを修行や修法のなかにとりいれたもの、と私はかんがえている。錫杖の錫は金属の錫《すず》(tin)をさすものでなく、金属一般のことで、金属の杖ということであろう。しかも日本にはすでに鈴という神楽にもちいる楽器があり、また鐸《たく》と称する舌片《ぜつぺん》を下げた鈴もあった。

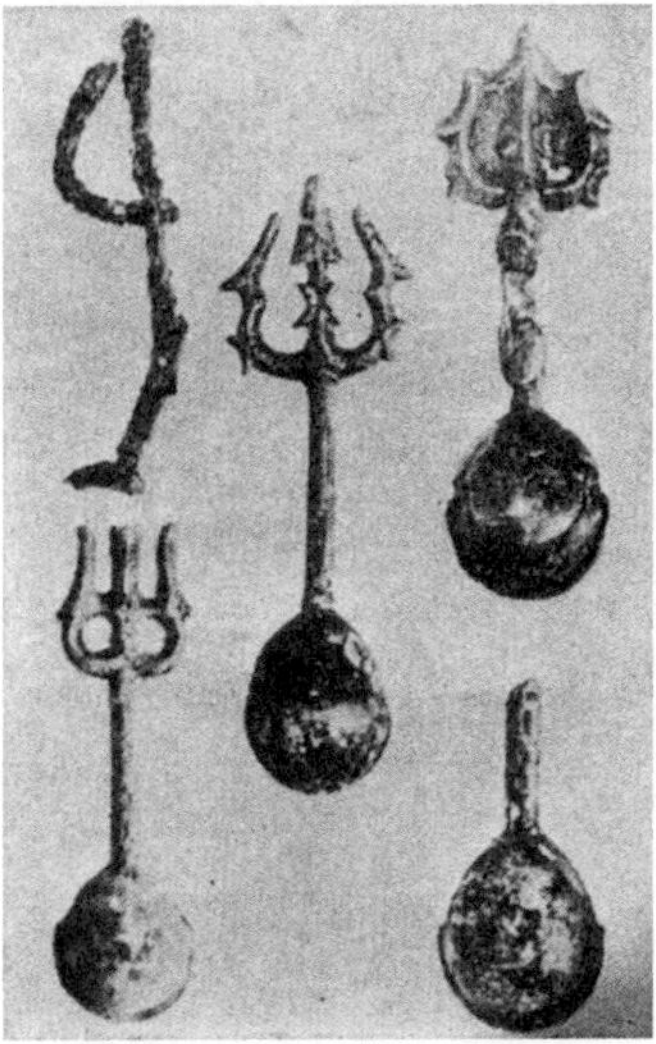

柄付鈴(日光男体山頂修験道遺跡発掘品)

柄付鈴《えつきれい》は東大寺二月堂修二会

（お水取り）で現に使っており、短い柄をつけて、咒師《しゆし》が悪霊除けの結界《けっかい》に振る。この種の柄付鈴だったとおもわれる遺物が、奈良時代の錫杖頭とともに、日光男体山頂修験道遺跡から出土している。『日光男体山頂遺跡発掘調査報告書』（角川書店、昭和三十八年刊）には「鐃《にょう》」としているものである。ほかに小形の鉄製鈴とあるもののなかに、鈴の上部に把手のような突起のあるものも、突起を木柄の枘穴《ほぞあな》にはめこんだ柄付鈴だったろうとおもう。したがって奈良時代には鈕環《ちゅうかん》に紐《ひも》を通して下げた鈴と、木製の柄を付けて振ったもの、との二種類があったのを知ることができる。

伝来の錫杖頭は、日本では短い柄をつけてジャラジャラ振りながら、柄付鈴とおなじ機能でもちいたものと私はかんがえている。その目的は二つあって、一つは先にものべた錫杖の呪力で、目に見えぬ邪魔悪霊を攘却《じょうきゃく》することであり、一つは山伏たちが真言や経文をとなえるのに、経頭や先達がこれを振って拍子をとることであった。この二つの目的は、実際には山伏たちが採燈護摩《さいとうごま》が焚かれるあいだ、般若心経や不動真言（慈救咒《じくのしゆ》、ノーマクサンマンダ・バーザラダ・センダマカロシャダ・ソワタヤ・ウンタラター・カンマン）を、声をはりあげてとなえるとき、一つのものになる。この光景は現にいまでも山伏行事にはかならずおこなわれるので、いつでも見ることができる。したがって一般の山伏は手錫杖といって、この錫杖頭を携帯するのである。

私は山伏が錫杖を持つことは、印度の『四分律《しぶんりつ》』や『十誦律《じゅうじゅうりつ》』（第五十六）あるいは

『有部毘奈耶雑事記《うぶびなやぞうじき》』(第三十四)、『優婆塞《うばそく》五戒威儀経』などにもとづいて持つのでないことを強調しておきたい。むしろそれは柄付鈴のように、呪力ある楽器として錫杖頭を打ちならすのである。私がもっとも印象的だったのは、岡山県の美作《みまさか》久米郡地方にのこった「護法飛《ごほうと》び」という修験行事で、護法(天狗)を護法実《ごほうざね》に憑けるために、鳴らす手錫杖の音であった。両山寺(中央町大垪和東《おおはがひがし》)、清水寺(久米南町上籾《かみもみ》)、仏教寺(同町草木)のほか、中央町和田北の八幡社でも八月十五日のお盆前後にこの行事がある。一か月ないし七日間の潔斎をした護法実は、その当日の深夜に、護法社の神体である金《きん》幣と一束の篠をもって、本堂板敷の真中に筵に座っている。そのまわりを二、三十人の山伏が輪になってとりかこみ、般若心経と不動真言をとなえながら、一斉に手錫杖をうち振る。まことにおどろおどろしい雰囲気である。その上法螺《ほら》貝が吹かれ、太鼓が打鳴らされ、子供の一群がその外を輪になって走る足踏みの音もすさまじい。この祈りが最高潮に達したとき、護法実に護法が憑いて、急に立ち上って飛鳥のように走りまわり、飛びまわる。やがて疲れて護法石に腰を下したとき、人々は託宣《たくせん》をきく。しかしそのあいだも護法が離れないようにといって山伏の一団は、そのまわりをとりかこんで手錫杖を打ち振るのである。これは修験道の託宣儀礼として、きわめて重要なものとおもうが、ちかごろは託宣をわすれてしまったようである。

くずれ山伏の祭文語りと手錫杖
（『人倫訓蒙図彙』）

### 三―日光男体山頂の錫杖頭

すでにのべたように、山伏の錫杖は実際にはあまりつかわれないで、儀礼用に先達が持つ程度である。一つには登山などにはかなり重量があるので、金剛杖の方が便利なことによるであろう。そして錫杖頭の方がよくもちいられたのは、印度の錫杖とその性質を異にするためである。しかし錫杖頭も江戸時代に、山伏が「くずれ山伏」という祭文語《さいもんがた》りになったとき、やはり楽器としてもちいられた。元禄三年版の『人倫訓蒙図彙《じんりんきんもうずい》』には帯刀の黒小袖に輪袈裟をかけて、蓬髪《ほうはつ》で空脛《からすね》に草履ばきの祭文語り山伏が、手錫杖をもった図がのっている。しかしこうした祭文語りは実際には小さな法螺貝ももっていたはずで、その法螺も吹けなくなったために口に貝をあてただけで「デロレン・デロレン」と間奏の口拍子をとった。それで「デロレン祭文」とよばれたのである。

「くずれ山伏」の祭文語りは、江戸中期以降は「八百屋お七」や「塩原多助」、「丹波与作」、あるいは「鈴木主水《もんど》」などの「くどき」を語るようになった。そして盆踊の音頭取にやとわれるようになっても、手錫杖と法螺貝をはなさなかった。いまは関西地方の盆踊にうたわれる「くどき」は江州音頭《ごうしゅうおんど》であるが、この音頭取もかならず手錫杖と法螺貝をもつ。これは近江八日《ようか》市《いち》市の桜川家元（川北派）や真鍮家《しんちゅうや》家元などの江州音頭の家元から授けられるものである。もしこれを持たないで盆踊の音頭取をしたり、お座敷音頭といって宴席などで語ったりすると、家元から訴えられるといわれている。この家元は江戸末期の祭文語り桜川雛山《ひなやま》の弟子桜川大龍（西沢寅吉）とその協力者真鍮家好文（奥村久左衛門）からはじまるもので、現在は多くの分派ができている。

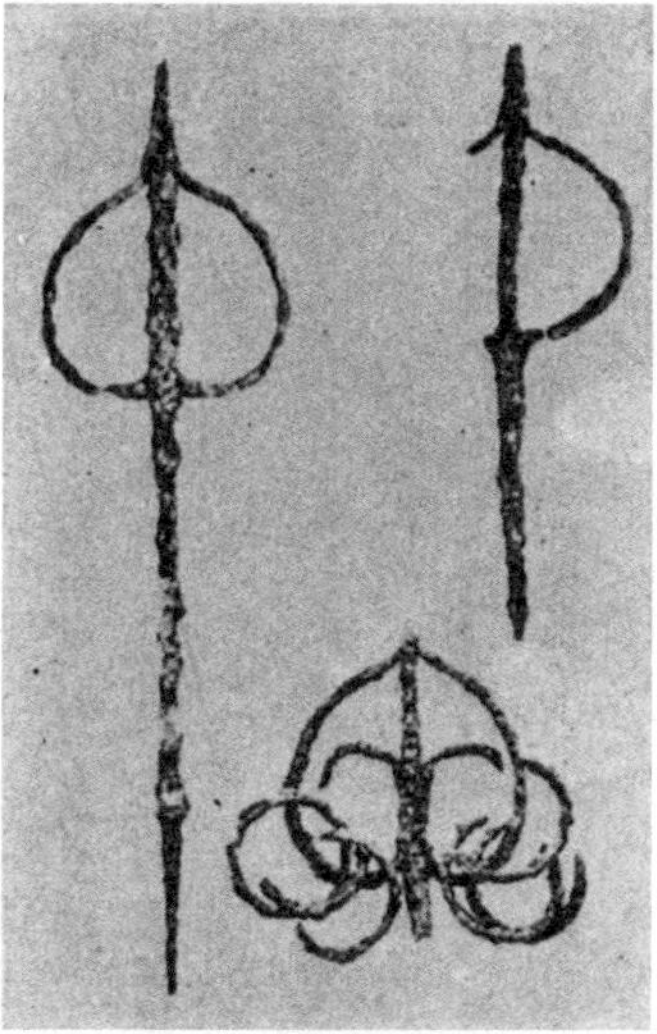

鉄製錫杖頭
（日光男体山頂修験道遺跡発掘品）

　このように錫杖頭が楽器の役をしたのは、有声杖ともいわれたように鳴環《なりかん》がついているからであって、杏葉形《きょうようけい》の大環の二股に三箇ずつ六箇の鳴環が下がっている。これを振れば金属性の音を出すのである。正倉院には七重塔形の装飾のある六環の錫杖頭があり、日光輪王寺にも平安初期の蕨手形の二股に六環を下げる逸品がある。しかしもっとも多くの奈良、平安時代の錫杖頭を出したのは、さきにふれた日光男体山頂の修験道遺跡であった。

立山の剣岳頂上へ地図作製のため、陸軍の陸地測量部員が登ったとき、すでに錫杖頭があった話は有名である。このときの登山家は柴崎芳太郎という人で、明治四十年に登った記録が、最近出た『剣岳・点の記』にあると、山岳作家の新田次郎氏からきいた。しかもこの錫杖頭は奈良時代のものだというから、日光男体山頂から出たものと同型であろう。

私も昭和四十七年九月にこの発掘調査報告を目でたしかめたいとおもい、男体山頂へのぼったことがある。二荒山神社のはからいで、志津《しづ》口の御姥尊《おんばそん》登口まで車で送ってもらったので楽だったが、単独行でのぼる秋山はまことに心細いものであった。遺跡は山頂の爆裂口に面した太郎坊山遥拝社の岩盤の裂目《さけめ》で、万年氷に閉じこめられたまま、数千点の遺物はあまり変化せずに保存されていたのである。これを見ると古代の山岳修行者は、奉納の鏡や銭や壺や武具のほかに、錫杖、鈴、鐸、鉾、刀子などを山神にささげたものとおもわれる。なかに禅定札《ぜんじょうふだ》という一般人が登山のしるしになげこんだものもあったが、これは中世のもので、古代には厳重な潔斎をした専門山伏や、浄行者だけがのぼったのだろうとおもう。

男体山頂は開山勝道上人が、天応二年（七八二）三月に初登頂したことが、空海の詩文集『性霊集《しょうりょう》』（巻二）の碑文であきらかなので、山頂遺物もそれ以降とかんがえてよい。そうすると、ここで発掘された錫杖頭は鉄製品二十点、銅製品十四点の大部分は、奈良時代から平安時代までのものである。ことに鉄製品は古拙な杏葉形頭環をもち、層塔や五輪塔形の装飾がない。その意味で、錫杖の杖頭を塔婆形とする正倉院の錫杖頭や、日光輪王寺蔵の錫杖頭は、その発想を異にするといわれなければならない。すなわち正倉院や輪王寺のように、外来の美術品を模造したものとちがって、山岳修行者の錫杖は実用の杖そのものであった。しかしこれに呪力をあたえるために印度の錫杖にまねて、杖頭に杏葉形の頭環を鋳付けたと推定することができるのである。

## 山伏の金剛杖

### ――マタブリから金剛杖へ

修験道は日本民族に固有の山岳宗教を、原始古代から現代までもちつづけた宗教である。したがって、修験道の諸現象を理解しようとすれば、つねにその原点にさかのぼらなければならない。仏教や密教は途中から入りこんで来たものだから、仏教でも密教でも解釈できないものがたくさんのこっている。

このような宗教をもっている国は、文明国のなかでは日本だけではないだろうか。キリスト教国の山や聖地にも、キリスト教以前の信仰の残存はかすかにみとめられるけれども、それが何であるかを追求する手がかりはほとんどないらしい。昭和五十三年おとずれたアイルランド西海岸ウェストポートに近いクロー・パトリック山（Croagh Patrick）も、聖なる山として巡礼がおこなわれるが、いまは山の信仰よりはパトリック聖人の遺跡として信仰されている。地図では二五一〇とあるので、日光男体山（二四八四メートル）ぐらいの高山かと思ったら、これはフィートであった。しかしきわめて秀麗な山で信仰が厚い。またその前年のぼった南フランスのカニグー山（Canigou）や西ドイツ、ハイデルベルクの聖山《ハイリゲンベルク》（Heiligenberg）なども、聖なる山なるがゆえに修道院ができ、キリスト教の聖地化したのである。しかしながらキリスト教以前の宗教はうかがうことができない。

ところが日本では、原始信仰や民族宗教をのこしたまま、仏教化して修験道という独特の宗教を生んだ。しかも一方では民族宗教は庶民信仰あるいは民俗宗教化して、ひろく庶民のあいだに生きている。それは山の神信仰や水の神信仰となり、稲荷信仰や鬼、天狗信仰となって、大部分の平均的日本人の精神生活をささえているのである。したがって修験道を、単に仏教や密教の儀礼で理解しようとする研究者もいるけれども、それがどだい無理なことはいうまでもない。

このような見地から、私は山伏の持物としての錫杖を説いたが、これはまた金剛杖にもあてはまる。しかも山伏の実用の持物としては、錫杖よりも金剛杖の方が大切なのである。ところが近世末期の修験道解説書である『木葉衣《このはごろも》』（行智書）は、

吉野桜本院に聖宝《しやうぼう》尊師の錫杖あり、これもまた古代物、祖師の遺物なるを以て、その状を写し出す。内山《うちやま》永久寺、奈良帯解《おびとけ》地蔵院にも同様の錫杖あり。何れも当時の旧物の遺り伝はれるものなり。

とだけのべて、金剛杖には一行もふれない。これは修験道を仏教や密教でかざるために背伸びしているからで、庶民信仰や民俗宗教は下等で野蛮だ、という価値観に立っている。この価値観は山伏自身や、醍醐寺、聖護院のような本山にもあり、仏教学、仏教史の研究者一般にも、牢固《ろうこ》として抜きがたい先入観となっている。これでは修験道の歴史と精神が、いつまでたってもつかめないのは当然のことである。

ここで金剛杖の歴史をかんがえる前に、絵巻物などに出る山伏の杖を見ると、錫杖を持ったのは一つもない。多くは地面に突く方の先が二股になったマタブリである。たとえば『天狗草子』の一異本である『是害房《ぜがいぼう》絵巻』では、天狗は山伏の服装をしているが、愛宕山の天狗である日羅房《にちらぼう》は、マタブリを持っている。山伏から分れた遊行聖としての空也僧《くうやそう》は、逆に先端の方が二股になったり、二股の代りに鹿の角をつけたものをもつ。是害房のお伴の天狗も、鹿角杖《わさづえ》をもっている。空也も優婆塞《うばそく》（山伏）として山岳修行したので、そ

鹿角杖を持った猿（空也僧）
（『鳥獣戯画巻』）

日羅房のマタブリ（『是害坊絵巻』）

の伝統がこのマタブリや鹿角杖に出ているのである。しかもこの伝統は親鸞聖人の「安城《あんじょう》の御影《みえい》」の、マタブリに猫の皮を巻いたところまでおよんでいることはすでにのべた。マタブリは平安末期の『鳥獣戯画巻』（甲巻）や鎌倉末期の『法然上人行状画図』（巻十七）、観応二年（一三五一）成立の『慕帰絵』（巻五）などにも見えている。

比叡山や南都の堂衆《どうしゅう》（僧兵）が長刀を持つのは、この山伏の杖が武器化したもので、僧兵に対しては「刀杖《とうじょう》を帯《たい》し」と言う表現がつかわれている。杖そのものを武器とするためには、棒術や杖術を生

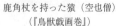

上　同右（『年中行事絵巻』）
下　金剛杖
（『都鄙図巻』興福院本）

上　鹿角杖を持った空也僧
（『法然上人行状画図』巻 17）
下　同上（『慕帰絵』巻 5）

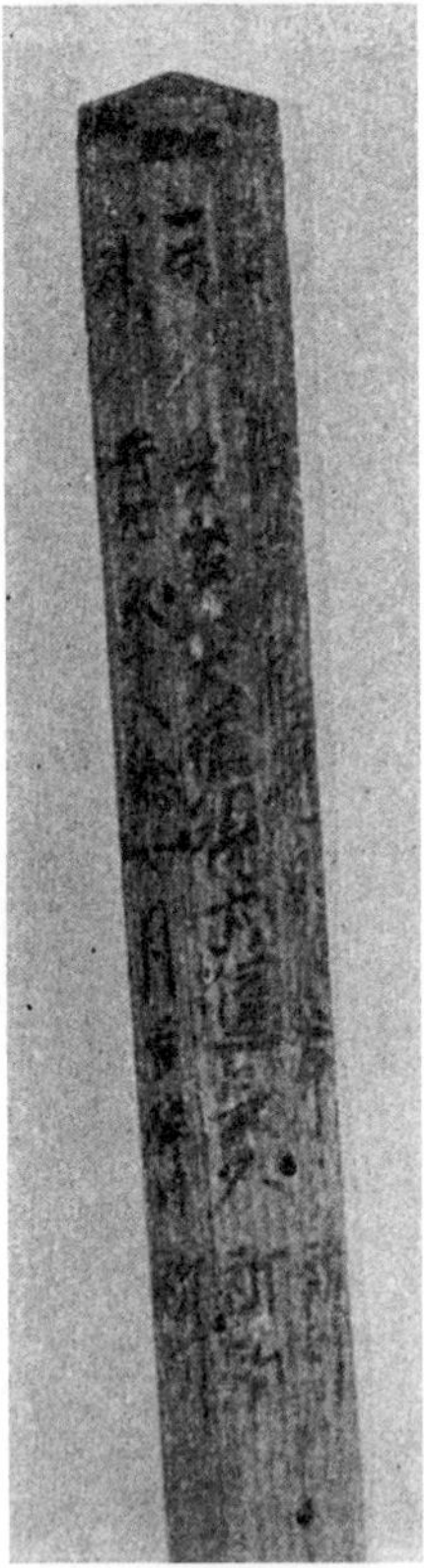

金剛杖
（岐阜　金峯神社蔵）

みだしたであろうし、鹿角杖は鎌槍と片鎌槍を生みだしたものとおもう。しかしマタブリや鹿角杖は、実用としては一本の棒杖《ぼうづえ》となったことはうたがいない。現在比叡山の回峰行者はこれを持って山野を跋渉する。われわれも山登りにはこの種の杖をもつので、かつては先達やプロの山伏がマタブリをもち、新客は棒杖をもったのではないかとおもう。

そうすると現在の山伏が金剛杖という八角形に削った棒杖をもつのは、いつごろからはじまったのであろう。私はこれを近世初期からとおもっている。なにかほかに資料がないかぎり、これは住吉具慶《ともよし》の寛文年間（一六六一―一六七二）の作と推定される。奈良興福《こんぶ》院《いん》蔵『都《と》鄙《ひ》図《ず》巻《かん》』（『洛中洛外図』の一種）に見える山伏の金剛杖が古いとしなければならない。この図は現在の山伏の服装や持物が、このころ完成したことをしめす貴重な資料で、市松《いちまつ》模様の摺《す》衣《り》（篠懸《すずかけ》）と黒の袴に結袈裟をつけている。頭巾《ときん》をいただき、「貝《かい》の緒《お》」をさげ、刀を帯び、法螺貝を吹いている。そして四角形または八角形の上部に、梵字や偈文を書いた金剛杖を持つのである。この山伏は木綿《ゆう》袈裟をつけたお伴に牛玉《ごおう》箱をもたせているから、配札《はいさつ》勧進に霞廻《かすみまわ》りをしていたことがわかる。

これに対して金剛杖とおもわれる杖をもった山伏が、高津家本『洛中洛外図』にも見られる。この図は慶長末年のものと推定されているから、このころ金剛杖があったことがわかるが、私が実際に確認したものとしては、岐阜県美濃市（旧下牧村）片知《かたぢ》の金峯《かねみね》神社に古い金剛杖があり、寛永十八年七月の銘があった。このようないろいろの資料で、金剛杖は近世のごく初期にできたものとかんがえるのである。そして九州英彦山《ひこさん》神社の『彦山御神事絵巻』の入峯の図では、へたばって歩けなくなった新客を、先達が金剛杖で打つ図が見られ、歌舞伎の「勧進帳」で辨慶が義経を打つのもこれである。

## 二――金剛杖と碑杖

ところで修験道書では金剛杖を三種に分け、先達の持つのは碑杖《ひじよう》とも檜杖《ひじよう》ともいい、度《ど》衆《しゆう》（入峯二度以上の山伏）の持つのを金剛杖といい、新客のもつのを擔杖《たんじよう》という。天和四年（一六八四）に書かれた『資道什物記《しどうじゆうもつき》』（巻下）の「金剛杖品第十一」では、先達の碑杖は丸い杖で「自利利他円満之相《じりりたそう》」などといっているのは、これが金剛杖の古い形だからであろう。

度衆の金剛杖は「上の剣頭は金剛の智《ち》、下の四角は胎蔵の理《り》」といっているので、頂部は三角に削っているが、下は四角だったらしい。したがって『都鄙図巻』の山伏の金剛杖も四角形の可能性がつよい。また新客の担杖は度衆の金剛杖とおなじだが、新客は閼伽《あか》（水）を汲んだり、小木《こぎ》（薪）を伐ったりしなければならないので、金剛杖を天秤棒代りにするから担杖という。

金剛杖の金剛という語は、度衆の山伏は大日如来と同体の衆生である金剛薩埵《こんごうさった》の位にのぼったから、こうよぶのだと説く。また「度衆は持金剛《ヴァジュラダラ》（または金剛手《ヴァジュラパーニ》）だからともいう。金剛薩埵の金剛は、南無大師遍照金剛《へんじょうこんごう》の金剛ともおなじである。持金剛の方は仁王さんとおなじで、金剛杵《ヴァジュラ》を持つので金剛杖を金剛杵《こんごうしょ》になぞらえたことになる。しかし私はこの金剛は金剛不壊《ふえ》で、強力な杖の意味とおもう。このように修験道書の解釈は、一度教理から切りはなして、常識にもどして理解する必要がある。

そこで考えられるのは山伏の杖はもとマタブリであったのが、室町時代には先達の碑杖（檜杖）のように丸い棒杖になり、その上部を卒塔《そと》婆形に刻むために、四角、六角、八角の角形にしたものとおもわれる。六十六部などもこの卒塔婆形の杖をもつが、これは死んだとき、供養の卒都婆代りに立ててもらうためであった。山伏が入峯するときも一度死んだ者として死出《しで》の山路に入り、三途《さんず》の苦しみを受けるのである。これが忘れられたので、『資道什物記』は金剛杖を行者の身長と同じに切るのを、両部不二の塔婆《たふば》、我等の三形《さんぎやう》（三昧《さんま》耶形《やぎやう》）なりなどと書いたものとおもわれる。本来五輪塔婆というものは、地水火風空の五大ばかりでなく、人間の五体（頭・喉・胸・腹・膝足）をあらわすという思想が修験道にはあり、人形《ひとがた》をもって死者を供養することがあった。このようにして卒都婆形の杖の上部を切って墓に立てると、いま真言宗でよくつかう六角塔婆になり、大峯登山や四国遍路《へんろ》をした金剛杖を、墓に立てる葬墓習俗もある。しかし金剛杖のないものは、ステッキでも何でも杖や棒を立てればよいことになっている。

木製碑伝（滋賀　明王院蔵）

また『資道什物記』の忘れたところを仏教民俗学で解けば、先達の碑杖という文字は、この杖を「碑伝《ひで》」につかったためということができる。碑伝についてはのちにくわしくのべなければならないが、現存のものは石造板碑《いたび》の一種をこのようによんでいる。しかしその原型が木製だったことは、比叡山の奥の院といわれ、回峰行者《かいほうぎようじや》

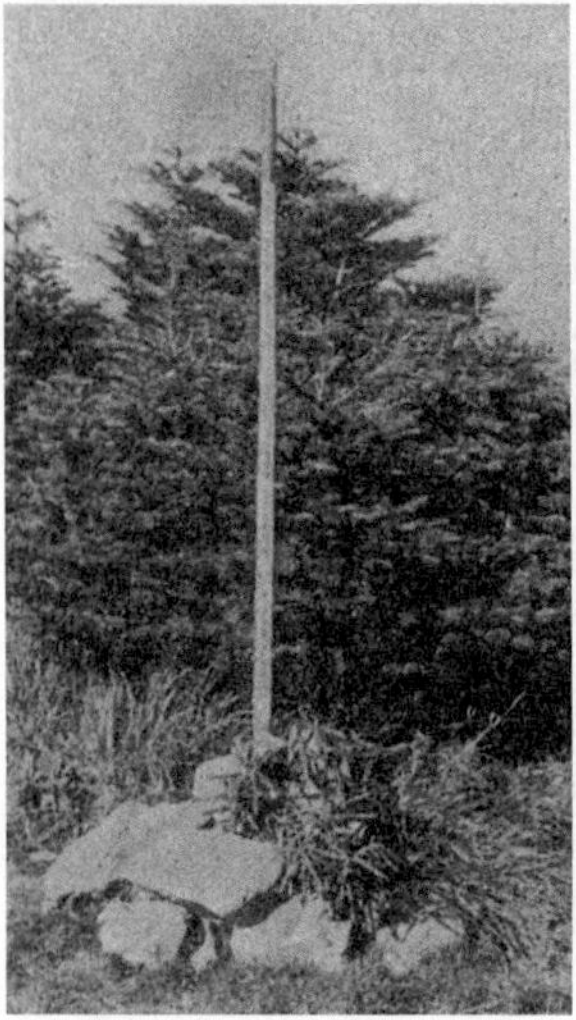

ウレツキトウバ型の碑伝（大峯山）

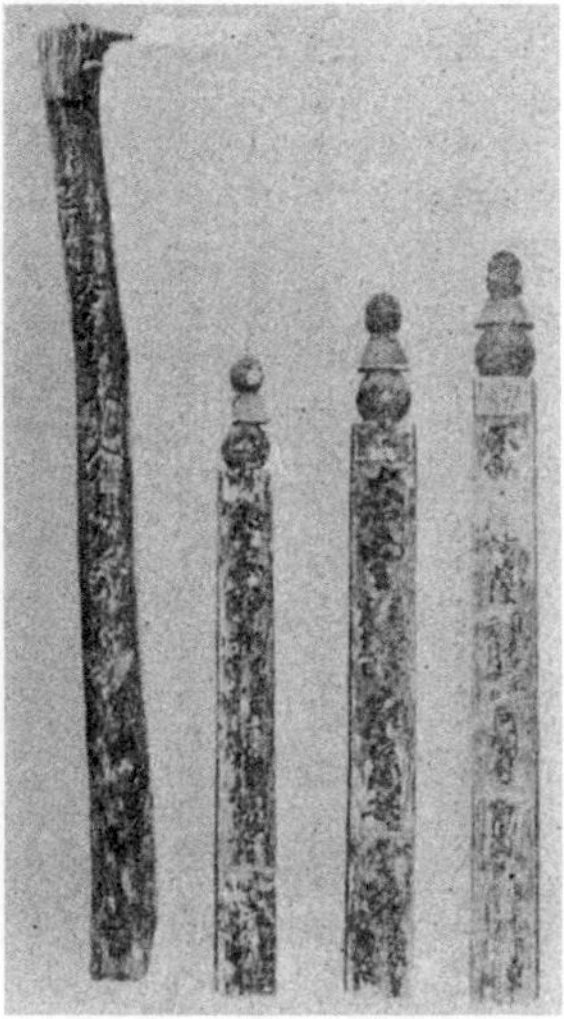

笙の窟の真木碑伝（杖型碑伝）と，卒塔婆碑伝（奈良　森本坊蔵，滋賀　明王院蔵）

が参籠する葛川《かつらがわ》明王《みょうおう》院に、元久元年（一二〇四）以来の木製碑伝が奉納されているのを見てもわかる。しかも大峯修験冬籠の聖地、笙《しょう》の窟《いわや》に納められていた「永仁三年（一二九五）十二月日」の年紀刻銘をもつ「真《ま》木《き》碑《ひ》伝《で》」（大峯前鬼森本坊蔵）は、まさしく二股の杖型碑伝である。私はこの杖型碑伝はウレツキトウバの一種で、二股塔婆《ふたまたとうば》だったものと推定している。また最近では吉野桜本坊先住の巽《たつみ》良海師の供養のために、大峯主要行場（宿《しゅく》）にウレツキトウバ型の碑伝が建てられた例もあり、山伏の杖が、供養卒塔婆として立てられたことはうたがいない。

このことは山伏の杖は、ただ歩行をたすけるための杖ではなくて、それを立てて霊や神の依代《よりしろ》として、供養と祀りをするための、聖なる祭具であったことをしめすものである。股木（マタギ）はこれを逆さに立てれば、その股に注連《しめ》などかけるに都合がよいという柳田国男翁の説もある。そうすると絵巻物に出る空也僧が、鹿角杖に数珠をかけているのは、その変化とかんがえられないことはない。マタブリのみならず棒とか杭を立てて幣紙を挿《さ》

梢付塔婆（京都府八木町諸畑）

し、これに神もしくは霊を招《お》ぎ降して祭る例は少なくない。私は大山咋神《おほやまくひのかみ》や溝咋神《みぞくひのかみ》の咋《くひ》は杭《くひ》のことで、杭を立てて祭られる山の神、水の神であろうとおもっている。このような杭が杖型の棒をホトケ木とよんで、弔《と》い切《き》り（三十三年忌）の仏をまつって神とすることも、全国的な葬墓習俗である。

## 三――山人の山杖

修験道の起源をなす山岳信仰は、日本人が農耕をいとなむ以前の、狩猟と採集経済時代の宗教であろうということは、すでにのべたところである。このような宗教を管理する宗教者が狩人であったことは、山の神を祀る狩猟習俗にもうかがわれ、多くの修験道霊山の開創伝説にもあらわれている。

やがて農耕がはじまっても山中生活をする狩人は、山人として畏敬された。そして山中生活で得られた験力《げんりき》と、山の神の依代である常磐木の枝や杖をもって、里の人々の祝福に山から降りて来た。このとき山人のシンボルとしてマタブリ、すなわちマタギ（股木）を手にもって来たので、マタギが山中狩猟民の別称になった。かれらが祝福や除災のためにもって来る杖は山杖とよばれ、これも金剛杖の起源をなしたものとおもわれる。『神楽歌』の採物歌「杖」に、

逢坂《あふさか》を　今朝越えくれば　山人の　我に呉れたる　山杖ぞこれ　山杖ぞこれ

皇神《すめがみ》の　御山の杖と　山人の　千歳《ちとせ》を祈り　伐れる御杖ぞ

あしびきの　山を険《さが》しみ　木綿《ゆふ》附くる　榊の枝を　杖に伐りつる

と、山人の山杖がうたわれており、『万葉集』（巻二十）の「先の太上天皇、山村に幸行《いでま》し
し時の歌」に、

あしびきの　山行きしかば　山人の
朕《われ》に得しめし　山づとぞこれ

とあるのは、元正太上皇が養老七年（七二三）五月に吉野行幸されたときの歌と推定する。
ここでは吉野の山伏が、上皇に山杖を祝福のために献上したのである。

このような山杖が金剛杖の起源であって、それは霊力があると信じられたであろう。いまでも山伏は入峯《にゆうぶ》修行がすんで出峯《しゆつぶ》するとき、神前の最後の勤行に、金剛杖で床をドンドン突く音で拍子をとる。羽黒山の秋峯入から出るときも、一同が金剛杖の音で勤行し、最後に「エイ、エイ、オー」の産声をあげて再生する。これが「出生《でなり》」である。越後の妙高山修験の本拠だった関山《せきやま》神社の拝殿の床は、まったく疵だらけであるが、これも出峯下山のとき般若心経を読みながら、金剛杖で突いたものであろう。またかつて出峯後の蓮花会《れんげえ》には験競《げんくらべ》があって、いま「柱松行事」としてのこっている。これをつとめる仮山伏《かりやまぶし》の青年六人は、三組となって太刀、槍、薙刀の試合をするが、もとは金剛杖で打ち合ったものと推定される。

また摂津播磨の国境にあたる神戸西方の山寺では、「修正鬼会《しゆしようおにえ》」が多くの寺々でおこなわれる。修正会がすんで赤鬼青鬼が堂内を松明をもって荒れまわるあいだ、子鬼と称する四人または六人の少年が、二人ずつ組になって棒で床を突いたり、棒をバッテン型に打ち合せたりして拍子をとる。しかし垂水《たるみ》の太山寺《たいさんじ》へ、このあいだ修正会に二十五年ぶりで行って見たら、本堂が文化財修理されたのでこれを止めたという。かつては山伏の金剛杖で、悪魔払いの「乱声《らんじよう》」をしたことがわすれられたのである。昔は鬼面をかむって鬼走または鬼踊をするのは山伏身分のものであるから、子鬼の棒も山杖か金剛杖であったろうとおもう。鬼が相撲の四股《しこ》（醜踏《しこふみ》）のように踏む反閇《へんばい》の呪力と、子鬼の金剛杖の乱声《らんじよう》の音とで、その年一年間の悪魔を退散させるものであった。しかし加古川《かこがわ》の鶴林寺では古式の通りおこなわれていた。また加西《かさい》市上万願寺《かみまんがんじ》部落の東光寺では、「棒打」と称して青年達が二人ずつ相対して、棒をバッテン型に当てながらさかんに打ち合う。これとおなじタイプの棒打は、九州の国東《くにさき》半島の六郷満山《ろくごうまんざん》二十八箇寺といわれた、修験寺院の修正鬼会でもおこなわれている。この方では香水棒《こうずいぼう》という香水加持《こうずいかじ》の加持杖《かじじよう》を打ち合せるのに、下駄ばきで踊拍子を踏みながら打つので、きわめて音楽的である。この加持杖も金剛杖の原型をなすもので、ハゼウルシの木をケズリカケ状に装飾的につくるが、その呪力は金剛杖とおなじく除災の力があると信じられたのである。金剛杖の呪力の信仰は、いまも比叡山回峰行者に、病気の箇所を打ってもらうことに生きている。

## 斧と槌

### 一　斧と山伏

山伏が山林に入って修行することが少なくなったこのごろでは、斧をかついだり、笈に結んであるく山伏は、あまり見うけられない。しかし正式の山伏行列には、今も先頭にかならず斧を立てた山伏がゆく。

しかも斧を持つ山伏はもっとも重い役とされ、権大僧都法印または大越家《だいおっけ》という資格があたえられた。これは山伏行列の指揮者のシンボルだったからで、古代には三軍の指揮をする者が、斧を持ったのである。『日本書紀』（神功皇后紀）にも、三韓を討つにあたって、

時に皇后親ら斧鉞《ふえつ》を執りたまひて、三軍に令《のりご》ちて曰く（下略）

とあり、景行天皇紀では、天皇が日本武尊に蝦夷討伐の指揮権をあたえるのに、

即ち天皇斧鉞を持《と》りて、以て日本武尊に授けて曰く（下略）

とある。

これは斧が中国古代以来、実用の武器だったものが、やがて呪力ある神器となったことをしめすものといえよう。山伏の斧も山林修行のためには、実用の利器であった時代が長

かったが、修行の山路が整備されるようになると、大先達の単なるシンボルになってしまった。しかしこれを持つものが行列の先頭に立つのは、先達が修行路に生え込んだ荊棘《いばら》や灌木を、伐り払いながら進んだ時代の名残であることを忘れてはならない。

修験道の聖地とされた大峯山の奥駈《おくがけ》路は、今日でこそ奈良県の観光課が、ハイカーやワンダーフォーゲルのために、人夫をやとって毎年シーズン前に修理するので、なんとか歩けるのである。それでも私が昭和四十五年に、聖護院山伏とともに奥駈路を通ったときは、前年の台風の風倒木《ふうとうぼく》が道を塞いでおり、その下をくぐったり、乗り越えたりしなければならなかった。台風がなくとも自然に倒れる老木も多く、斧か鉈がなければ通れなかったであろう。

また篠や蔓《つた》も修行路を塞ぐもので、私は大峯山や熊野の雲取越《くもとりごえ》（那智から本宮までの難路）では、自分の背丈《せたけ》より高い篠を分けて、いわゆる「籔漕《やぶこ》ぎ」をしなければならなかった。そのような篠籔の中には数十の花をつけた純白の山百合が、頭の上に咲いていることがある。林檎より大きな百合根があるのだろうと思いながら、掘る余裕などは全くないのである。そのような道では鎌か鉈がないと、人間の踏跡が分らなくなるので、迷い込む危険があるものである。

私は羽黒山の秋峯《あきみね》修行に参加して、麓の手向《とうげ》の黄金堂《こがねどう》から山上の荒沢寺《こうたくじ》までの山伏行列に、斧の先導で登ったことがある。しかし聖護院の秋峯入峯《にゅうぶ》には斧がなかった。文化元年

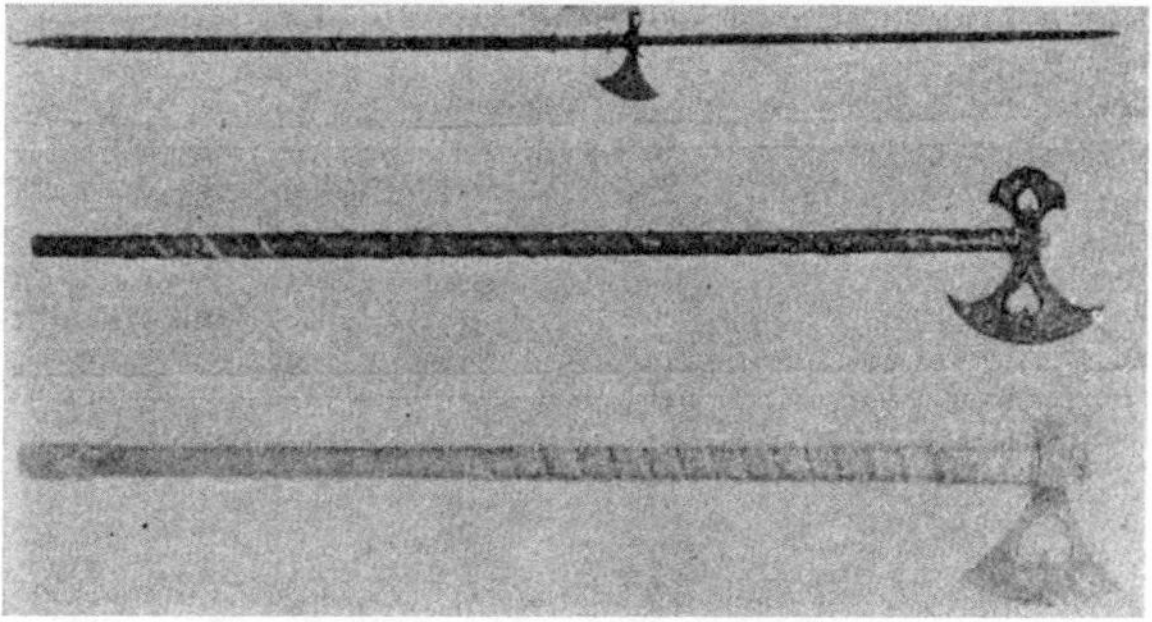

入峯斧（上から剣鉄柄付，蛭巻柄付，同）

（一八〇四）七月二日から八月十四日まで四十二日間の醍醐三宝院門跡、高演大僧正の入峯には『入峯行列記』がのこっていて、これにはお伴山伏のグループごとに大斧がある。

対筥《ついのはさみばこ》・大斧・法螺貝・対鎗《ついのやり》・台笠・竪傘・
毛鎗《けやり》・弓台

などとあり、大名行列のようである。

このような儀礼用の斧になってから、山伏の斧は美術品化した。そのようななかで、日光輪王寺の金銅製帯金蛭巻《おびがねひるまき》柄付入峯斧（重要文化財）は鎌倉時代の作品で、現存最古の完形品である。また奈良国立博物館蔵（細見亮市氏寄贈）の銅板製帯金蛭巻柄付入峯斧（重要文化財）は室町時代のもので、近江神照寺の伝来品という。これは柄の長さ一七〇センチで入峯儀礼用だったかとおもわれるが、日光輪王寺のものは柄の長さ九六・四センチで、実用としては手ごろのものである。いずれも猪目《いのめ》刳《く》りが大きいのは、重量を軽くするとともに、マジカルな力を表現したものとおもわれる。この猪目刳りはのちに、絵本の金太郎の鉞《まさかり》のように三本と二本の筋に変化して、魔除けといわれるようになる。そのほか南北朝時代ごろの斧刃《おのは》としては、熊野速玉大社（新宮市）伝来の斧刃が、猪目は小さいが、姿も刃の厚みも豪快で、柄こそないけれど実用のものだったろうとおもう。そして室町時代の斧刃には大和文華館所蔵品と、大阪市数田政治氏蔵のものが代表的である。総じて鎌倉時代の入峯斧が実用的であり、室町時代のものが儀礼的であるのは、この間に修験道の実践性に変化があったことをものがたるものといえる。

## 二―斧の神聖性

平安時代の山伏の入峯斧は残っていないが、有名な園城寺派修験、平等院大僧正行尊《ぎようそん》（一〇五五―一一三五）の歌に、

　山路にて　わが斧の柄は　朽《くた》しけむ
　　うき世の中は　こり果ぬれば

とあるから、やはり斧をもっていたのである。この歌は、中国の『述異記』に見える晋の王質《おうしつ》の話をふまえたもので、王質が山中で仙童《せんどう》が囲碁をしているのに出会い、これを見ていたら一局の終らないうちに、自分の手にもっていた斧の柄がくさってしまった。びっくりして村にもどって見ると、村の姿は変って知人はみな死んでいたという。浦島太郎のよ

うに、仙境では束《つか》の間《ま》の時間が、この世では何百年にもあたるという譬につかわれる。この譬をもって行尊は、浮世の憂き目に懲《こ》り果てるほどの長い人生を束の間に送ってしまったのだ、という述懐をうたったのである。

しかしこの歌は、山伏が山路をゆくのに斧を持っていたから、このような故事を引くことができたわけで、深山に入れば、いつ斧の柄の朽るほどこの世と次元のちがう仙境に、迷い込むかもしれないという山伏の伝承があったのである。

このような伝承をもとにして、金太郎の斧や、黄金の斧という昔話ができたものとおもわれる。黄金の斧というのは木樵が山中で斧を淵に落として、これを取りに淵へ入ってゆくと、龍宮へ出る。そこで斧を返してほしいとたのむと、龍神に黄金の斧を見せられる。正直な木樵はそれは自分のものではないと言うと、龍宮の主はその正直をめでて、彼の斧と一緒に黄金の斧もくれる。よろこんで淵を出て家に帰ると、すでに彼は死んだことになっていて、三年忌の法事がおこなわれているところであった。

これは話は木樵の話であるが、山伏の修行をするような深山には、この世と次元を異にする仙境や龍宮がある、という宗教的世界観を根底にもった昔話である。そしてそのような世界に入るための媒介物として、斧があるという呪物主義《フェティシズム》をあらわしている。しかしこれにはいろいろの変形《ヴァリエーション》があって、その一つに木樵が斧をおとして淵に入ると機《はた》を織る娘に会う。そして御馳走になって帰るとき、斧をわたしてこのことは誰にも話してはならぬと口止めされる。しかし村へ帰って見れば自分の三年忌だったので、どこへ行っていたか問いつめられて、淵の底の機織姫のことを話す。そうすると木樵は即座に死んでしまったという。

　またヴァリエーションの一つには木樵が斧を淵に落としたので、水神様へお願いすると、水神があらわれて黄金の斧をもって来る。木樵はそれは自分のものでないというと、水神はもう一度淵の底へ行って木樵の斧をもって来る。水神はそれを木樵にわたすとともに、正直の褒美に黄金の斧もくれる。そのために木樵は金持になったが、例のごとく隣の爺さんが同じ真似をして、わざと斧を淵に落として結局失敗する（山梨県西八代郡）。この種の話は斧が山刀になったり、鉈になったり、金の斧と銀の斧となったり、木樵が神主として語られる場合もある。また淵には水神や機織娘のほかに、大蛇や鰐が住んでいたというのもある。いろいろの尾鰭《おひれ》がついてくるが、その原型は斧を媒介にして、深山の次元のちがう世界、すなわち他界《ダス・イエーンザイツ》とか異郷（龍宮）といわれる世界へ往来するというのが根本的なモチーフである。

　この類話はイソップ物語にもあるが、いずれも石斧の時代から青銅や鉄の斧の時代になっても、きわめて貴重な道具であったことが根底になっている。しかし斧を媒介にして人間が他界に往来し、三日とおもって三年を送ったという話は、斧の呪力をみとめた宗教的口誦伝承にほかならないし、一種の神話なのである。これを語ったのは山の宗教家でなければならず、その原型は木樵とおなじように山中生活をする山伏（山岳宗教者）であった、とおもわれる説話が採集されている。

次の伝説はアンヌマリ・プッシイ氏の「実利行者と大峯山」（『山岳宗教史研究叢書』第十一巻『近畿霊山と修験道』五来重編）に出ていて、昭和五十三年四月十一日に、大峯山中前鬼村出身の中井みきこさん（昭和七年生）が語ったものである。中井さんは前鬼という山伏村の森本坊（五鬼継家）に生まれ、昭和二十九年に奈良に嫁ぐまで前鬼に住んだ人で、前鬼の伝説としてこれを語った。

ある山伏がトビ（トビナタ）をこの淵（ミブチ）に落としたので、さがしに水中へもぐったら、糸を引いている乙姫に出会った。そこで乙姫に親切にされたが、姫の禁止を無視して、その本当の姿を見たという。それで大蛇であることがわかった。おどろいて逃げて帰ると、龍宮の三日間と思っていたのは、この世では三か年であったことを知り、この話を語った途端に命を失ったという。この由来にしたがって、裏行場《うらぎょうば》（前鬼裏行場）で修行する時は、この大蛇が現われるが、恐れるのはまだ行《ぎょう》ができていない証拠であるといわれている。そしてここで行をつむことは修験道では、きわめて尊敬されることであった。

ここにトビまたはトビナタというのはまた斧ともかたられているというが、これが山伏伝承であることは貴重である。私はかなりの他界往来談や霊物怪異談（天狗、鬼龍説話）といわれる昔話のジャンルは、山伏（山岳宗教家）によって語られ、伝播されたものが多いと主張している。これを無視しては日本の昔話や伝説の謎をとくことは困難である。この前鬼裏行場は大峯修験のもっとも重視する危険な修行場で、その中でもとくに神聖視される垢離取場《こりとりば》の千丈ヶ淵がミヅチ（蛟の淵《みづち》）である。したがってここは不老不死の他界（龍宮）または仙境に通ずるという信仰があり、そこへ往来するには山伏の斧の呪力によらなければならぬとしたのが、この伝説のもとであろう。そしてこれが神主や木樵の話に変形したり、黄金の斧に変って、イソップ物語に近づいたのだとおもう。

### 三―鬼と斧と槌

足柄山の金太郎はお伽噺の人気者であるが、これも丸に金の字を書いた腹掛と斧がないと金太郎にならない。この説話のもとは、山姥は女性神としての山の神で、その子孫に暴れ者、あるいは力持の勇者が出るというモチーフである。坂田金時という、頼光とともに鬼退治をする勇者は、足柄山の山神の子孫であったという説話がそこから生まれたのである。これはつねに英雄を待望する、力のない庶民の夢と願望が昔話となり、説経《せっきょう》や古浄瑠璃《こじょうるり》となり、とくに「金平《きんぴら》浄瑠璃」へ来て増幅された。勇者や特定の家系を神の子孫とすることは、世界中どこにもあるが、日本でも『新撰姓氏録』のなかに「神別《しんべつ》」の家は「皇別《こうべつ》」や「蕃別《ばんべつ》」よりも多いのである。そのような「神の子」観の中から金太郎が生まれるのであって、「飴の中から金太郎さんが出る」ばかりではない。

ところが山の神をまつる山岳宗教者は山伏なので、山伏のもっとも神聖視する斧が山の神の持物になった。現在でも信州や三河の山神祭には、刀や薙刀の刃が奉納され、山神の一化身である天狗が、鉾をもつのもおなじ意味である。もっとも天狗の鉾は一方では舞楽の「振鉾《えんぶ》」という呪的な舞とも習合している。いずれも山伏の身につける呪物を献上することが、金太郎と斧をむすびつけたのである。

これとおなじく山神のもう一つの化身である鬼も斧をもつ。これは斧の刃のとくに大きいのを鉞《まさかり》というので、鉞を持つ鬼の芸能が奥三河の「花祭」になった。花祭は私のいう修験道文化の一つであるが、これは本来山伏神楽なのである。そしてこの山伏神楽のおこる地盤は、山伏が入峯修行をしたあとで、慰労の宴会と、余興の芸能をおこなう「延年《えんねん》」というものにあり、同時にその験力《げんりき》と体力をきそう「験競《げんくらべ》」にあった。

山伏神楽は宮廷の神楽や社寺の優美幽玄な神楽とちがって、粗野で豪快でダイナミックである。したがって斧もできるだけ大きなものを振って舞うのをほこりとしたものとおもうが、いまは鉄の斧で長時間舞うことができないので、木製の鉞《まさかり》になっている。しかし花祭の鬼は巨大な鬼の面をかむり、重い装束をつけ、大きな鉞を振るので、体力のある青壮年者でなければつとまらない。

ところで鬼の踊る神楽のもう一つのもとになるものは、修正会《しゅしょうえ》、修二会《しゅにえ》の鬼走《おにはしり》（鬼の

花祭の山割鬼（愛知県東栄町
下粟代）

鬼面と捻木（奈良県五条市
念仏寺蔵）

手）というものである。いま奈良の法隆寺や薬師寺、興福寺、あるいは長谷寺などで盛大におこなわれる鬼走型修正会と修二会は、平安時代以来のものであり、神戸周辺の太山寺、妙法寺、多聞寺、明王寺、近江寺《きんこうじ》、加古川の鶴林寺《かくりん》、姫路の円教寺、加西市の東光寺などでもおこなわれる。

修正会、修二会は正月または二月に、去年の収穫の感謝と、今年の豊作の祈願を、寺でおこなう大きな法会なのであるが、その最後に悪魔払いの踊を、山伏身分の咒師《しゅし》というものがする。このとき鬼の面をかむり、斧や槌や剣を持って踊るのを、鬼走とも鬼踊ともいう。これを誤って鬼を追う追儺会《ついなえ》、追儺式とよんでいる寺があるのは、坊さんの無智を表明したようなもので、まことに見識のない話である。これは印度や中国の仏教だけを少しばかり知って、脚下の日本の仏教をまったく知らないところからおこるのである。

ともあれこのときの鬼は、悪魔払いの呪力ある道具として斧と槌と剣をもつ。これはもともと山伏の持物であったのを、使ったにすぎない。斧はすでにのべたところであきらかであるが、剣は山刀がもとであり、のちに宝剣といって入峯に必ずもつものとなった。槌は木槌の柄の長いものをもつとともに、木の節や瘤《こぶ》の付いた棒であることも少くない。こうした自然の槌というものは、斧より原始的な武器であったとおもわれるが、これを平安時代の山伏がもっていたことは、『梁塵秘抄《りようじんひしよう》』に、さきにあげた、

聖（山伏）の好む物、木の節《わさづの》、鹿角、鹿の皮、蓑笠、錫杖、木欒子《もくれんじ》、火打笥《ひうちけ》、岩屋の

とあることであきらかである。この「木の節」は斧の役目をするとともに、槌ともなり、また「金撮棒《かなさいぼう》」となった。「鬼に金棒」というのはこの金撮棒のことで、のちに講談の三好清海入道などが武勇伝でふりまわす金棒は、もとは山伏の持物だったのである。

# 伊良太加の数珠

## 一―数珠を摺る音

山伏の持物でとくに有名なものに伊良太加数珠《いらたかのじゅず》がある。普通の僧侶なら水精《すいしょう》（水晶）の数珠とか、菩提樹の実の数珠とか、木槵子《むくろじ》の実の数珠をもっている。これは数珠の名のごとく、念仏や陀羅尼の数をかぞえるためのもので、ザラザラと摺って音をたてるためのものではない。

ところが日本の坊さんは、山伏ならずとも数珠を持つと、音を出さなければ損だとおもっているように、よく摺って音を出す。長老の阿闍梨などが若僧をつかまえて、数珠は音を出すものではないとお説教しているのを聞いたことがある。ほんとうの話であるために長老の名を出すと、高野山の真言律院《りついん》として山内随一の清浄な寺をまもった、真別処《しんべつしょ》円通律寺の住職、玉山隆筵師であった。師は本寺を摂津箕面《みのお》の奥の、西国二十三番勝尾寺に持ち、夏は安居《あんご》（四月十五日から七月十五日までの僧侶の修行で、印度初期教団さながらの厳重な戒律生活をする）のために、高野山真別処ですごした。近代屈指の高僧であった。

この玉山隆筵師が若僧にそうお説教しながら、自分は膝の上の水精数珠を片手の親指と人差指でザラザラと摺っている。これは理論はともかくとして、数珠は摺るものだという観念ができ、一方僧侶の退屈まぎらしもあって数珠を「まさぐる」という癖ができたのである。しかし『阿娑縛抄《あさばしよう》』（修法）には、東寺（真言）では摺るが、山門（天台）では摺らないとしている。このようなことから数珠を摺るのは、山伏の伊良太加数珠の風が真言密教の徒のあいだに普及し、これを摺ることは百八煩悩を磨消することだ、という解釈ができたのであろうとおもう。真言宗では弘法大師像といえば、かならず数珠と五鈷《ごこ》を持つほどにシンボルマークとなっている。これは印度仏教で数珠は数をかぞえる道具だといっても、日本では五鈷、三鈷、独鈷《とつこ》とおなじく、悪魔退散、煩悩消滅の呪具になったことをしめしている。このことは天台宗でも修験道に関係のふかい三井寺園城寺《おんじようじ》系では念珠を摺る伝統があったらしく、『顕密威儀便覧』（巻下・数珠）に、

初め三井覚猷《かくいう》は両掌に連ねて念珠を磨す。故に後世の密師之に倣ふ。

とある。三井寺の覚猷は有名な鳥羽僧正で、長承四年（一一三五）に園城寺長吏となり、保延四年（一一三八）には天台座主にもなったが、山門（比叡山）と寺門《じもん》（園城寺）の山伏

（堂衆）の争いのために、三日で天台座主をやめた。『鳥獣戯画巻』の筆者とつたえられ、この中には山伏の験競《げんくらべ》の画も入っている。

『木葉衣』は、

「或る書」に数珠を摺《す》ることとは、三井覚猷僧正、禁裡御修法《みしゅほ》の後、加持《かぢ》の時、念誦《ねんず》の真言了りて、伴僧《ばんそう》に知らせんが為に摺りしより起れり、祈願の意にはあらず、しかるを後代に祈念に珠を摺ると思へるは誤りなりと云々。しかれども、これはかへりて、しか（然）云ひ伝ふるが誤りにて、祈願には必ず珠を摺ること、最もその儀旧事《きうじ》なるを、それを知らぬ人の記するところは、取り用ゆるに足らざるのみ。（下略）

と、日本の仏教では祈念に数珠を摺るのが正しいと、語調を高く主張している。このように数珠を摺るという主張と、摺らないという主張が対立するのは、一方は日本仏教を正統とするのに対して、他方は印度仏教を模倣するのが正しく、日本仏教は誤りだとする主張で、その間には根本的な相違がある。ことはきわめて瑣細なようであるが、修験道は日本化された仏教なので、数珠を単なる算盤《そろばん》代用の数取りの道具とはかんがえなかったのである。したがって『木葉衣』はその数珠を摺る作法までしめしている。

祈念に数珠を摺ることは、験門瑜伽《げんもんゆが》（修験道の密教実践）の最も第一とするところなれば、密行《みつぎやう》（密教修行）の士（山伏）、必ず正義に従つて受持すべし。近代は数珠をするに、母珠《ぼしゅ》と緒留《をどめ》とを左右の中指に掛けて押し摺るといへども、これ古式にあらず。

旧儀には母珠と緒留との中間の処に中指に掛けて摺ると見へたり。今、能《のう》に数珠を摺るに必ずかくの如くす。これは古法の彼（能）に伝はれるものなり。

これは修験道のみならず、日本仏教の僧侶一般の作法にもなっているが、私はこれが山伏の伊良太加数珠から出たものであることをのべておきたいとおもう。すでに「山伏の服装」でのべたように、今日一般化している各宗の輪袈裟《わげさ》というものが、山伏の結袈裟《ゆいげさ》の変形であることとおなじである。このように日本仏教は印度仏教の教理は保存しながら、日本の生活の実情や、日本の民族宗教に合致しないものは、改めることを憚らなかった。その仏教日本化運動の先端に立ったのが、修験道だったのである。

## 二―伊良多加の数珠

能、謡曲には山伏が多く出てくる。これは中世の社会にも宗教界にも、山伏が重要な役割をはたしていたからである。その一つが病気平癒や怨霊退散を祈願することであった。そのほかに未来を予言したり、神や霊の言葉を託宣することも重要で、『太平記』（巻二十七）には「雲景未来記」があって、羽黒山伏の雲景が、南北朝動乱を予言する瓦版《かわらばん》のような告文を奏聞したという。

中世には病気も災害も戦乱も、すべて怨霊の仕業とされた。したがって南北朝動乱も崇徳院や後鳥羽院、後醍醐院をはじめ、淡路廃帝（淳仁天皇）、玄昉《げんぼう》、真済《しんぜい》、寛朝、慈慧《じえ》、頼豪、仁海《にんがい》、尊雲というような不満、怨恨をもって死んだ大魔王（天狗）の仕業だという告文であった。したがって難産などがあれば、それは死霊か生霊がとりついたものとおもい、山伏をたのんで加持祈禱を依頼した。そのとき伊良太加数珠は大きな呪力を発揮する。たとえば謡曲『葵上《あおいのうえ》』では光源氏の正室、葵上の難産は、シテの六条御息所《みやすんどころ》の生霊《いきりょう》のせいだということが、梓《あずさ》巫女の託宣でわかったのである。

　唯今梓《あづさ》の弓の音に引かれて現れ出でたるをば、如何なる者とか思し召す。これは六条の御息所の怨霊なり。（下略）

とある。この怨霊を退散させるために、横川《よかわ》の小聖《こひじり》なる山伏が招かれる。

　行者は加持に参らんと、役の行者の跡を継ぎ、胎金《たいこん》両部の峰を分け、七宝の露を払ひし篠懸《すずかけ》に、不浄を隔つる忍辱《にんにく》の袈裟、赤木《あかぎ》の数珠のいらたかを、さらりさらりと押しもんで、一祈《ひといのり》こそ祈つたれ、囊謨三曼荼嚩曰羅赦《なうまくさまんだばざらだ》、（中略）たとひ如何なる悪霊なりとも、行者の法力尽くべきかと、重ねて数珠を押しもんで、東方降三世明王《とうぼうがうざんぜみやうわう》、南方軍《ぐん》茶利夜叉《だりやしゃ》、西方大威徳明王、（下略）

ここで鬼面（般若面）をつけたシテとワキの山伏とは、サラサラサラと押し揉む伊良太加数珠の音とともに、押しつ押されつ前進後退をくりかえし、最後は鬼面が退散する。

　そうすると山伏の伊良太加と、普通の数珠はどうちがうのだろうか。まず材質では普通の数珠は最高は金剛子《ダイヤモンド》で、水精のほかに真珠、珊瑚、菩提子《ぼだいし》、木槵子《むくろじ》、蓮子《れんし》、薏苡珠《じゅずだま》などがもちいられる。これらは『陀羅尼集経《だらにじゅうきょう》』（第二）や『守護《しゅご》国界主《こっかいしゅ》陀羅尼経』（第九）、『諸仏境界摂真実経《しょうしんじつきょう》』（巻下）など、密教経典にとかれる。しかし伊良太加数珠は赤木を用いるといわれ、これは赤樫や紫檀のような材質の堅いものである。沖縄にもアカギという落葉喬木があるが、これではあるまい。

伊良太加といわれるのは刺高《いらたか》とか最多角《いらたか》とも書かれ、これは稜角《かど》の高い形の珠であるという説と、イライラと音の高い数珠とする説とある。『木葉衣』は念珠の梵名阿唎吒迦《ありたか》（『翻訳名義集』）から転じたものとするが、これらが混合してできた名称であろう。事実、伊良太加数珠は角立った四角や六稜角の珠があり、多くは扁平な円形の珠である。角立った珠は摺りにくいということもあって、扁平珠になったのであろう。要するに山伏の数珠はザラザラと高い音が出なければならないのであって、材質の堅い木の扁平珠はその要求にかなう。

山伏が採燈護摩などを焚くときは、不動真言や『般若心経』をとなえながら、ある者は錫杖を打ち振り、ある者は伊良太加数珠を押し揉み、法螺貝の腹の底にしみる音とともに、いかなる悪魔鬼神もおそれおののくだろうとおもわれる。謡曲『葵上』では伊良太加数珠を押し揉んで、不動真言をとなえるのを般若声《はんにゃごえ》といって、

曩謨三曼荼嚩曰羅赦《なうまくさまんだばざらだ》　旋陀摩訶嚕遮那《せんだまかろしやな》　娑婆多耶吽多羅吒干鋡《そばたやうんたらたかんまん》　聴我説者《ちやうがせつしや》　得大智慧《とくだいちゑ》
知我身者《ちがしんじや》　即身成仏《そくしんじやうぶつ》　あらあら恐ろしの、般若声や、これまでぞ、怨霊この後、又も
来るまじ、読誦の声を聞く時は――悪魔心を和らげ、忍辱《にんにく》慈悲の姿にて、菩薩も

ここに来迎す。成仏得脱の身と、成行くぞ有難き、〳〵。と、退散するが、般若声はほんとうは『大般若経』（六百巻）転読のときの声である。これもまた悪魔退散のために読む経典であるが、葵上の怨霊の鬼面が、ここで「般若面」とよばれるようになったのである。これは追い払うべき『大般若経』の名が、追い払われる鬼の名に移った、という面白い誤解である。

## 三――数珠の呪術性

伊良太加の数珠には一つの呪力があって、その音は悪魔退散の力があると信じられたことはうたがいないが、これは数珠そのものの呪術性に帰することができる。

キリスト教でも、ロザリオはまったく数珠とおなじく祈りを数えるためのものであるが、これに法王や大司教が手を触れる《（ホーリータッチ）》と、免罪符《インダルジェンス》になって、これを持てばすべての罪は消えて、地獄に堕ちないとされる。そのもとは原始時代の首環が、身をまもる護符《アミュレット》だったことに基づくものとおもう。日本でも勾玉や管玉や切子玉《きりこだま》が装身具ではなくて、護符であり鎮魂呪具であったことはうたがいない。ただこれに翡翠《ひすい》・瑪瑙《めのう》・琥珀《こはく》などの宝石をもちいたので、財宝や装身具になった。その風習はいまもつづいていて、首環と指環は装身具の二大双璧《そうへき》とされる。

しかし勾玉や管玉や切子玉の首環が古墳の副葬品となったとき、それは死後の装飾品であったのではない。それは死者の霊を鎮めて、荒れすさばないようにする、鎮魂呪具になったのである。鎮魂呪具はそのほかに、剣と鏡があったので、三種の神器は皇位継承のシンボルになる前は、天皇のための鎮魂《たまふり》をする呪具であったらしい。鎮魂についてくわしくのべる遑《いとま》はないが、タマフリの鎮魂は、毎年、天皇の生命力更新の儀式であった。おそらくその前は即位のとき、天皇霊（天照大神以来一貫して継承される霊）を新帝の肉体に鎮まらせるものだったにちがいない。しかし古墳の副葬品になる段階では、浮遊して凶癘《きょうれい》をなすかもしれぬ死霊を、墳槨の中でタマシヅメの鎮魂する呪力あるものとして、玉と鏡と剣がおさめられたのであろう。

ところで私は伊良太加の数珠は、仏教の数珠とはまったく異るオリジンをもつものとかんがえている。それは首環の玉よりも古い起源かもしれない。勾玉の起源については、魚の形とか牙の形とかといわれるが、未開民族のあいだでは牙を首飾りとする例はすくなくない。したがってわが国でも、狩猟時代にはおなじだったろうとおもう。ところが山岳宗教（のちの修験道）というのは、すでに「山伏の服装」の毛皮の曳敷《ひっしき》についてのべたように、狩猟時代の宗教であったと私は推定している。そうすると伊良太加の数珠の起源は、狩の獣の牙や、角や骨を連ねて、首に下げたものではなかったかとおもう。

現在こうした数珠でのこったものは、東北地方のイタコの数珠である。イタコの数珠は首に二重にも三重にもかけられるほど長いもので、普通の百八顆の二倍か三倍の赤木の小《こ》

イタコの数珠

珠《だま》を糸で貫き、五十四顆ごとにつける母珠《おやだま》の代りに骨や牙や角や、穴あき銭多数をつける。したがってこの数珠を振っても摺っても、ジャラジャラ、ザラザラと大きな音がする。

下北《しもきた》の恐山《おそれざん》などで盲目のイタコが、こうした大きな数珠を首からかけて、その垂れた方をザグザグザグと摺りながら「オシラ祭文」を声高く唱えるのをきくと、いかにも原始的で鬼気迫るものがある。しかしこれこそ、山伏の伊良太加数珠の、もとの姿ではなかったかとおもう。そして謡曲『葵上』の場合とおなじように、死霊をよび出して、その生前に思いのこしたことを語らせるのである。そのために梓弓をつかう場合もあり、

オコナイは　今ぞ下ります　草間より
　あしげの駒に　手綱よりかけ

という霊降しの文句でむすぶ。この文句も『葵上』に、

天清浄《てんしやうじやう》　地清浄　内外《ないげ》清浄　六根清浄
(寄)より人は　今ぞ寄りくる　長浜や
葦毛《あしげ》の駒に　手綱ゆりかけ

とあるのの訛りで、山伏の唱え言である。すなわちイタコは山伏の祈禱託宣の、託宣の部分を分担するようになった巫女で、おそらくもとは山伏と夫婦一組になって、託宣と祈禱をおこなったものと私は推定している。しかもその奉《ほう》じてあるく神がオシラ神であることから、私はシラヤマ即ち白山の神を奉ずる山伏から分れて、のちに出羽三山に属したものとかんがえている。これはイタコが巫女の資格を獲得する「師匠あがり」という修行から見て、山伏の修行と別物でなかったことがわかるからである（拙稿「日本庶民生活史料集成」第十七巻『民間芸能』のうち、「オシラ祭文解題」参照）。

このような数珠の原始的呪術性は、一昨年（昭和五十三年）十一月におこなわれた、沖縄の十二年ごとのイザイホウ（巫女になる儀式）に、巫女（神女《カミンチュ》）になる女性の先達をつとめる老女（イチチグル）が、長い数珠を首から下げて先導することにも見られる。これが東北地方のイタコや、稲荷の神子《みこ》（オダイサン）や各地の霊仏霊社に属する、女祈禱師たちの長い数珠と、関係があったかどうかはあきらかでないが、山伏の伊良太加数珠と同根の原始呪術から出ていることはうたがいがない。そしてイタコの数珠に獣の牙や角や骨が下げられることは、もとはこれらの牙・角・骨だけで、山伏の伊良太加数珠ができていたことを想定させるものである。そうとすれば山伏は狩猟時代の原始呪術者の伝統をのこすものであり、伊良太加数珠のもとの宗教的機能は、山神の化身である動物霊の霊力をかりて、祈禱託宣鎮魂をおこなったのではないかとおもわれる。

# 法螺貝と螺緒

## 一―法螺と螺緒

修験道の発生期には山伏は孤独であった。ただ一人で山林に分け入り、山岳を踏破し、窟に籠って修行した。そこには多くの危険と寒暑、饑渇《きかつ》が待っていた。したがって飢や病気や、転落や迷い込みなどの遭難で、人知れず死んでいった山伏は多かったとおもう。

山中では骨折や捻挫、または腹痛一つでも命取りになる。仲間が人里まで支えたり、危難を知らせてくれなかったら、一人でその場で死を待つほかはない。だから今の山男たちも単独行をいましめるのだが、山というのは単独行にまさる味わい方はないものである。大勢で隊伍を組んで、ワイワイガヤガヤ、放歌喧噪しながら山へ入っては、山の静寂をそこなうばかりでなく、山の神聖性を害する。だからすでに奈良時代初期の養老二年（七一八）には、山に入るものは山河《さんが》の清《せい》をけがすことなく、煙霧《えんむ》（山中の風景）の美を害することのないように、という法令が出ている。

其の居《きよ》、精舎《しやうじや》（寺院）に非ず、行《ぎやう》、練行に乖《そむ》き、意《こころ》に任せて山に入り、輙《たやす》く菴室を造るは、山河の清を混濁し、煙霧の彩《いろどり》を雜燻《ざつくん》するなりと。

とあって、太政官から出された自然保護条例のはしりのような法令であるが、これは山中修行者に対して出されたものである。

私も四国の石鎚《いしづち》山で、六月に単独行をして、大巌峯《がんぼう》の鎖《くさり》の行場で進退谷《きわ》まった経験がある。このようなとき、「山伏の隠し鎖」の伝承を私が知らなかったら、周章《あわ》てて危険に陥ったかもしれないのである。その代り昭和四十四年の秋に、聖護院山伏の一団と一緒に、大峯修験行場の危険な「奥駈」をおこなったときは、「前鬼《ぜんき》裏行場」の「天の二十八宿」とよばれる屏風岩の登攀に失敗して立往生した私に、上におった先達が「貝の緒」というザイルをおろしてくれた。私はこれで体をしばって、上から引上げてもらったのである。これなどは単独行の危険と集団行の安全を如実にしめしたものといえる。

「貝の緒」の効用についてもう一つの経験をのべておくと、これも昭和四十四年の夏に、聖護院山伏の百余人の大集団に交って大峯奥駈をしたとき、奥駈三日目の弥山《みせん》の室《むろ》（山小屋）で台風の北上に遭遇してしまった。このような場合でも山伏の鉄則では、強行突破するという先達の意見であったが、私は安全を主張して途中から下山させた。豪雨と強風と泥濘の中を退却するので、滑って転ぶものが続出するうち、崖から転落するものが出来た。

何年か前の遭難者記念碑の立った場所であったが、途中の立木に引っかかって、命はとりとめたようである。すると先達が集って来てすばやく「貝の緒」をつなぎ合わせた。その一端を体に縛った先達が崖を降りてゆき、他の一端を転落者に縛りつけて救助することができた。

　私はもちろん「貝の緒」の使用法は、文献や伝承で知っていたが、実用性があるものとは思っていなかった。事実「貝の緒」すなわち螺緒《らお》は山伏の行儀として、礼装の一部となっている。しかしいざとなればこのような実用性のあるところが、山岳修行の危険に身をさらす山伏の服装や持物の意味だったのである。

　ところで「貝の緒」は法螺貝についた麻の縒綱《よりづな》で、長さは山伏の階級によって相違がある。新客（第一年目の入峯者）は十六尺、度衆《どしゆう》（二年目以上の入峯者）は二十一尺、先達は三十七尺で、長い紅の緒を腰に巻いて堂々としている。兵卒と下士官と将校の肩章か腕章のようなものである。しかしこれはあくまでも法螺貝の方が本体であって、緒は付属物である。この法螺貝は第一の効用が軍隊の喇叭《らつぱ》のようなもので、これを吹き立てることで、山伏の集団行動の合図とする。集合とか出発（駈相）とか、入寺、入宿《にゆうしゆく》、案内、応答などを吹き分けるもので、これは先達の役目である。この合図は入峯の集団行動のあいだはもちろんであるが、平素の集団生活にもこれが必要であった。笠置山には貝吹岩《かいふきいわ》があるが、南北朝時代には敵来襲の度に、しばしば吹き鳴らされ、その腹の底にしみるような音は峯を越え谷を越えて、ひびきわたったことであろう。戦国時代には、軍の進退に法螺と陣鉦《じんがね》が打ち鳴らされたのも、山伏の法螺と寺院の鐃鉢《にようはち》（銅鑼《どら》）がもちいられたのである。

また貝吹岩または貝立岩は、谷々に坊や庵を持って散在する山伏に、平素の集会《しゆうえ》（会議）や緊急事態や、警戒の合図を送った場所である。このような山伏集団は、勤行も集会も食事も講堂か本坊に集合したので、勤行には大鐘（六時の鐘または時鐘）をならし、集会には法螺を吹き、食事には板木《はんぎ》（魚板）を打ったものと私は推定している。ともあれ山伏が法螺を持つようになったのは、山伏が孤独な山中修行をする段階から、集団行動をとるようになり、社会的にも経済的にも軍事的にも、強大になった時であると推定して、あやまりはあるまい。

## 二—法螺の修験道的効用

そこで山伏が法螺貝をもつようになった時期は、修験道の一つの転換期と見ることができるが、これも平安末から鎌倉期にかけてあらわれてくる。たとえば平安末期の俗謡をあつめた『梁塵秘抄《りようじんひしよう》』には、

山伏の腰につけたる法螺貝の、丁《ちやう》と落ち、ていと破《わ》れ、砕けてものを思ふ頃かな

とあるのはその早い例である。現存の法螺貝として古いものは、東大寺お水取り（修二会）に、「水鶏《くいな》」とか「小鷹」とよばれる名貝があるが、いずれも小形で、中世以前であ

るとしても、この時代より古いとはかんがえられない。法螺貝は南方産なので、昔はきわめて貴重品だったのである。

また鎌倉時代中期の『新撰六帖和歌集』（僧真観撰）には、知家《ともいえ》の歌として、

　山寺に　時うつりして　吹くほらの
　　ね(子の刻＝音)も過ぎぬとや　おどろかれぬる

とあり、鎌倉時代末期の『夫木和歌集』（藤原長清撰）には、寂蓮《じやくれん》の歌として、

　山ぶしの　ほら吹く峰の　夕ぐれに
　　そことも知らぬ　すず(篠)の上風

をあげ、また行縁《ぎようえん》の歌に、

　山ぶしの　腰につけたる　ほら貝の
　　ふくを待つ間の　秋の夜の月

とある。修験の山の夕暮や夜の静寂が彷彿とする歌である。

もっとも『平安遺文』（三）に引く『法隆寺文書』（九）、承暦二年（一〇七八）十月三日の『金光院三昧僧等《さんまいそうら》解《げ》』に、

　堂宇を営作し、始めて三昧を修し、其の後宝螺の声絶えず。礼仏の勤、倦むこと無し。

とあるので、院政期では勤行にもつかわれていたし、『無量寿経』にも、

　法鼓を扣《たた》き、法蠃《ほふら》を吹き、法剣を執り、法幢《どう》を建て、法雷を震ひ、法電を曜《かがや》かし、法

雨を濺《そそ》ぎ、法施を演《の》べ、常に法音を以て、諸世間を覚《さと》らしむ

とあり、『法華経』にも『大日経』にも出る。

しかしこれがわが国で山伏独自のものになったのは、携帯が便であり、音声がおどろおどろして、遠方までひびく特性があったためであろう。その上にこの貝は、水や酒をのむコップの代用にもなり、山伏の勧進には、米や銭をうける柄杓の代りもした。したがって山伏が江戸時代に「くずれ山伏」となって、「くずれ祭文」をかたる門付《かどづけ》芸人になっても法螺貝をはなさなかった。この祭文語りがチョンガレ、あるいは「くどき」となって、伴奏に法螺貝をふいたので、「江州《ごうしゅう》音頭」のようなデロレン祭文では、今も手に法螺貝のミニチュアを持って「デロレンデロレン」と口拍子をとるのである。

また一方では法螺貝の音は蛇や猛獣をおそれさせ、その害をうけないといわれており、そのことから目に見えぬ悪魔をはらう呪力があるとされた。これを悪用して勧進に応じない家があったり、応じても米銭があまり少なかったりすると「逆さ法螺」を吹く悪い山伏もあった。そうするとその家は絶えるといわれて恐れられた。

しかしこれとは逆に「天狗寄せ」という法螺を吹くこともある。この場合の天狗は善天狗で「護法善神」ともよばれるので、その法会なり修法なりが無魔成満《ぶまじょうまん》するように、天狗をあつめて守護してもらうのである。「東大寺お水取り」(修二会)でも「神名帳《じんみょうちょう》」をよむと、練行衆が精一杯法螺を吹き立てるのはそのためである。そしてこれはまた「お水取

り」のクライマックスでもあるが、参観の人々はその神秘的な音に酔うことになる。名貝にはそれぞれ個性ある音が出るので、それらのハーモニイは聞く人を魅了する。もともと「お水取り」は修験の行事であって、行法の開祖にあたる奈良時代の実忠《じつちゆう》和尚は、笠置山の龍穴で兜率天《とそつてん》の行法を見てまねたと伝えられている。その野性的な誦経の声明や「走り」や「五体投地」は、修験道の修法と苦行の名残である。そのために法螺貝が効果的につかわれたのである。

奥三河と遠江と南信濃の国境にあたる、天龍川中流の山岳地帯には、修験道芸能（花祭・御神楽《みかぐら》・冬祭・雪祭・田楽・田遊）が多くのこったが、その中の西浦《にしうれ》田楽（遠江水窪《みさくぼ》町所《しよ》能《のう》の西浦観音堂正月行事）にも「天狗寄せ」の法螺吹きがある。夕暮時に田楽衆（能衆）が食事をする前に、もとの山伏先達であった観音堂別当の高木家の庭で、この法螺が吹かれる。神秘的な一時である。これもまわりの山々に住む天狗（実は山の神）に法会の開始を知らせて、その加護を祈るのである。したがって法螺の音は山の神のような土着神、民俗神との対話でもあった。

## 三―螺緒と業秤および捨身行

例の修験道解説書として書かれた『木葉衣』には、法螺について、

山峰経行《けいぎやう》、法会の場には、法螺、最も要具たり、馳走、応答、出場、入宿、法会の案

内等、ひとへにこの法螺貝に依つて徒衆を進退するが故に、経行、籠山《ろうざん》、房中の所作等につき、験門《げんもん》には必ずこれを闕《か》くべからず。

として、それぞれの場合に応じての法螺の吹き方をしるしている。たとえば出寺には「三半二半一半と都《すべ》て八音なり」といい、入宿には「三三半と都《すべ》て十音これを吹く」という工合で実はよく分らない。そして法螺の持ち方まですべて経典によってこれを説明しようとしているが、いずれも独断で、法螺そのものの実用性や宗教性、呪術性にはあまり関心を示さない。これは大方の修験道書に共通の現象であるが、宗教民俗学の立場からは、もう一段の解釈が必要であるし、またそれが可能である。

螺緒《らお》についても『木葉衣』は無用の長物のように言っており、

螺緒《かひのを》と走縄《はしりなは》と連《つ》らね結び、腰の両傍に曳き垂るるを以て、経行の装儀とす。螺緒をかく別に造りて腰に繋《つな》むこと、恐らくはその用なきに似たり、顧《おも》ふに、これは神《しん》線、腰線なるべきを、誤り伝へて螺の緒と思へるには非ずや。

とあって、『蘇《そ》悉地《しつち》羯羅《から》経《きよう》』にある密教徒の持物の膂釧《りよくん》・数珠《じゆず》・腰線・茅環《ぼうかん》・神線・嚩《ば》曰《ざ》囉《ら》にあてている。しかし腰線も神線も具体的には不明である。それよりも螺緒は山中で木や崖を上下したり、物を束ねたりする必要道具として、評価しなければならない。このほか走縄（走索《そうさく》）は山伏の小木行《こぎぎよう》のとき、採燈護摩の乳木《にゆうもく》や薪を採って束ねるために必要なものである。

このように江戸時代には山伏の持物が何のためのものであり、どのような発祥であるかが、先達や本山の故実家《こじつか》にも分らなくなってしまった。これをあきらかにするのが、私のような宗教民俗学の立場からする修験道史研究の任務である。そしてそれは山中に入って山神や霊を祭ったり、その本地仏を供養したりする宗教的目的と、山中生活のための必要性の両面からこれを見なければならない。この立場からいままで山伏の服装と持物を解説して来たのであって、私の解説は過去の修験道書とも、現在の山伏先達の解説とも別であることを、お断りしておきたい。そしてまた従来おこなわれた、修験道書をそのまま敷衍した修験道史家の解説とも、またまったくちがうのである。

そこで螺緒についていては、山伏が法螺貝をもたない時代から、山中生活や信仰のために持っていた麻縄であることを記しておこう。これは奈良時代の仏教説話集である『日本霊異記』(下巻第一話)に出ているもので、熊野で海辺の漁民を教化していた南菩薩永興《ようこう》禅師というものの同行《どうぎょう》の持経者(法華経を実践する山伏)の禅師が、麻縄をもっていた話である。永興禅師も法華経の実践者で、いわゆる山中修行の浄行者だから古代的山伏といってよいが、この同行の持経者は優婆塞《うばそく》(山伏)二人をともなって、熊野から伊勢へ山を越す途中で、優婆塞と別れて、一人で姿を消した。三年後に発見されたときは、麻縄で足をしばって大岩にしばり、崖から身を投げた形で白骨になっていた。

尋ね求めて之を見れば、一の屍骨有り。麻縄を以て二足を繋ぎ、巌に懸け、身を投げて死す。骨の側に水瓶《すいびやう》有り、乃ち知る。別れ去りし禅師なることを。

一体これは何を意味するのだろうか。修験道では「捨身行《しやしんぎょう》」というものがあって、人々の不幸を救うにはその人々の犯した罪を、その人々に代って苦行することによって滅す、という滅罪信仰がある。この滅罪苦行の極致が「捨身」で、一人の山伏の命をもって罪を贖《あがな》うという、キリストの十字架とおなじ信仰にほかならない。捨身には焚身《ふんじん》（焼身）も入水《じゅすい》も入定《にゅうじょう》（土中入定）もあるが、山中で崖から身を投げるのが、もっとも原始的な捨身であった。そのために麻縄がつかわれた。

この捨身行の変形が現在でも大峯山、その他の修験行場でおこなわれる「覗《のぞ》きの行」で、崖に新客を宙釣りにして、谷底をのぞかせる形になった。これにも新客をしばる麻縄がつかわれる。ところが山伏の「十界修行」というものでは、籠堂の中でおこなわれるときには、新客をしばって天井から下げたことが、修験道書に見えている。このとき新客をしばるのが螺緒である。この室内の「覗きの行」は「業《ごう》の秤《はかり》」といって、その人の犯した罪の軽重を測るのだといわれ、丸太棒の一方には新客の体を下げ、他方には石を下げて天秤《てんびん》のようにしたのである。

このことから見て螺緒の古代修験道的な意味は、いつでも「覗きの行」や、「業の秤」ができるためであり、またいつでも「捨身」という衆生済度の贖罪死ができるためであった。いわばいつでも死ぬ覚悟のために、麻縄を持っていたのである。これを山中修行の山

西の覗（奈良　大峯山）　井上博道氏撮影／DNPartcom

伏は腰に巻いていたのが、法螺貝に下げていたために結合して螺緒になったものと、私は推定している。

## 肩箱・綾菅笠及び扇・宝剣

### 一―肩箱と綾菅笠

謡曲には山伏をシテやワキにしたものが多いが、とくに『安宅』は武蔵坊辨慶をシテとし、同行山伏をツレとしたり、源義経（子方）を俄強力《にわかごうりき》とした山伏劇の代表といってよい。したがってここには勧進帳や山伏問答が挿入されているばかりでなく、服装も持物もよくそろっている。

　あの強力が負ひたる笈を、義経取つて肩に懸け、笈の上には雨皮肩箱取りつけて、綾菅笠にて顔をかくし、金剛杖にすがり、足痛げなる強力にて、よろよろとして歩み給ふ御ありさまぞ、痛はしき。

とあって、義経（子方）は笈に雨皮肩箱《あまかわかたはこ》をつけるはずであるが、実際にはつけない。したがって、雨皮肩箱を知る人はあまり多くない。

肩箱というのは形箱とも書いて、笈の上にのせる平たい被せ蓋の箱である。その中には頭巾《ときん》や袈裟、八乳鞋《やつめわらじ》、座具、硯とともに、番帳、役者帳、折紙、閼伽札、正灌頂乳木《にゅうもく》、歯《し》木《もく》のような小物を入れてある。それらが濡れないように、油紙の油単《ゆたん》で包むが、これが雨皮なのである。

山伏は山中や宿《しゅく》で勤行するとき、笈の中から壇板《だんばん》を出して、肩箱の上におき、その上に修法の壇具《だんぐ》をならべ、香炉に香をたき、六器《ろっき》に閼伽（水）や花（樒）を盛り、五鈷、三鈷、独鈷、金剛鈴などをつかって、修法、勤行をする。そのため、壇具（仏具）はみな小型にできている。修法の場合の本尊は笈本尊の小不動尊である。肩箱に容れるものは『木葉衣』（下巻）によれば、先達は十四種、新客は五種となっている。

肩箱は板笈の場合でもこれをむすびつけるので、かなり大きいものが用いられる。私が近江の善水寺《ぜんすいじ》（甲西町岩根）で見たものは、儀礼用笈渡し板笈だったので、肩箱は錦張りで羯磨《かつま》輪宝《りんぼう》の文様のある豪華なものであった。『木葉衣』は岩代《いわしろ》（福島県）近津《ちかづ》の八槻《やつき》社別当坊にある聖護院主道興准后《どうこうじゅごう》の笈の肩箱をしるしているが、外は黒漆塗、内は梨子地《なしぢ》で豪華なものだったらしい。

また同国今津（石代の誤り）八槻社別当坊の許に、道晃（道興の誤り）准后より賜ふところとし蔵せる笈あり。（中略）肩箱もありて、外は黒塗にてぬり、内は梨子地にし、浅緑の紐にてこれを結ぶ。製作は何れも好みに随ひて一様ならずと見ゆ。笈の中に納る丶物とて、大永五年の『峰中法則』に載せたるを左に出す。

羽黒山の大先達の正装（宿移り）―綾藺笠・金剛杖・火扇・笈

とあり、近津八槻社はいま都々古《つづこ》別《わけ》神社（旧国幣小社）といい、奥州一之宮であったが、その神主は山伏であった。この別当坊はいま社務所となってのこっている。

つぎに『安宅』の綾菅笠というのは、先達のかぶる儀礼用の笠である。綾藺笠《あやいがさ》ともいい、菅《すげ》または藺《い》で編んだ笠に綾緒をつけたものであるが、大切なのはその頂上に切紙の紙《し》手《で》をたくさんつけて花笠のようにしてあることである。これは切紙の紙手《しで》に神が降臨して先達に宿ることを意味したものということができる。

普通入峯の山伏は兜巾《ときん》を額につけているので、笠の必要はない。しかし入峯行列の笈渡《おいわた》し作法とか、入宿《にゆうしゆく》作法などのときは、先達の正装にこれをかむるのである。本来笠というものは単に日除けや雨除けのものでなく、宗教的にはこれをかぶることによって人格がかわる。いわば変身するもので、盆踊の花笠などは、顔をかくして霊に変身するためにかぶるものである。したがって盆踊（大念仏）の開始を「笠揃え」といい、盆踊がすんで普段《ふだん》の人格にもどるのを「笠破り」という。これが田楽ならば田の神に変身するために田楽笠をかぶることになる。そうすると山伏の綾藺笠は、先達が山の神に変身することを意味するであろうとおもう。これが神仏習合の段階では、その山の山神（御祭神）の本地仏と先達は同体であることを意味し、先達の命令はその神仏の命令であり、そのような先達から灌頂をうけて、即身成仏を体験することになる。したがって『安宅』でこれを俄強力の子方が被《かぶ》ることは法に合わないが、とりあえず義経の顔をかくす道具としてつかったものであろう。

## 二――山伏と扇

山伏の儀礼用正装では金剛杖に檜扇《ひおうぎ》をつける。この扇というものは曲物《くせもの》で、いろいろの用途と意味がある。いまでは山伏の檜扇は火扇と書いて、柴燈護摩《さいとうごま》（野外で焚く護摩）に導師が火を煽ぐものとかんがえられている。しかし修験道の山には「扇掛松」というものがあって、登ったものは特定の松に扇をかけてくる信仰があったらしい。いまなら神社寺院でオミクジを引いて、それを境内の特定の木にむすびつけてくるようなものである。これは「結縁《けちえん》」といって、そこの神や仏と縁を結んで、その加護を得ようとするものであった。おそらくもとは紙縒《こより》にして結んだものとおもうが、「結縁」に紙縒を結ぶことは中世の例が奈良元興寺極楽坊の弘法大師像（正中二年＝一三二五銘）の胎内から発見され、おなじような例は奈良六条町、柳観音堂の十一面観音像（建武元年＝一三三四造立）の裾裏柄穴（はぞあな）から発見されている。

このようなところから山伏の扇掛けというのは、山神との結縁の意味があったかともおもうが、これにはそのほかいろいろの解釈ができる。まず扇の機能は煽ぐことで、これによって災をはらう信仰があるから、扇を金剛杖につけて歩けば安全という意味があったであろう。したがって下山のときそれを一定の松に掛けておいて来たと解釈される。現在はこの習俗も伝承もないので、一つの推定として解釈するほかはない。

扇が正装を意味することは、現在でも結婚式や茶室の作法に見られるところである。結婚式ではモーニングの紳士が、白手袋とともに小さな扇子を持つ、という不思議な作法まであらわれた。日本人は正装に扇は欠かせぬものとおもっているが、これは寺や山伏の作法から来たものと、私はかんがえている。これが公卿ならば笏《しゃく》を持つところで、扇も笏も、ともに口上《こうじょう》や歌などを書いてメモ(備忘)にしたところも共通している。ともあれ僧侶の正装には中啓《ちゅうけい》という大型の扇を持ち、拝礼にはこれを前におき、口上をのべるにはこれを手に持つ。これは今でも高野山や比叡山の法会とか論義に見ることができる。これが武家の作法にうつって、礼装に扇子をつかうようになったとかんがえてよい。今日のわれわれの作法と礼法には公卿や僧侶や山伏から武家を通して、一般民衆のものになったものがす

扇御輿（和歌山　那智大社）

くなくない。

　そうすると山伏の金剛杖につける檜扇（火扇）も、中啓とおなじく正装の意味があったとおもわれる。ところが山伏の世界では、これが異常の発展をとげることになったのであって、その第一は扇御《おうぎみ》輿《こし》である。扇御輿は熊野山伏の火祭にかつぐもので、那智の七月十四日（もとは六月十四日から十八日まで）の火祭には、いまも十二基の扇御輿が出る。高さ三間の木枠に三十二本の扇をはりつけ、先端に杉板を放射状に打ちつけた「光り」を立てた造り物である。これが那智大社の本社から大滝まで行列し、十二基の扇御輿を十二本の大松明が滝本からお迎えに出る。おそらく災をもたらす悪霊を滝の中へ攘却する宗教儀礼だろうと、私は解している。したがってここに扇の悪霊攘却の機能をみとめることができる。

　このようなところから、山伏集団の旗指物《はたさしもの》にも扇を立てたらしく、これが武士団の扇の旗指物になったものと、私はかんがえる。この扇旗指物は中心に日の丸を書いたものが多いので、これは私の推測であるが、日の丸の旗も、山伏の旗指物がもとだったかもしれないのである。扇を山伏の旗指物にしたことは、文献にはまったくといってよいほど見当らない。その代り私は平安末期の絵に見出したので、これほどたしかなものはない。その絵は高山寺本の『鳥獣戯画巻』の丙巻と丁巻の二か所である。

まず丙巻では猿山伏集団と蛙山伏集団の「験競《げんくらべ》」の図に、蛙山伏側が大きな半開扇に、蕪と巴の紋を書いて地面に立てている。猿山伏側は何か文字を書いた大きな半開扇を立てていて、双方ともこの旗指物のまわりに結集し、選手を一人ずつ出して、中央に逆立ちした酸漿裹頭《ほおずきかとう》の山伏を、倒そうとする験力《げんりき》と、倒させまいとする験力とを競っている。

ところがこの絵にきわめて似た扇が、さきにものべた黒川能（山形県東田川郡櫛引町黒川春日神社）で今もつかわれている。山伏伝承というものは、文字にはのこらないが、注意ぶかく見さえすれば、いろいろに形を変えて具体的に伝えられているという例である。黒川能の祭の中心は「王祇《おうぎ》さま」であって、この祭全体を王祇祭というが、「王祇」は「扇」の宛字にほかならない。王祇さまは村を二つに分けた上座と下座にあって、両座ともこれを中心的シンボルとして能の芸を競ったのである。

『鳥獣戯画巻』のもう一つの扇旗指物は、丁巻の山伏集団と密教僧集団との験競の図に見える。ここでは山伏側が扇を竿の先につけて立てているのに対し、密教側は団扇《うちわ》を竿の先につけている。この験競は中央の蛙（人間が蛙の被り物をつけたもの）を祈り殺したり、祈

花祭の扇

黒川能の扇（山形）

り生かしたりするものらしい。このような図を見ると、奈須与一宗高の扇の的も、あのときの新しい発想ではなくて、旗指物の扇を的にして射落とすという競射が、もとになっているとかんがえなければならない。

山伏の扇のもう一つの発展は、山伏の延年の「扇の舞」である。いまでも舞といえば、手踊りでないかぎり扇を持つのが普通であるが、山伏の延年を除いては神楽・田楽・散楽・伎楽・舞楽などの先行芸能にこれをもとめることはできない。このようなきわめて身近な現象の謎も、修験道史の面からならば解けるのである。私はこの謎を山伏神楽から解くことができたが、山伏神楽（法印《ほういん》神楽、花祭・荒神《こうじん》神楽、隠岐神楽、大元《おおもと》神楽、神殿《こうどの》神楽、高千穂神楽、池川神楽等）には、たいてい「扇の手」と「盆の手」と「湯桶《ゆとう》の手」がある。これらは山伏（遊僧《ゆそう》または稚児《ちご》）が延年の酒盛のあいだに給仕をつとめ、その給仕の持物で即興舞をしたのが残ったものと、私は推定している。この推定には万分の一の間違いもあるまいとおもう。このとき扇は遊僧や稚児の持物だったのである。

## 三―宝剣と山刀

山伏の持物にはほかに宝剣や山刀がある。宝剣は山刀が儀礼化したもので、本来は山中で薪や柴を伐るのに、鉈として実用に使ったものである。大きなものは斧（鉞）がつかわれるが、それより小さな木や柴に山刀が必要であった。この山刀が彫刻用にもなって円空仏のようなものができる。そうした山刀で山伏が仏像を彫刻した例は、すでに平安末期の『粉河寺縁起絵巻』に出ていて、

　わら（童）はおさなき時より身をはな（放）たずもちてあそびし物にて候とて、さげさや（下げ鞘）ひとつくれなゐ（紅）の帯つきたるをまいらす。

とあるように、帯で腰に下げる鞘付《さやつき》の山刀であった。これは漢文で書かれた粉河寺縁起、すなわち『粉河寺大卛都婆《そとば》建立《こんりゅう》縁起』（醍醐寺本『諸寺縁起集』所収）では、

　鞘付帯一筋

となっているほど、山伏の山刀には鞘と下げ帯が必須のものであった。

ところが修験道が実践性をうしない、山刀も儀礼化するようになると、山刀は宝剣となって飾鞘や飾柄がつき、錦の刀袋におさめられて大先達の笈の上に結びつけられることになった。そしてその使用も柴燈護摩を焚くとき、護摩木である乳木《にゅうもく》を束ねた紐を切るだけである。かつては山伏の身を護ったり、薪を切ったり、柴を採ったり、山草野草を切った実用の鉈と庖丁の大きな変貌である。これが修験道の文化、山伏の進化であるとすれば、それは修験道の実践性の欠如、山伏精神の退化といわなければならないであろう。木曾駒ヶ岳頂上の宝剣岳の名は、そのような段階で名づけられたのであろう。

しかしそうはいうものの山伏の宝剣にも、かつては呪力がみとめられていたとおもう。それをシンボライズするのが三鈷柄《さんこへい》である。これは三鈷杵《しょ》の一方の中鈷が剣に変容した形をとり、悪魔を降伏する三鈷の呪力を宝剣にもたせたのである。それでもこの三鈷にふさわしい浄行の山伏が持たなければ、その呪力が発揮しないことはいうまでもない。にもかかわらず、鈍《なまく》らな山伏がこれを持てば、その宝剣は単なる一本の金属にすぎなくなるし、ことによるとその呪力は災となって山伏の身におよぶかもしれない。

宝剣のもっとも古いものは鞍馬寺の鬼面三鈷宝剣で、鎌倉末期のものである。三鈷柄は小柄で刀身は細身で長く（六三・七センチ）柾目心の板目の鍛は冴えて、すぐれた美術品である。鞍馬修験のはなやかなりし時代の遺品であろう。鞘には朱漆文字の寄進銘があって、

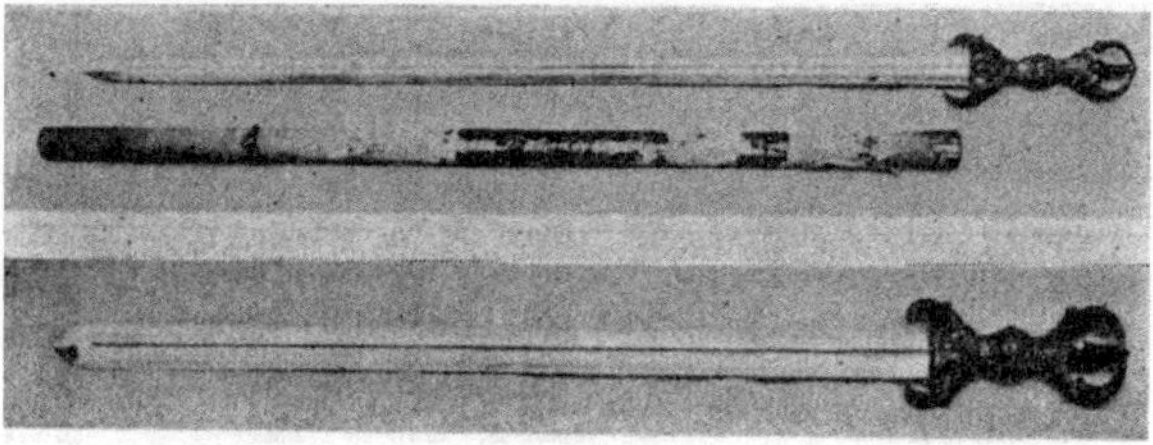

三鈷柄宝剣（上　京都鞍馬寺蔵，下　栃木二荒山神社蔵）

（表）鞍馬寺進上　宝剣一振事　正応六年（一二九三）（以下欠）
（裏）近江国矢須（野州）郡小日吉郷住（以下欠）

とかつては読めたが、今は「鞍馬寺」「一振」「国矢須」が読めるにすぎない。ほかに日光二荒山神社、京都高山寺、河内長野の金剛寺、大和長谷寺など、かつて山伏のおった古社寺に鎌倉時代の三鈷柄宝剣がのこっている。

そのほか山伏の持物としては、『梁塵秘抄』（巻二）に「聖《ひじり》の好むもの」にあげられた火打笥《ひうちけ》もある。これは江戸時代末になっても、菅江真澄の『蝦夷喧辞辯《えみしのさえぎ》』（寛政元年〈一七八九〉）にしるされた北海道太田権現の岩屋の、山伏の持物にのこっていた。

その木沓《きぐつ》も猶のこれり。小鍋、木枕、火うちけなど、岩むろのおくにありけるが

とある「火うち笥」がそれである。しかしその遺品はいま見ることができない。おそらく雨や湿気を防ぐ特別な装置の箱に、火口《ほくち》の灰と火打石、火打鉄が入っていたにちがいない。

山伏は集団で行動するようになると、強力《ごうりき》（合力）とか承《じょう》

仕《じ》という荷物運搬人が付くので、それほど持物が必要でなくなった。しかしもとはただ一人で山深く分け入り、二か月、三か月、もしくは一年、三年の山籠りをしたので、山中生活に必要なものをみな携行しなければならなかった。食糧だけは飛鉢《ひはつ》の伝説があるように、従者か里人からの補給があったものと、私はかんがえているが、今の登山用具のような簡便な道具があったのであろう。しかしそれは今では遺品も伝承もなくなったのは残念である。

# 第六章　山伏の文化

# 修験道の美術

## 一―修験道の仏像

山伏はもっぱら山野をかけめぐり、苦行と勤行にあけくれるというイメージがつよくて、文化をもつなどとはかんがえられなかった。もちろん山伏は実践を生命とするので、教理とか文学とか芸術というものは、あまり得意でない。しかし野性の宗教、呪術の原始宗教も、山伏集団が大きくなり、経済力や社会への影響力が大きくなるにしたがって、多方面の文化をつくり出した。従来は残念ながら、それは仏教文化、密教文化、あるいは神道文化としてあつかわれていたのである。

最近出版された各種の神道美術や垂迹美術の書も、その内容には修験道美術が多いし、密教美術は多くの密教寺院が山岳寺院である関係もあって、修験道信仰のためにつくられたものがきわめて多い。日本密教は日本固有の山岳宗教をはなれては存立しえないものであったが、最近、インドやチベットの密教が知られるようになって、山をはなれたインド的密教が日本密教のように誤解されている。しかし都市の貴族の祈禱密教をのぞいて、東密（真言密教）や台密（天台密教）を見れば、高野山や醍醐寺の密教も、比叡山や園城寺の密教も、修験道密教であった。したがって仏教も仏画も仏具も、そして建築もその要求に応じたものであることがわかる。

たとえば高野山金剛峯寺金堂の本尊は薬師如来であり、比叡山延暦寺根本中堂の本尊も薬師如来である。高雄山神護寺にも有名な弘仁様式の薬師如来像があり、これは弘法大師の時代より古いかもしれない。薬師如来がこのように山岳寺院に多いのは、山伏が山中で薬師悔過《けか》という、罪穢を浄化する浄行の本尊とするためであったことが、ちかごろわかって来た。ただ病気平癒をいのるためではない。

また円空仏のような山伏の鉈彫《なたぼり》仏が、最近ブームをよんでいるが、山岳寺院には丸木仏、鉈彫仏がすくなくないし、山中の崖や巨岩に磨崖仏を彫るのも山伏である。それはただ芸術作品をつくろうとするのではなく、修験道が自然の木や石に神仏の実在（内在）をみとめるので、それを木や石から彫り現わすという信仰と、この行為を自分の修行として実践することであった。

密教の仏像には忿怒形《ふんぬぎょう》の不動明王や大威徳明王、軍荼利《ぐんだり》明王、太元帥明王などの多面多臂その他の異形相が多い。また毘沙門天や増長天、閻魔《えんま》天、十二神将や執金剛神などの天部、諸神、外《げ》金剛部といわれるおそろしい仏像が修験道ではおがまれる。ことに金峯山《きんぷせん》、すなわち大峯修験道では蔵王《ざおう》権現という忿怒尊を本尊とするが、これは役行者が大峯山上で祈り出したものという。すなわち行者が日本にふさわしい本尊の出現をねがって一心に祈ったところ、釈迦如来があらわれた。しかし行者は、柔和な仏では日本にふさわしくない、といってもう一度祈ると弥勒仏があらわれた。役行者はそれでも優しすぎるというと、最後に髪を逆立てた三目二臂二足で、片足を高くあげた忿怒形の蔵王権現があらわれた。これこそ日本にふさわしいとして、金峯山にまつったという。

この金峯山は山上ヶ嶽（一七一九メートル）とつたえられて、頂上に湧出岩《ゆしゆついわ》があるけれども、もっとも古くは吉野金峯山の安禅寺《あんぜんじ》（金峯神社の上に遺址あり）にまつられたもので、のちに山上ヶ嶽蔵王堂と吉野蔵王堂（いま金峯山寺本堂）に分れた。しかしいま蔵王権現

木造蔵王権現立像（鳥取　三仏寺蔵）

の最古の遺品としてのこるのは鏡背毛彫《けぼり》画像で、神社の神体（御正躰《みしょうたい》）としてまつられたものであろう。東京総持寺（西新井大師）所蔵の遺品には長保三年（一〇〇一）の銘があり、伯耆三《み》徳山三仏寺《とくさんさんぶつじ》の鏡背毛彫像も平安中期のものである。この寺には平安末期の木彫蔵王権現像があって、木彫としては最古の遺品である。

なお修験道美術の特色をなすものは懸仏《かけぼとけ》といわれるもので、御神体である鏡の背面に、その神の本地仏をあらわす。毛彫の場合もあり、別に鋳出仏や押出仏をつくって、鏡の背面に取り付ける。修験道の本尊はその山の山神であるが、これを仏教的にまつるので、本

蔵王権現鏡像（東京芸大蔵）

地仏が必要になったからである。しかも山神というものは、鬼や天狗で表現されるような荒魂なので、本地仏も恐ろしい忿怒尊がふさわしいことになる。なかでも不動明王という仏は、大日如来の「教令輪身《きょうりょうりんじん》」といって、本心は太陽が万物をいつくしむような慈悲の仏であるが、難解難入《なんげなんにゅう》で信仰に入らない衆生をおびやかして、無理矢理にも信仰に引き入れる姿とされている。したがって山岳寺院や密教寺院には、かならず不動明王がまつられて、護摩本尊にもなっており、山伏の笈にお

さめて、山中の拝所ではこれを本尊に修法、勤行をおこなうのである。

また修験道美術の特色は金属（金銅、青銅、鉄）の仏像が多いことで、これは風雨や寒暑、湿気に耐えなければならないからであった。巨大な金仏は分解して山上へはこび上げられたが、神仏分離では山下へおろされて山麓寺院でまつられるものが多い。越中立山の別山では鎌倉中期の帝釈天《たいしやくてん》青銅仏がまつられていたものが、いまは山麓芦峅寺《あしくらじ》部落（立山町）の富山県「風土記の丘博物館」に下して保存されている。出羽三山の月山頂上十三仏は鶴岡市の善宝寺へ下され、白山山頂の十一面観音、阿弥陀如来、聖観音と岡山泰澄大師像は、山麓白峰村一ノ瀬の林西寺《りんさいじ》におさめられている。

## 二―修験道と曼荼羅

修験道の美術には曼荼羅《まんだら》が多い。曼荼羅といえばすぐ金剛界、胎蔵界の両界《りようかい》曼荼羅をさすようにかんがえる人が多いが、修験道ではその山の山神や水神、あるいは火神その他の祭神を、神像として配列し、または本地仏として配列する。これは礼拝の対象となることもあり、信者への説明（絵解き）につかわれることもある。そしてその背景にはその山の風景をかならず描き、それに社殿や堂宇を添えている。「吉野曼荼羅」（西大寺・如意輪寺蔵）では上部に大峰の峻嶮な山や峰を描き、中央に巨大な蔵王権現と八大金剛童子を立たせて、役行者をその足下におき、下に山内の諸社を配する。その間に参詣人を描くのは、参詣図を兼ねているからである。このように修験道曼荼羅は、単に諸神や諸尊を描くだけでなく、背景の山容と参詣人や登拝者をかならず添える。これは曼荼羅がその山への参詣をすすめる絵解にもちいられたからで、私は曼荼羅というよりも参詣図とよぶことにしている。「熊野那智曼荼羅」といわれる参詣図もおなじことで、那智の滝には役行者や矜羯羅《こんが ら》、制吒迦《せいた か》、文覚《もんがく》上人などが添えられていて、それらのエピソードがかたられたのである。また白河上皇の参詣の図もあるから、異時同図の手法で、熊野の歴史や霊験を絵解したものとおもわれる。

「春日曼荼羅」も神道美術では「宮曼荼羅」とか「社寺曼荼羅」とか、「鹿曼荼羅」とか分けるけれども、例外なく上部に春日山と御蓋《みかさ》山を配することに注意しなければならない。山がなければ春日曼荼羅でないところに、これが修験道曼荼羅の範疇に入ることをあらわしている。春日神社本社といわれるのは、藤原鎌足が神官として仕えた鹿島・香取の神（武甕槌命《たけみかつち》・経津主命《ふつぬし》）に中臣氏の祖神天児屋命《あめのこやね》と比売《ひめ》神の四柱を奈良時代に春日山麓に勧請したものである。しかしその前から春日山と御蓋山の山岳信仰があって、これが地主神としての春日若宮である。このことを春日神社はしいて語ろうとしないのに、曼荼羅はこれをわすれることなく描いており、また民衆は若宮の「おん祭」にこそ、大和中の芸能を奉納して山神を鎮め祭るのである。すなわち春日本社の祭は藤原氏の氏神祭で、民衆には何のかかわりもなかったが、若宮の祭は山麓の民にとって大切な山神祭であった。この山神の本体は龍といわれるので、春日山の最高峯である高山《こうぜん》(香山《こうぜん》)には龍神社があり龍王池がいまもある。ここに山岳寺院である香山寺《こうぜんじ》(香山薬師寺)があったが、これは奈良時代に国家によって新薬師寺に合併吸収させられてしまった。したがって新薬師寺の客仏として白鳳の美をほこった香薬師像《こうやくし》(今は盗難で行方不明)は、春日山修験道の唯一の遺品であった。そのような歴史を春日曼荼羅がものがたってくれるのである。

「山王曼荼羅」はいろいろの様式があるが、とくに細見亮市氏蔵「山王宮曼荼羅」は、中心に大きく小比叡《おびえ》(八王子山)を描いて、上部に山王二十一社の神像と本地仏、下に二十一社の社殿を配している。そして小比叡の頂上に八王子社があるが、日吉社の本宮(二の宮とも西殿ともいう)はもとここにあって、比叡山岳信仰の対象であった。現在京都側から見える比叡山は四明ヶ嶽であって、山岳信仰の比叡山でないことも、この曼荼羅を見ればよくわかる。

「立山曼荼羅」は多くは江戸時代のものであるが、来迎寺本(富山市)だけは中世末期とされる。これは修験道曼荼羅としてはもっとも典型的なものといえよう。四幅対になっていて、上部に主要な峰を浄土山、雄山、大汝山、別山(帝釈嶽)、剣嶽の順に描き、それぞれの頂上に祠や本地仏や来迎仏を配している。そして立山信仰の根本をなす地獄を詳細に描き、いろいろの悪事罪業に応じた地獄があって、絵解されたことをものがたっている。しかもこの地獄の中で立山の僧が施餓鬼会を催して、亡者を地獄から救済しようとし、血の池地獄には血盆経《けつぼんぎょう》がなげ込まれて、女人が救済される。また山麓では「布橋《ぬのはし》大灌頂」の模様がくわしく描かれ、閻魔《えんま》堂から姥《うば》堂まで白布を敷いた上を、灌頂に入る女人が僧に先導されて、姥堂に入る図である。この絵解によって人々は白布を寄進したという。また山麓には芦峅寺の宿坊や開山堂があり、道者がこの間をあるいている。また武士が熊を弓で射る図もあって、佐伯有頼《ありより》が発心《ほっしん》して立山を開山するという縁起もかたられたことがわかる。

修験道曼荼羅の中の圧巻は「富士曼荼羅」である。富士宮の浅間神社所蔵の曼荼羅は室町中・末期のものと見られるが、上部に大きく富士の秀峰を出し、そこに登る道者の列を描く。中腹は村山口の宿坊や堂舎、麓は富士浅間神社であろう。最下部は三保松原で、道者はここで船から降りて、木戸を通って神社へ向ったことがわかる。富士の裾野を雲形でたくみにかざり、樹海の深さをしめした絵画史の上からも名品ということができよう。

## 三―修験道と来迎図

修験道絵画として、私は来迎図を欠くことはできないとおもう。「当麻曼荼羅」のような『観無量寿経』にもとづく浄土変相図には、日本人固有の山岳宗教は表現されていない。しかし来迎図となれば、日本人の山中他界観が反映して、山の中に浄土があり、そこから阿弥陀如来と聖衆が、信者や往生者を迎えに来るという信仰が表象化される。

高野山の「聖衆来迎図」は恵心僧都が画いたという伝説があり、事実元亀二年（一五七一）の信長叡山焼討まで、この絵は比叡山横川《よかわ》にあった。しかしこの来迎図では雲に乗った聖衆は主として海の上を飛翔する。しかし知恩院蔵「弥陀二十五菩薩来迎図」（早来迎）では重畳たる深山を越えて飛来するのである。また小童寺（兵庫）の「弥陀三尊二十五菩薩来迎図」などは、しかるべき名のある山とおもわれる山容の山を中心におき、その彼方から前景の山峡を通って聖衆の行列が来迎する。ことによるとこの山は高野山かもしれないという気もするが、これは中世に「高野浄土」の信仰があったことをおもえば、ありうることである。たとえそうでなくとも、日本人の浄土は十万億土などという抽象的な存在でなく、死んだら「どこそこの山」へ行くという具体性があったはずである。多くの山岳信仰の本地仏に阿弥陀如来があるということも、この来迎に関係があるとおもわれる。

さきにのべた「立山曼荼羅」に、浄土山のかげから二十五菩薩の来迎が出てくることをのべたが、「熊野影向図《ようごうず》」（檀王法林寺）といわれる来迎図は、まさに阿弥陀如来は熊野本堂から那智の浜まで、名取《なとり》の老女の四十八度目の熊野詣を来迎した図である。したがって熊野本宮（証誠殿《しょうじょうでん》）は弥陀の浄土と信じられたのである。この図は別称「那智山浜宮示現《じげん》図」ともいわれるが、影向といい示現といい、いずれも神道的表現をしようとしたまずい名称で、「熊野弥陀来迎図」でよいのではないかとおもう。いずれにしても日本の来迎図というものの多くが、修験道美術であることをしめすものにほかならない。因みにこの来迎図には円覚寺住持南山士雲禅師の讃があり、己巳（おそらく元徳元年〈一三二九〉）の年より以前にこれが画かれたことがわかる。

「熊野影向図」は、阿弥陀如来が本宮から那智まで雲に乗って来迎したのだから、「山越《やまごえ》弥陀《みだ》来迎図」の一種である。そこで山越弥陀来迎図というものと、修験道信仰の関係をかんがえて見ると、金戒光明寺の「山越弥陀」は動的な表現はないが、山の彼方に弥陀の浄土があるということは表現されている。そしていまや三尊がせり出しているとかんがえれば、当然こちらへ来迎することになる。十万億土から飛来したものとすれば、当然天空か

熊野影向図（京都　檀王法林寺蔵）

ら下降して来るべき弥陀三尊が、山中からせり出してくるということに、山中浄土が確信され、唱導されていたことを知ることができよう。したがって死者の魂は弥陀に引導されて山中浄土へゆき、そこにとどまるばかりでなく、盆彼岸にはそこから子孫の家を来訪し、子孫もまた山へ供養に行くことになる。

禅林寺の「山越弥陀」では、観音・勢至の二菩薩はすでに山を越えてこちらへ移動してくる。しかしこの二菩薩の乗った雲の尾は山道のように複雑に屈曲していて、徒歩で山を越した跡のように見える。また文化庁保管の「山越弥陀」は山の鞍部から、弥陀聖衆の乗った雲がこちら側へこぼれ出して来ているので、やはり山を越えて近づきつつある動きが表現されている。

従来の俗説では「山越弥陀図」は恵心僧都が二上山の西に沈む夕日を見て、発想したものとつたえているが、これは来迎という画因に合わないから信ずるに足らない。しかし二上山もまた死者の霊のとどまる山中他界信仰があったとするならば、それを浄土とする信仰にはつながるであろう。その浄土の内容を説明するために、「当麻曼荼羅」がもちいられたとはかんがえにくいが、当麻寺の前身、禅林寺を役行者が開創するとき、曼荼羅の偈に、

往昔迦葉説法所　今来法起作㆓仏事㆒
響応㆓西方㆒故我来　一入㆓是場㆒永離㆑苦

とあることは、弥陀の浄土がこの寺のすぐそばにあって、弥陀は仏事の読経や音楽の響をきいて、この寺に来迎するという信仰があったものとおもわれる。このように来迎図もまた修験道の生んだ宗教美術として再評価する必要がある。

### 四―庶民のための仏像と神像

山伏はみずから仏像を彫る場合がある。それは木を素材とすることもあるし、石を素材とすることもある。もちろんその作品は専門の仏師が彫ったほど、美しくはない。稚拙であり、グロテスクなことが多い。そのようななかで、円空と木喰行道のような遊行者の作品は、多くの人から愛好され、ブームをよんでいる。それは稚拙やアンバランスや粗雑さを越えた山伏精神が、人々の心を打つからである。

ついこのあいだ、私は長野から聖《ひじり》高原を経て、近道をするつもりで山道を塩田盆地へいそいだ。ところが修那羅《しゅなら》峠の道路修理の交通止に会って、一時間待つ破目《はめ》になった。これは修那羅峠の石仏を見るための絶好の機会とおもって、石仏のある修那羅山へのぼった。

ここは修那羅大天武《だいてんむ》とよばれる一山伏が、全国の名山霊嶽で修行した末に隠棲したところで、七、八百基の奇怪な石仏・石塔が、山いっぱいに立てられている。大天武は大天狗の訛りらしいが、このような山伏は、自分が神になったとか、仏になったとか、天狗になったとかの自覚をもって、人の病気を治したり、木や石を彫ったりする。木喰行道が五行《ごぎょう》菩薩《ぼさつ》、あるいは光明神通明《じんづうみょうまん》満仙人と自称するように、大天武は光聖菩薩と称したという。彼の彫った石神、石仏は稚拙でグロテスクだが、技巧にこだわらぬ素朴で素直な作風は、清新で快い。このような山伏の作品は、いわゆる美術として鑑賞するのでなく、その木や石にこめられた山伏の祈りと誓願を感じとることによって感動するものなのである。そしてその感動もまた「美」といえよう。

修那羅峠の大天武の石仏・石塔には、彼の烈々たる祈りが感じられるように、円空仏にも円空の祈りが人の心を打つ。雨がなくて困っている農民や山村民のためには、雨乞いの本尊として善女《ぜんにょ》龍王像をつくって祈った。豊作で腹一杯の食事がしたい小農民のためには、宇賀神《うがしん》像をつくり、疫病になやまされる人々のためには、薬師如来や十一面観音をつくった。

このような底辺の庶民の日常的な宗教的祈りにこたえるのが山伏の作る仏像であった。円空や木喰行道や修那羅大天武でも、作品を紹介する人がなければ、無名のうすぎたない一遊行者にすぎない。そのほか名もしれぬ遊行者や山伏の彫った仏像や神像は、数しれず多くあるもので、私も広島県の比婆《ひば》郡の山村、四国の石鎚山麓や土佐長岡郡の山村、美濃郡上《ぐじょう》郡の山村などの調査で、祠やお堂の中におさまった小仏像を多数見ることができた。

そのような中で、ちかごろ注目されはじめたのは、弾誓《たんせい》系の木食遊行者の作った仏像である。これは中世末期から近世初期にかけて、もっとも不安な時代に出た弾誓が、きびし

円空の善女龍王像（岐阜　松見寺蔵）　後藤英夫氏撮影

い木食《もくじき》と苦行と遊行をつらぬきながら、庶民救済に生涯をささげた精神を継いだ木食遊行者たちの仏像で、円空や木喰行道もこの系譜につながることがわかって来た。これはとくに信州に多数の遊行者の仏像があることから、研究の緒《いとぐち》がひらけた。その糸をたぐってゆけば弾誓にまでその系譜は行きつくのである。

弾誓自身も鎌で仏像や自刻像を彫ったが、二世の但唱《たんしよう》、三世の長音、四世の空誉《くうよ》、六世の山居《さんきよ》によって作られた仏像は多い。私は空誉の開いた相模伊勢原市、一の沢浄発願寺の弥陀三尊や七沢《ならさわ》観音寺の勢至像を見たとき、平安時代の仏像ではないか、と錯覚したくら

弾誓像（京都古知谷　阿弥陀寺蔵）

いの出来であるのにおどろいた。しかしかれらの仏像制作には専門仏師の助手があって、主要部分の彫刻と、全体の指揮を木食遊行者自らがとったのかもしれない。そう解釈しなければ疑問がとけないくらい巧みなのである。

しかし多くの遊行者の仏像は、よく木端仏《こっぱぶつ》とよばれるが、これは数多くつくればつくるほど、功徳が大きいという信仰で、千体仏をつくるからである。円空もしばしば千体仏をつくっていて、木端に目鼻口を刻んだだけで仏になっている。弾誓も千体仏をつくったといわれ、信州上諏訪の唐沢《からさわ》阿弥陀寺の洞窟におさめてある。いまは大分減ってしまって、十数体しかのこっていないのは、祈願のある人がこれを借りていって祀ったためであろうとおもう。これなども山伏の誓願の生きているところで、自分の死後も、のこした千体仏をまつるものには功徳をあたえようと誓願したのである。そうすると、山伏の仏像は仏像というよりは、誓願の媒体である。その仏像をつくるには、生命をすりへらす苦行と精進で仏と同体になるまで精神を浄化し、後の世までの誓願を仏像にこめるのである。円空仏や微笑仏（木喰行道の作品）は、そのような誓願の媒体であることを知らなければならないし、そのためにこそ、いつまでも人の心を打つのだといえる。

## 五—石仏と磨崖仏

日本はいたるところに石仏があり、磨崖仏《まがいぶつ》がある。その中で町や村の中にあるものは、作ったのは石工《いしく》かもしれないが、発願者と供養者は遊行聖《ゆぎようひじり》であることが多い。ある日突然、村にあらわれた遊行聖がお説教や夜談義《よだんぎ》で村人を感動させ、大念仏会《だいねんぶつえ》をもよおす。そこで死者のための石仏が立てられ、生きた人の逆修《ぎやくしゆ》の石仏、石塔が立てられる。一つの石塔に二体の弥陀や地蔵が並んで彫られたのは、多く夫婦逆修の石塔である。

これに対して山中の石仏や磨崖仏は、山伏の彫ったものである。大分県の国東《くにさき》半島は磨崖仏の宝庫といわれ、臼杵《うすき》も石仏・磨崖仏の名所である。奈良の東山(春日山)にも、宝生口《むろうぐち》大野にも磨崖仏がある。このようなものは、山伏もしくは山中浄行者が、自分の修行の本尊として彫ったもので、足場のない時代には命がけの彫刻である。現在では人に見せるための石仏・磨崖仏とかんがえられがちであるが、山岳修行者は仏師のつくった木彫や金銅仏では満足できなかった。

このことは山伏というものは自然のなかに内在する神や仏を礼拝し、その超人間的霊力(験力《げんりき》)をもらうために修行するのだ、ということをあらわしている。円空は、

木にだにも　御形《みかた》を移す　ありがたや
　法《のり》の御音《みおと》は　谷のひびきか

と、深山の窟にこもって、木のなかから神や仏の「御形《みかた》」(像)を彫り出した。また、

ちはやぶる　峯の深山の　草木にも
　有あふ杉に　御形《みかた》移さん

地獄谷の磨崖仏（奈良）

とうたって、神仏は深山の草木に内在すると信じていた。これが岩石の場合は一層神秘的な霊を感じさせるので、霊感のあった石や崖に彫ったものであろう。

このような石仏は材質から見て、木彫のもたない安定性と永遠性を感じさせる。その彫成には、木彫の何十倍もの労力と歳月を要したであろうが、その代り大自然の力と美を遺憾なく発揮する芸術であるといえよう。

石仏・磨崖仏に弥勒《みろく》像が多いのも、これが永遠性をもった仏なので、山伏の信仰にふさわしいからである。笠置山は笠置修験の本拠で、南北朝時代に大活躍をするが、ここは古代から山岳修行者にとって弥勒の聖地なので、弥勒仏の磨崖石がある。高さ五十二尺、幅四十二尺の巨岩で、この中心を壺形に彫りくぼめて、高さ五丈の弥勒巨像を線刻してある。これが奈良時代以前からの笠置寺の本尊であった。この磨崖仏については『今昔物語』（巻十一）に縁起が記載され、中御門宗忠の『中右記』の元永元年（一一一八）閏九月二十七日の条にも記事がある。その像容は仁和寺本『弥勒菩薩画像集』（康和三年〈一一〇一〉）に載せられているが、元弘元年（一三三一）の笠置行宮《あんぐう》攻めのとき、火をうけて滅失した。まことに惜しいことである。ただ虚空蔵菩薩の磨崖だけのこったので、白鳳時代の姿をしのぶことはできる。笠置山には、そのほかに薬師石（高さ四十尺・幅三十一尺）と文殊石（高さ二十二尺・幅十六尺）もあるから、笠置寺の本堂は笠置山の山上すべてであり、本尊や脇侍はすべて巨岩に線刻された磨崖仏であったことがわかる。いかにも山伏らしい壮大な大自然本堂と、大自然仏像である。このような発想は、都市の人工の美をつくした伽藍に住み、経論の註疏にこだわる僧侶にはまったく想像出来ないものであろう。

笠置山のほかの弥勒磨崖像としては、室生寺へ入る入口、宇陀川にのぞむ断崖に大野寺磨崖仏がある。室生寺も水源信仰にともなう山岳寺院としてひらかれたので、その四方に山伏が住んでいた。大野寺はその西方の入口にあたる弥勒の聖地であった。磨崖仏を彫刻した断崖は百尺の高さで、これに光背とも四十五尺五寸の像が線刻されている。造立をはじめた時代は鎌倉時代の初期、承元元年（一二〇七）で、承元三年三月七日に開眼供養がおこなわれたことが『興福寺別当次第』や『百練抄《ひゃくれんしょう》』でわかる。これを企画した菩提房というものはおそらく山伏で、これに協力した三輪《みわ》別所の慶円上人というのも、三輪修験道の山伏であろう。また菩提房の下図というのは、笠置寺の弥勒菩薩像を模したものであった。大野寺は川をへだててこの磨崖仏を礼拝するようにつくられたが、このような大像はよほどの距離がないと、全容を拝することができない。

しかし大野寺磨崖仏のように記録にのこるのは稀で、誰が何時《いつ》彫ったともわからぬ石仏・磨崖仏が大部分である。これは孤高なる山伏が自己を極限まで苦しめる苦行として、また衆生済度の誓願をこめるものとして、ただ一人でコツコツと彫ったからである。日本にはまだまだ人に知られることなく、谷の奥に苔にうもれた山伏の石仏・磨崖仏は多いものとおもわれる。

## 六——山岳寺院の舞台造りと投入れ式

山伏ののこした文化遺産として、山岳寺院の建築をわすれることはできない。山伏の聖地とするのは容易に人の近づかない峻険な山岳であり、幽邃なせまい谷である。そのようなところに本堂や塔を建て、僧房や院房をいとなむには、特別の工夫が要った。

われわれは清水寺や長谷寺の舞台に立って、絶景をたのしんでいるが、あの舞台がなければそのたのしみはない。山や谷では建物をたてるスペースがないので、舞台造り、あるいは懸《かけ》造りという手法が発明された。室生寺金堂も小規模な懸造りであり、西国三十三ヶ所霊場には懸造りが多い。また京都の北、花背にある大悲《だいひ》山峯《さんぶ》定寺《じょうじ》も美しい懸造りである。奈良東大寺上院は金鷲《こんじゅう》優婆塞《ばそく》（良辨《ろうべん》）の山岳修行によって開かれたので山岳寺院なのであるが、二月堂も舞台造りで、下から仰ぎ見るのが美しい。修二会《しゅにえ》（お水取り）にはその高い回廊の上から、大松明の火花が火龍のように降りそそぐ。

このような舞台造り建築でわすれてならないことは、本尊は床下の岩盤上に直接立っており、建物はそのまわりに建てられることである。東大寺二月堂もそのようになっている。この本尊は大観音《おおがんのん》と小観音《こがんのん》の二体あって、修二会には上七日《かみしちにち》は大観音を本尊とし、下七日《げしちにち》は小観音を本尊にする。これは山伏（堂童子といい妻帯世襲で現在までのこった稲垣家である）が小観音を笈に入れて来て、岩盤上に据えてまつりはじめたものとおもわれるが、これを実忠《じっちゅう》（良辨の弟子で修二会をはじめた笠置山系の山伏）が二月堂を建てて修二会（正しくは十一面悔過法《けかほう》）をはじめるとき、大観音に代えて、小観音を秘仏にした。それでも大観音を岩盤上に立てて堂でこれを覆ったのが、二月堂の内陣である。この内陣をもう一つの覆堂《さやどう》で覆ったのが、二月堂そのものということになる。そこにはあくまでも聖なる巌というものと本尊は一体であり、原始宗教の磐境《いわさか》または影向《ようごう》石の信仰が生きているといえる。

長谷寺の本尊、十一面観音も岩盤の上に立った巨像で、その御脚は内陣の床の下にあることは、参詣した人なら見ているはずである。また大峯修験道中興の祖、聖宝《しょうぼう》理源大師の聖地、上醍醐《かみだいご》寺の如意輪観音堂も懸造りで、やはり本尊は岩盤上にのっているという。このような修験道本来の精神を生かすために、無理な場所に建物をつくるので、懸造りができたものとおもうが、やがて本尊を床上の仏壇に安置するようになっても、この構造が踏襲されたのであろう。

また修験独特の建築として「投入れ」型式がある。これは洞窟内に建物を建てることからおこったものであるが、その代表的なものを、山陰の三徳《みとく》山三仏《さんぶつ》寺に見ることができる。三徳山は伯耆の代表的修験の山で、ほとんど最古の蔵王《ざおう》権現像をもっている。平安時代末に伯耆大山が極盛をきわめたころ、その傘下に入ったことがあるが、その後は大山と並び立つ山伏勢力であった。山内には行場と堂宇が散在しており、その奥の院が投入堂である。

投入堂（鳥取　三徳山三仏寺）

奥の院洞窟はかなり広いのであるが、この中で材木を組立てることができないので、役行者は外で組立ての終ったお堂を、エイッとばかり洞窟の中に投入れたものという。しかし実際に行って見れば危険な岩盤に長短の柱を立て、梁《はり》や桁《けた》を組み、貫《ぬき》を通して組立てたことはあきらかである。したがって洞窟内建築をこのように呼んだものということができる。

そうすると、四国の納骨霊場弥谷《いやたに》山の弥谷寺も投入れ式であるし、九州の彦山のいわゆる四十九窟もこれである。いま大南《おおみなみ》窟や知室《ちむろ》窟、あるいは学問窟に建物がのこっており、ここで修行者が起居したことがわかる。最近、近世の遊行者、徳本上人の修行時代の遺跡を調査した研究者によると、その岩屋籠りにはなんらかの建物があったといっているが、洞窟修行には投入堂があってはじめて長期の修行生活ができたのである。この点からも建築史の研究に修験道の山伏の生活を度外視することはできない。因に三徳山三仏寺の奥院投入堂は平安時代末といわれているが、それほど古いかどうかは疑問であろう。

投入れ式のもう一つの重要な点は、舞台造りとおなじく、本尊は洞窟の奥にまつられていることで、奥壁のない建物だということである。いわば差掛《さしか》けになっていて、主体はあくまでも洞窟なのである。このようなところに修験道建築の重要なポイントがある。しかし山伏の僧侶化によって、自然と一体となり、自然を神とし、仏として崇拝する修験道精神が弱められたために、普通の寺院建築になった。修験道文化というものは、その原点と野性を失っては、どんなに美しいものでもその意味はない、と私はかんがえる。

# 修験道の芸能

## 一――山伏と神楽・田楽

山伏は芸能者であったといえば、人はおどろくかもしれない。そればかりではない。現在の日本芸能史の研究者で、神楽や田楽が山伏ののこした芸能である、とかんがえている人は多くはないのである。

今の人には神楽といえば神社でするものだし、田楽も神社に奉納するのだから、仏教くさい山伏がするはずはない、という先入観念があるが、これは明治維新の神仏分離以来のことである。しかしいま岩手県の早池峰《はやちね》山麓には、岳《たけ》と大償《おおつぐない》に山伏神楽があり、宮城県各地には法印神楽がある。いうまでもなく法印というのは山伏のことである。また遠州磐田郡水窪《みさくぼ》町所能《しょのう》の有名な西浦《にしうれ》田楽は、能衆が山伏の服装で、観音堂に奉納する田楽をおこなっている。

このようなことがわかって来たのも、修験道史の研究がすすんで来たためであるが、よくかんがえて見れば、山伏は本来山の神に仕える宗教者であったのだから、神楽や田楽をしても不思議はない。山伏集団というのは大部分が神に仕える妻帯俗形の山伏から成って

大償の山伏神楽

おり、ただ座主とか長吏とか法印とか執行《しゅぎょう》という上部構造だけが、清僧の天台僧や真言僧であった。それが江戸時代に入って修験集団の仏教化がすすみ、清僧と妻帯山伏の格差が大きくなった。しかも山伏はすべて天台宗の本山派（聖護院）に属するか、真言宗の当山派（醍醐三宝院）に属するか、いずれかの宗派に属することを強制された。それでも村落散在の末派修験は、神社の別当（僧）と禰宜（神主）とを兼ねる、二枚鑑札が多かった。江戸時代の民間神楽は、このような山伏によっておこなわれた。陸前浜の法印神楽のおこなわれた牡鹿《おじか》半島の安永二年（一七七三）『風土記御用書出』（本田安次氏『陸前浜の法印神楽』より）によると、給分浜の見明院は貞和二年（一三四六）に小寺五郎太夫という神主が、羽黒山から先達職に補任されて大先達清信と名告り、島乃内神子《みこ》を支配した。

大先達清信　大宮太夫と申て、禰宜職も兼帯に相見之、是れ則ち小寺五郎太夫の事、

とあり、江戸時代に入っても、

俗名にて修験道相勤め、又は禰宜職をも相兼ね居り、往古は修験方は羽黒山配下に附

き居り、蓮花院に至り本山派に罷り成り、（下略）

というありさまであった。

私が昭和四十五年に拝観した備後比婆郡東城町の神殿《こうどの》神楽でも、あつまった神官はほとんど江戸時代には山伏筋で、吉田神道の裁許状をもらって禰宜職をしたということであった。この神楽では神役《じんやく》という神事舞と、朝役《あさやく》という藁蛇をつかう神懸り託宣だけはこの山伏筋の神官がおこない、神能という演劇的舞踊は神楽団社中のものがおこなう。もちろんもとはすべて山伏の神事芸能だったのである。また美濃白鳥町長滝《ながたき》の白山神社には、白山修験の田楽がのこっているが、これにはつぎのような話がある。ここには白山の三馬場《ばば》（登山口）のうち、美濃馬場《ばんば》にあたる白山神社の別当、長滝寺《ちようりゆうじ》の修正会延年の田楽があった。ところが明治維新に修験道が禁止され、山伏は神官になるか百姓になるか、いずれかを強制された。このとき大部分の山伏たちは帰農することによって、この田楽の絶えるのをおそれて、付近の農民をあつめて習わしたのが、今日の長滝白山神社の六日祭の田楽であるという。

私はこの話のなかで、山伏がどうして神楽や田楽の芸能をおこなったかの鍵を伏せておいた。それはこの六日祭が正月六日におこなわれる理由は、明治維新の前はこれが長滝寺の修正会延年《しゆしようええんねん》だったということである。すなわち山伏の芸能は「延年」という酒盛と芸能の席でおこなわれた、ということが修験道史研究の結果としてわかって来た。

延年は修正会ばかりでなく、修験の入峯修行の終ったときにもあった。春の入峯修行の終ったときの法華会や、夏の入峯修行の終った蓮花会にも延年の芸能と験競《げんくらべ》があった。九州の彦山などでは入峯の直前に田楽があり柱松があったのは、これも延年にほかならなかった。なかでも長滝白山神社のように、修正会の延年がもっとも盛大だったので、もと修験道だった神社では正月に神楽や田楽がおこなわれることが多いのである。いま民俗芸能とか郷土芸能といってカメラマンや見学者のあつまる神楽・田楽・猿楽・舞楽などは、こうした山伏の延年芸能だったことが、ようやくあきらかにされるようになった。

## 二――六日祭田栄の菓子台

いま話が美濃白鳥の長滝白山神社の六日祭におよんだので、これを例にとって山伏の芸能を見てみよう。この六日祭については慶安元年（一六四八）に書かれた『美濃白山神社修正《しゆしよう》延年並祭礼鑑《かがみ》』という記録があり、明治維新前の様子がよくわかる。現在は村人によっておこなわれるので、もとの山伏時代にもどして見学しないと、何のためにそのようなことをしたり、何のために衣装をつけるのかわからないことになる。従来はこれを山伏の芸能であったことを知らないために、間違った解釈もおこなわれたのである。とくにのちにのべる花祭などには、諸大家が今から見れば滑稽なような解釈をしていた。今や芸能史研究に修験道は必須科目になったということができる。

修正会《しゅしょうえ》は正月の共同祈願として、天下太平五穀豊穣をいのるためのもっとも大きな仏教行事であるが、とくに修験道の山寺で盛大であった。したがって神仏混淆でおこなわれる東大寺修二会《しゅにえ》（お水取り）なども、修正会が二月にもう一度くりかえされたのである。普通七日又は十四日の行法で結願の日に延年があるが、長滝白山神社では元日から五日までが修正会で、六日に延年があった。

この修正会は『最勝王経』の転読で、古い形式であるが、これを勤めるのは老僧・神主・長吏《ちょうり》（山伏の惣取締）・夏《げ》一《いち》（山伏の最長老）・行事（行司ともいう世話役当番）・おい助（雑役者）と山伏で、本社（白山三社）で勤行ののち、講堂や金剛童子社や児《ちご》の御《ご》前《ぜん》社などをめぐり陀羅尼をあげた。もちろんこれは現在なくなって、この間の精進潔斎や苦行をねぎらう六日祭の延年だけがのこったのである。

六日祭の菓子台（岐阜　長滝白山神社）

現在一月六日の六日祭に行けば見物人は拝殿（旧講堂）の中

央に、縦四尺に横五尺四寸の広さの「菓子台」を据えてあるのにおどろく。これは餅、はぜ米、煎大豆、串柿、小柿、胡桃《くるみ》、かち栗、榧《かや》の実、干梅、蕨、芹、大根などをつかって、それぞれの色を利用して絵のようにしたものである。その絵は美濃平野を描いたものといわれて、西の端に白山の三山（大御前峯《おおごぜんほう》・大汝峯《おおなんじほう》・別山《べっさん》）を模した円錐形の米の山が三つ盛られ、これに三蓋松《さんがいまつ》が立ててある。一体、これは何のためにつくるのだろうと思う人は多いが、誰も今まで解釈できなかったし、これを造ったり飾ったりする人にもわからない。慶安元年の『修正延年並祭礼鑑』も、造り方、飾り方は図を入れて書いていても、これを祭の中でどうあつかうかは書いてない。江戸時代に入ると、もうわからなくなったのである。そのくらい延年というのは古いものなのである。

しかしこれをいろいろのものと比較すると解釈できる。高野山の寺々では正月には白木の三方《さんぼう》（三方台）に米を盛り、三蓋松を立てる「松三方」というものをかざる。これが年棚で、年神様の依代《よりしろ》である。米の山の麓にはかち栗、干柿、蜜柑、鯣《するめ》、結び昆布か切り昆布、それに銭が散らしてある。高野山では法印転衣式《てんねしき》のような、かつての修験行事とおもわれる儀式にもこれを立てるので、正月の年神祭ばかりでなく、山の神祭にも立てたのであろう。正月三が日には院主から雛僧、召使まで一同でこれを拝し、院主が一人一人に白木の箸でこれらの菓子と銭とをはさんで渡す。これが「お年玉」である。私は高野山で戦前にはこの正月儀式をよく見たが、いまもおこなわれているのだろうか。

この「松三方」は一般には「喰積《くいつみ》」（喰摘）という民俗にも見られる。今日ではよほど武家風をのこした御大家でないとしないが、正月の玄関に三方を出し、それに松の枝と昆布、鯣などの「おつまみ」をのせておく。年始礼に来た人に一献さしあげた名残であるが、多くはこの三方に手を掛けただけで、年始の口上をのべるので「手掛《てがけ》」ともいわれる。こうした民俗も、中世の山伏の延年儀礼から鎌倉武士などの儀式となり、明治官僚などの武家風から、上流社会の儀礼になったのではないかと、私はかんがえる。

松三方（高野山）

ともあれ六日祭の菓子台は巨大化した松三宝であり、喰積《くいつみ》であり、手掛であった。果実や五穀をかざるのに目出度い絵を画くように板に糊ではりつけるのは、高野山の奥の花園村の修正会田楽（たとえば梁瀬御田《おんだ》）などにおこなわれ、ここでは松三方もかざる。しかし六日祭では、この菓子台は飾っただけで、これをつまんで酒盛の肴にしない。酒盛がすめば一般の見物人に撒き、はては、台をひっくりかえして取るにまかせる。しかしほんとうは、この菓子台こそ延年の酒盛の肴であった。

ところが拝殿（昔の講堂）の上では、別に儀式的な酒盛がおこなわれている。『修正延年並祭礼鑑』では、酒と吸物と「肴の芹煎《せりいり》」を出すことになっているが、今は大根膾《なます》や蕨の煮物などらしい。これを上酌《じょうしゃく》と下酌《げしゃく》という酌取が膳をはこび、銚子で酌をする。これが延年の酒盛で、その余興に芸能があったが、今は酒盛がすんで菓子撒きをしてから、芸能になる。酌取はもと山伏だったが、いまは村の青年が裃姿で奉仕する。『修正延年並祭礼鑑』には、

（上略）其時又加への者（東大寺などの加供《かく》の役）、肴の芹煎を持て出《いで》、如レ右なをり（直）て居《ゐる》を、上酌立《たつ》て請取《うけとり》、酌取こ（ご）とくに能時分《よきじぶん》に立《たつ》て、老僧より次第に両座へ引《ひく》なり。（中略）上酌にはひたいがみ有《ある》者はならず、偖《さて》山伏の酌也。


というふうにあって、江戸時代には形式化したことがわかるが、このとき老僧、学頭《がくとう》、院《いん》主《じゅ》、長吏、夏一《げいち》、山籠《さんろう》などという山伏の上層階級は天台宗の僧侶化して、山伏という身分は酌取ぐらいの下層階級であった。そして下酌《げしゃく》をするのは「末山伏《すえのやまぶし》」という、もっと低い身分であった。高野山でも法印、学頭、山籠などは身分の高い真言僧で、行人や聖は下層階級だったが、もとは座主をふくめて修験集団を構成していたことが、白山修験組織の分析から類推される。

田楽でももっとも厳重な酒盛をするのは「藤守の田遊び」である。これは遠州大井川町

（旧志太郡静浜村）藤守の大井八幡宮（旧別当学寺）でおこなわれる旧正月十七日（戦後は三月十七日）の修正延年である。いまこれをくわしくのべる余裕はないが、この酒盛を土地では「内的外的《うちまとそとまと》」とよび、新井恒易氏の労作『中世芸能の研究』も、

この社殿内の饗宴を内的と称しているのであるが、これが終ると社前庭に新筵を敷いて同様の饗宴を行ない、これがすむと下禰宜によって大中小の三弓で的が射られる。（中略）これによって内的外的の儀式を終り、（下略）

と解説している。しかし私が江戸時代の記録を見ると、「的」とよまれたのはあきらかに「酌」の草書体の字であったから、これは「内酌外酌」で、六日祭の「上酌下酌」にあたる。おそらく近いころに誰かが内的外的と読み誤まり、弓を引くことまで加わったのだろうとおもう。六年前に私は当事者に注意して来たが、いまだに内的外的は改っていないということであった。

## 三―延年の頭辨と田楽

美濃長滝の白山神社の修正延年は酒盛のあとで「菓子《かし》讃《ほめ》」の祝言があり、やがて田楽の「開口《かいこう》」にあたる「たうへん」が出る。「たうへん」も『修正延年並祭礼鑑』では宛字がわからなくなっており、したがってどの解説書も宛字に困っているが、おそらく「頭辨」であろう。この延年には廻り番で「延年之坊」が定められ、これが頭屋である。白山修験に

は別に法華会と念仏会の荘厳頭《しょうごんのとう》というものがある。これに対して修正会の荘厳頭が、頭辨とよばれたものと私は推定している。辨といったのはこの延年の費用をすべて辨済《べんさい》負担したからであろう。それを公家ふうに「頭辨」とよんで梅と竹の模様の狩衣《かりぎぬ》などを着けたのである。

この頭辨が左右から出て「たうへんざを」をもって開口の口上をのべるが、頭辨竿というのは丁字形の大きな御幣で、山伏の「ぼんでん」の風流《ふりゅう》化されたものである。その素麵のように細く長く垂れる紙垂《かみしで》が、梅と竹の狩衣に調和してうつくしい。ところが頭辨のつける冠がまた烏帽子に三角のかざりをつけ、その中に三角形の袈裟をはめこんである。袈裟というのは福田衣《ふくでんね》というように、一寸角《かく》ぐらいの錦をはぎ合せたもので、袈裟の一片を冠につけることで、頭辨が山伏であることを象徴したものと推定される。というのは、山伏は裹頭《かとう》といって、普通平絹《へいけん》の袈裟を頭に巻く。芝居や絵本の辨慶のかぶり物がこれである。それを延年の芸能なので、錦の袈裟の一部を付けた烏帽子で象徴したのである。

このように注意ぶかく見れば、明治維新以後神道化した行事も、随処に修験の痕跡をのこしているのであって、従来、名称も形態も説明できなかったものが、修験道の光をあてることであきらかになる。頭辨のあとで鬼面をかぶった「露払」が出て反閇《へんばい》(呪的足跡)を踏み、悪魔払いをするのは、羽後の「番楽」という山伏神楽にもあるが、もとは修正会のとき「鬼走《おにはしり》」を山伏身分の咒師がつとめた名残である。

延年舞の頭辨と頭辨竿（岐阜　長滝白山神社六日祭）

延年舞の頭辨冠（岐阜　長滝白山神社六日祭）

六日祭の花笠（岐阜　長滝白山神社）

それから山伏と末山伏の若輩衆が田歌《たうた》をうたい、花笠をつけて田植女に扮して行道したが、今はない。その代り拝殿（旧講堂）の天井高く桜、菊、牡丹、椿、芥子《けし》をかざった巨大な花笠が下っているのは、田植女の花笠の変化といわれている。それは田植女の花笠を見物人がうばい合うので怪我をしたことがあるからだと説明されている。しかし私はこれも山伏系神楽に多く見られる白蓋《びやつかい》（びやっけ、湯蓋《ゆぶた》、または天蓋《てんがい》、玉蓋《ぎよつかい》、雲など）の風流化にほかならないものとおもっている。その詳細は山伏神楽でのべたいが、白山修験は美意識過剰で、すべてを風流化したところに六日祭の特色があるとおもう。

そののち稚児《ちご》の乱拍子《らんびようし》があるのは、悪魔払いの反閇《へんばい》を舞楽《ぶがく》に風流化しておこなったものである。修験集団では稚児は重要な役割をもっており、平素は雑役をつとめながら、神事仏事には芸能を担当した。したがって延年には稚児舞また稚児舞楽が多く、現在地方にのこる舞楽はたいていこれである。次いで田遊の代刷《しろすり》があるが、これは順序が逆になったもので、田起《たおこし》や代刷、種播《たねおとし》があって田植となる。それから鳥追や刈入となるはずであるけれども、江戸時代も現在もすっかり脱落してしまって、最後に倶舎舞《くしやまい》と大衆舞《だいしゆまい》があるのが、延年の結びであった。

倶舎舞は山伏集団の中に倶舎論の学習があったように見えるが、倶舎頌《くしやのじゆ》という唱え言は、神々への法楽《ほうらく》として昔からとなえられたもので、一種の呪文の役割をはたした。いまも諸大寺の朝夕の勤行には、守護神や荒神の前でとなえられているはずである。倶舎舞は日光の延年にものこっていて、平絹《へいけん》の裏頭《かとう》で倶舎頌をとなえながら舞うが、長滝白山神社でも、

装束はぢよぼく(如木)(堅装束の素絹)也。其上に平絹をかぶりて、上にゑ(烏)帽子を着也。

とあって上に烏帽子をかぶった。しかし現在はおこなわれない。大衆舞《だいしゆまい》はその修験集団全員が舞台にあがり、総踊りの中でフィナーレをむかえるもので、大衆というのは僧も山伏もすべてということである。普通の田楽では「惣田楽」がこれで、円陣をつくって全員がはね踊る。初期の歌舞伎でもレヴュー形式の惣踊りが成功を博したが、日本にも延年に源を発するレヴューがあったのである。このように山伏の延年が、現在の多くの民間芸能の源泉であった。しかし長滝白山神社の六日祭では、大衆舞はただ一人で舞うが、これは

『修験延年並祭礼鑑』でも一人なので、江戸時代にはすっかり延年の意味がわすれられたことがわかる。

## 四―山伏の湯立神楽

奥三河の花祭は民俗芸能としてあまりにも有名であるが、どうして天龍川の支流の振草《ふりくさ》川と大入《おおにゅう》川の流域にばかりのこったのかは疑問とされ、多くの臆説が出された。中でも折口信夫氏は「花の話」(『古代研究』第二巻)と「山の霜月舞」(『折口信夫全集』第十七巻・芸能史編Ⅰ)で、「山伏姿のみようど(宮人または名人)」とか、「流浪の神人団体」で「後の山伏団体」が「傭兵の村」をつくって花祭をつたえた、などといっている。分ったような分らないような説であるが、どうも山伏くさいとはおもっていたらしい。

しかし宮人はかならずしも山伏姿ではなかったのであって、山伏としての身分をもつものは禰宜である。禰宜は宮人が花祭の神人であるのに対して、神事の司祭者であり、先達などとよばれ、花禰宜、花太夫、鍵取などともよばれた。禰宜は祭具の準備から祭場の祓いの一切を主宰し、「刀立て」、「さいかづくり」(御幣作り)、「うちきよめ」、「滝ばらい」、「高嶺祭《たかねまつり》」(山の神祭、天狗祭)、「辻固め」などをして、神勧請の「神入り」、「天《あま》の祭」などをおこない、また「湯立《ゆたて》」をする。

この湯立が修験道の作法による秘伝で、禰宜もなかなか話してくれないが、五印をむす

花祭の「天の祭」（愛知県東栄町下粟代）

花祭の湯釜（愛知県東栄町下粟代）

んだり九字を切ったりするのは山伏作法である。五印は太刀印、格子印、外獅子《げじし》印、内獅《ないじ》子《し》印、秘子《ひし》印で、それぞれに真言があった。

太刀印（東）オン　バサラダ　ウン
格子印（南）オン　九字印菩薩（九字の真言）又はウンウンキリクウソワカ
内獅子印（西）オン　アミリテイ　ソワカ
外獅子印（北）オン　マイカン　ソワカ
秘子印（中央）オン　バキヤヨウ　バサラダ　ウン

これらの印や真言は修験独特のものであるが、おなじ修験の護身法である九字がよくもちいられている。これは臨《りん》・兵《びょう》・闘《とう》・者《しゃ》・皆《かい》・陣《じん》・列《れつ》・在《ざい》・前《ぜん》ととなえながら、不動剣印で空を格子状に切る呪法である。

早川孝太郎氏はその労作『花祭』二巻によって、今は絶えた多くの伝承を書きのこしてくれたが、「湯立口伝」も二種採録している。これに印や真言や数珠をもちいているのは、この湯立がよくいわれるような伊勢神楽のものでなくて、修験道のものであることをしめすものといえよう。たとえば振草系中在家《なかんざき》の「湯立口伝」では、

釜ヱ行テ
御シユリシユリマカシユリシユリ
トトナヱ、笹の葉ヲ右ノ手ニ持テ、湯エ《（浸）》フテ、三返カキナガラ、

南無三十八社の御釜の御神様
秋葉三尺坊大権現様
阿多古大権現様
水神山神

とある。この真言は、『修験常用集』の除触穢《じよしよくえ》真言、

オン　シユリマリママリ　シユシユリ　ソワカ

の訛ったものとおもわれる。すなわちこの真言で釜を清めたのである。また、

湯ノ上ニテジズ（数珠）ヲモミ、九字御神（護身）法、次ニ湯ノ印、内ジシ（獅子）ニテ
三返、下ジシ（外獅子）ニテ
　御バサラダトウバン　ソワカ
　千《ち》釼振《はやぶる》　神の湯戸こそ　木にしめしてつかふ　御バロタヤ　ソワカ
三返、五代ソン（大尊）ノ印ニテ　（下略）

とあるのは、山伏独特の九字護身法をしてから湯《ゆ》印《いん》として内獅子《ないじし》印をむすび、金剛界大日真言である「オンバザラダドバン」をとなえたのである。その上、外獅子の印で秘歌をとなえ、水天の真言である「オンバロダヤソワカ」を、三遍となえた。それから五大尊印で八大龍王を勧請したらしいが、真言はあまり訛りすぎて元の形がわからない。

　したがって花祭の湯立は、伊勢に湯立神楽があったとしても、伊勢系統ということは

できない。神楽といえば神道とおもうのは、神仏分離以後の先入観であることはすでにのべたとおりで、『修験宗神道神社印信《いんじん》』には「神楽大事」という伝授があり、また「湯之大事」の伝授もある。後者には水天の印で水天の真言「(オン)バロダヤソワカ」をとなえると出ている。したがって、山伏が湯立神楽をしても、なにも不思議はない。また伊勢神楽には真床覆衾《まとこおふすま》とよばれる天蓋(御蓋・錦蓋)が下げられたといわれるが、これはむしろ中世の伊勢にさかんだった仏教の影響で、修験道の湯立の天蓋(白蓋・湯蓋・玉蓋・天蓋・雲・大乗)がはいって、神道風に真床覆衾とよばれたとすべきであろう。

そうすると花祭の湯立神楽は、その源はどこから出たかが問題になる。これは十分なスペースがないと徹底的に論じられないが、かなりの蓋然性《がいぜんせい》をもって熊野から出たということができる。伊勢と熊野は平安時代から母と子の神の関係にあるとされ、伊勢熊野同体説があったくらいである。平安時代末から鎌倉時代初期の熊野全盛時代に、日本国中の修験の山は熊野の修験行儀を模範としたから、山伏系の神楽も田楽も、みな熊野から出たものと、私はおもっている。それが熊野の衰退とともに熊野には神楽も田楽(のちに京都から習って復興した)も絶え、熊野神楽も熊野田楽も忘れられたのである。しかし本家はつぶれても分家がのこるように、地方には山伏神楽や法印神楽、そして三河花祭がのこった。なかには陰陽師《おんみょうじ》系の荒神縁起《こうじんえんぎ》(五龍王・五郎王子・王子立・五行《ごぎょう》)をまじえて、これを本流とする荒神神楽(王子神楽)になったものもあるが、民間神楽の源流が一つであるとすれば、それは熊野でなければならないとおもう。

## 五―花祭の鬼と反閇《へんばい》

昨年は七月初めに石塚尊俊氏の労作『西日本諸神楽の研究』を御寄贈いただいたところに、七月二十六・二十七日に隠岐神楽が島後《どうご》の五箇村久美《くみ》、伊勢命《いせみこと》神社でおこなわれるときいて、すぐ隠岐へ走った。現地では石塚氏と宿を共にし、いっしょに見学したが、氏も民間神楽の大部分が山伏のものであることを認知したようである。それは私が八年前に書いた「民間神楽解題」(『日本庶民生活史料集成』第十七巻・五来編『民間芸能』所収)に対する認知である。神楽研究は神道系の研究者が多いので、民間神楽が仏教系の修験道のものだという私の主張には、大分抵抗も多いらしい。石塚氏もいやいやながらも認知せざるをえなかったようで、大分疑問もあるらしいが、『西日本諸神楽の研究』に出ている程度の疑問ならば、いつでもお答ができる。

しかし私がここで「山伏の文化」としてとりあげたのは三河花祭だから、これでいえば、この神楽の修験的性格は、上にのべた修験の印や真言のほか、「舞戸飾付け」と「仮面」と、「舞の芸能」および「鎮め作法」に見ることができる。まず花祭はよく「鬼の芸能」などといわれるように鬼の仮面をつけた舞が印象的であるが、これは咒師《しゅし》芸というものに属する。咒師は印や真言で仏事のおこなわれる道場（本堂や拝殿や舞戸）に、悪魔を入らせないように結界する役目の密教僧または山伏である。ところがこの結界に印や真言では足りず、仮面をかぶり太刀を振り、鈴や松明までふりまわすようになって、芸能化した。このような半宗教半芸能の所作をするのは堂衆《どうしゅう》とよばれる山伏で、辨慶のような「遊僧《ゆそう》」はこれにあたる。

ところで、こうした咒師の結界がおこなわれるのは、寺院では修正会《しゅしょうえ》または修二会《しゅにえ》であって、田舎の神社ならば「おこない」（祈禱）とよばれる神事であった。そして仏事や神事が終ったあとの「延年」の席で、結界の所作を散楽《さんがく》のアクロバット舞踊や、三人、四人揃ったレヴュー舞踊を交えたり、簡単な筋の劇を演ずるようになったのが、延年の神楽であった。延年にはすでにのべたような田楽もあるが、延年の神楽は悪魔払い（除災）の結界を主体とするのに対し、延年の田楽は豊作（招福）を目的とするという相違があったものと、私は分析している。

平安末期から鎌倉時代にかけては、京都の諸大寺でも修正会、修二会には、咒師《しゅし》三手とか、五手、六手、八手、十手、十余手、十五手などとしるされ、いろいろの仮面がもちいられた。しかしかならず欠くべからざるものが、「鬼の手」また鬼走《おにはしり》とよばれる鬼面結界《きめんけっかい》だったので、これがもっともよくのこったのである。しかしいま法隆寺や薬師寺の修二会（寺では追儺会《ついなえ》とか花会式《はなえしき》とよぶ）では鬼のほかに「毘沙門の手」がのこっている。ところが三河花祭では山見鬼《やまみ》(山割鬼)、榊鬼《さかき》、朝鬼《あさおに》(茂吉鬼)という三役鬼《やくおに》のほかに、多数の伴《とも》鬼《おに》が出て、鉞を振りながら美しい舞型で乱舞する。しかしその中でかならず宗教的な呪術である反閇《へんばい》(へんべ)を踏む。これがもと山伏の咒師であった証拠で、悪魔を追出したり、病気を治したりする呪的足踏《マジカルステップ》である。日本の原始的宗教者も「だだ」とよぶ呪的足踏をしていたが、陰陽道が中国から入ると「反閇」という名に変えた。そして三足とか七足とか九足とかの踏み方も整えた。したがって民間神楽には五行《ごぎよう》思想もあるから、陰陽道系の神楽もあるのではないか、という説がある。しかし陰陽道の呪術を吸収して民間に普及したのも山伏であって、呪的足踏を現に「だだ」とよんだことは、東大寺修二会(お水取り)に「達陀《だつだ》の妙法」という名でのこっている。達陀は「だだ」のことで「地だんだ踏む」とか「だだをこねる」の「だんだ」「だだ」であるという説を、私は前に出している(「仏教儀礼の民俗性」昭和二十八年『仏教民俗』第二号)。ちかごろこの説を断りなしにつかう人がときどきいるが、歌舞伎の「六方を踏む」は、咒師が東・西・南・北・上・下の六方に反閇を踏んで結界したという私の説の方は、まだあまりつかう人がいない。

## 六―花の舞と「盆の手」「湯桶の手」

次に花祭の舞の芸能についていえば、いろいろ山伏または咒師との関係がとりあげられる。花祭で一番人気のある舞は「花の舞」で、五、六歳から七、八歳の可愛いい幼少年が、ミニ山伏の服装に五色の切紙飾りのついた天冠《てんかん》をかぶって、意外に巧みにしっかりと舞う。こうした年齢から舞いはじめて青年、壮年と成長してゆくから、花祭はどんなプロの舞踊よりも魅力があり、人を陶酔させる。これを見ていると、豪華な劇場で歌舞伎の舞踊を見ている人や、金屏風の前で京舞を見ている人、あるいは最高に洗練された能舞台で能を見ている人が気の毒になる。

ところで「花の舞」は四人または三人の連舞である。それも「扇の手」「盆の手」「湯桶の手」とあり、どれにもはじめは鈴を持つ。そして舞型は大人のものと大差ない。服装も基本的には筒袖半被に裁着袴《たつつけ》の山伏姿であるが、これに縫取り模様のある袖無し胴着をつけるのは、もと舞楽装束の裲襠《りょうとう》だったとおもう。したがって縫取りは蛮絵《ばんえ》（盤絵《ばんえ》・丸紋）の痕跡をのこしている。ということは、これは稚児舞楽《ちごぶがく》装束だったのである。すなわち「花の舞」は山伏の稚児舞であったという発想ができれば、すべての疑問は解けるのである。

山伏社会では稚児はきわめて重要な存在である。山伏見習であることもあれば、雑役者、従者であり、芸能者でもある。美形《びぎょう》の稚児がもとめられ、それはまた錯倒された僧房の愛の対象であったという稚児物語はあまりにも多い。そこで修正会、修二会のすんだ延年の席では、稚児は酒宴に膳をはこび、給仕をし、酒をすすめる。挨拶には扇子を前におき、動作にはそれを帯に挿す。酒宴がすめば、長老や若僧から、美形の稚児に即興舞の催促が出る。稚児は腰の扇を持って舞い、給仕の盆や膳を持って舞い、酒を注《つ》ぐ湯桶《ゆとう》（柄のついた檜曲物の小さな桶）を即興に持って舞う。それが人気を博すれば、舞の型として固定し、伝承されるようになる。これが私の「花の舞」の解釈である。

花祭の朝鬼と伴鬼（愛知県東栄町下粟代）

花の舞〈湯桶の手〉（愛知県東栄町下粟代の花祭）

「扇の手」はすべての舞が扇をもつのでわかるが、「盆の手」と「湯桶の手」はこれでないと謎がとけない。「盆の手」は「膳の舞」ともなり「折敷《おしき》の舞」ともなって、全国の民間神楽のレパートリーにないものはないといってよい。盆や膳や折敷に米をのせて、蜻蛉返りを打ってこぼさない、というアクロバットは散楽から来たとおもうが、これが近頃は出来なくなったと神楽団や神楽組の老人はなげく。石塚尊俊氏は折敷《おしき》は神主のもので、山伏の持物でないといっているが、山伏ももちろん神楽には供物を折敷にのせるし、舞の折敷は稚児の給仕の盆から来たのである。

神楽に神官の解釈が入ると折敷も供物台になるが、花祭地帯では盆を「ちやつ」といって木地皿の食器のこととしているし、これが湯桶とペアになっていることで、宴席の給仕具であることは避けられない。

延年の酒徳利は陶製の瓶子《へいし》であることもあり、金属製の提《ひさげ》（銚子）であることもあるが、もっとも古くは木製の湯桶であったであろう。高野山の延年にあたる常楽会《じょうらくえ》（涅槃会）の後宴や、法印転衣《てんね》式の後宴には、上座が、

湯桶まわせ！

と声をかけると、五六人の給仕がサッと出て一同に酒をつぐ。まことに見事に訓練されているが、まわす湯桶はアルミの薬罐なのである。宴が終りにちかづくと、上座は中啓（扇子）で畳を打って、

湯桶引け！

と声をかける。すると給仕は給仕盆や薬罐をサッと引上げて、末席に一列にならんでかしこまる。一座が厳粛にシーンとなる一瞬である。このとき上座が、

そこの稚児、湯桶（盆）で一舞、舞って見よ！

と声をかければ「湯桶の手」や「盆の手」が見られたはずである。

花祭では「湯桶の手」と「盆の手」を別名で「ごんすごりょう」といった。「ごんす」は「ごす」（御酒）のことで「ごりょう」は「御料」（食物）のことだから、この点からも私の解釈は妥当する。花祭も山伏のもとの生活や儀礼をあきらかにして、そこから解釈しないと、とんだ誤解におちいる。しかも山奥の山村の寒い舞戸で、ささやかにおこなわれる庶民の祭と芸能に、修験道のながい歴史が圧縮され、伝承されているということは、おどろくべきことである。この祭と芸能がこの山村に伝わった絶対年代をあきらかにすることは、庶民史のつねとして容易なことでない。それよりもこの中に、修験道の平安時代からの歴史が、きざみこまれているのを見出す方が大切であるとおもう。そして何故この天龍川中流の山村にこれがのこったか、という問題は、花祭と同系の民間神楽が東北から九州まで、全国にのこっているという事実からかんがえて見る方が大切なのである。それは地方地方によって少しずつ変った山伏神楽の一つの型が、地理的にも歴史的にも伝承性のつよい山村にのこったのである。われわれはこれを山伏の文化財であるとともに、山村の

ほこるべき文化財として、また日本民族の心の歴史を知る大切な資料として、よくぞここまでのこしてくれたものと、感謝しなければならない。

# あとがき

本書は昭和五十一年九月から三か年にわたり、月刊誌『武道』に連載した「修験道の歴史と精神」に、加筆取捨したものである。

五十一年のはじめに同誌編集の佐薙知氏からこの連載の依頼があったときは、つい五、六回のつもりであった。しかも「山伏の死生観」のようなものがほしい、という話であった。しかしこの年の三月に渡仏の予定になっていたから、出発前に原稿をわたすつもりであったが、それもパリでの講義・講演の準備で間に合わなかった。したがって第一回の原稿は、四月半ばの復活祭休暇を、中部フランスのロット県サルヴィアックの農村、ペシュ・ガヤールで過したとき、大急ぎで書いて送った。

ところが書き出して見ると、修験道については、あれもこれも一般の人に知ってもらいたいものばかりである。山伏の死生観はもとより、秘密にとざされたかれらの生活も、最近では、かなりよくわかって来た。峯中のことは他言禁制であったものが、外国文献でわかるものもあった。入峯の様子は江戸時代でもかなり崩れてしまい、修験道書もいい加減に書いているが、羽黒山にのこった峯中十種修行を体験して読みかえして見ると、謎の解けるものがすくなくなかった。修験用語はとくに難解で、中世にすでにわからないといわれたものもある。しかしそれもだんだん理解できるものが出て来た。これは修験道の原点がわかるにつれて解けて来たのである。このような新しい知見を、この機会に書こうと思ううち、連載は三十五回を重ねてしまった。

しかしまだまだ書かなければならないことは多いが、書肆の要望もあるので、「山伏の文化」はまだ途中までであるが、一冊にまとめることにした。修験道文化はまだ「芸能」の部に延年、舞楽、猿楽、念仏芸能、説経祭文などがあり、「文学」の部に諸山の縁起や説話、お伽草子、伝説昔話がある。これらはまた別の機会に稿をつづけることにしたい。

私の修験道研究は、仏教民俗学と庶民仏教史の一部として出発した。また密教の庶民化ということからも興味があった。多少先覚の研究もあったが、物足りないものばかりで、一人で手さぐりの研究であった。また修験本山の物知りにきいてもわからないことが多かった。しかしそのうち断片的な史資料が地方の山にころがっていることがわかり、一伝承者の片言隻句が大きなヒントになることもあった。また私のいつものやり方で、山伏の生活の中にもとび込んで見た。入峯にも何回か同行したが、昭和四十三年、四十四年には、羽黒山の秋峯修行(十界修行)に二回、聖護院の大峯奥駈修行に二回参加して『山の宗教』を書いた。大きな収穫があったのは、昭和四十六年に毎日新聞連載(毎週)の「修験道の旅」執筆のために、各山を廻り、一人でコツコツ行場をまわったことと、朝日新聞主催、大阪そごう百貨店会場の「修験道展」を企画、開催したことであった。

「修験道の旅」は秋だったので、風光明眉な修験道の山の秋山が大いに楽しめた。その上各山の方々から、有益な伝承をたくさん聞くことができた。「修験道展」では、出品依頼のために、朝日新聞企画部の森野三利氏と同行して、各山の神社、寺院を歴訪した。そしてこの修験道史上画期的な展覧会のために、秘宝を惜しみなく出品していただいた。その感激は今も忘れることができないのだが、そのころはまだ修験道は一般人になじみが薄かったらしく、予定の入場者がえられなかった。しかし私はこれを機会に、不幸な神仏分離をした修験の山の神社と寺院が、話しあいの出来る機運を望んだ。これは庶民の名において、百年の確執恩讐を越えるべき時が来ているとおもうからである。

このような下敷があったからであろうか、今は修験道という言葉は、新聞にも放送にも出版にもなじみのある言葉になった。ことに石油ショック以来、現代文明へのあからさまな批判や、精神の復興がさけばれだしたので、修験道の神秘性への関心が高まったようにおもわれる。しかし修験道の神秘の壁はまだまだ厚いので、その全貌はなかなかとらえがたい。したがってこの入門書で満足するわけにはゆかないが、有能な研究者が各地方に続々誕生しているから、今後は急速に研究がすすむであろう。

最後に私がこの入門書を書くことでのぞみたいのは、山を愛する人々が、その山の歴史、ことに多くの人がその山を信仰対象にして来た精神の歴史に、もっと関心をもってもらいたいということである。山は山以上のものである。われわれの精神をはぐくみ、深め、慰める、かけがえのない聖地である。いわば日本人の人間形成の場であったし、現在もそうあるべきであるとおもう。

なお、本書の成るについて、多くの資料や伝承を提供していただいたり、御指導いただいた修験各山の神社、寺院の関係者の方々にふかく感謝の意を表したい。また月刊掲載の労をわずらわした雑誌『武道』の日本武道館編集局と、関係出版社の東方出版、および角川書店の編集部の労に対して、深甚の感謝をささげたい。

五来　重

昭和五十五年六月十四日

# 文庫版解説　五来重の修験道研究

鈴木正崇

本書は修験道の優れた概説書で、五来重（一九〇八〜九三）の生き生きとした描写によって修験道の歴史・思想・実践が明らかにされ、日本の文化や社会の中に修験道を位置付ける役割を果たした。独特の史料解釈、絵画資料の読み込み、体験と文献の融合、神楽や田楽や念仏芸能の解釈、そして現代仏教批判や社会批評が混然一体となって独自の世界が繰り広げられる。学問の世界には、高度な学術的内容を一般の人にわかりやすく伝える啓蒙者が必要であるが、五来はその適任者であった。

修験道は山での修行を仏教、特に密教によって体系化した実践で、修行者は山伏と呼ばれた。修験とは日本で作られた造語で経典にはない。験を修する意味で、修行を通して自然と一体化し、山の霊力（験力）を身体に取り込んだ。修験は村や町に住んで、民衆が寄せる霊力への信頼を基礎にして、加持祈禱や護摩を行い、健康祈願、商売繁盛、病気直しなど人々の願いの聞き届けに与る「野のカウンセラー」であった。年中行事や通過儀礼を執行し、人生相談や揉め事の調停を行い、芸能も演ずるなど幅広い活動を行った。神仏混淆の修験道は江戸時代までは民衆の強い支持を得ていたが、明治新政府の神道国教化政策による神仏分離や廃仏毀釈で壊滅状態に陥り、明治五年（一八七二）に出された「修験宗廃止令」によって息の根を止められた。その後、徐々に復活したが往時の勢力を回復するには至らず、関連する文書は四散し、活動は衰えてしまった。この忘れられた実践を歴史の闇の中から浮かび上がらせたのが五来であり、一九七〇年代以降の数多くの啓蒙的な著作や講演によって、山中で苦行と滅罪を行う野生の信仰実践としての修験道を復権させた。

五来が自信をもって語る独自の見解、厖大な史料の提示と日本の隅々まで歩いた現地体験の語りは聴衆を魅了し、多くの弟子やファンを作った。五来の研究主題は庶民仏教史で修験道はその一部であったが、教理や教学を超えた日本独自の仏教の展開を描く謎解きにも似た記述は、論証は不十分で推論を含むが、魅力に富む多くの仮説を提示した。日本の固有の文化が、仏教と融合して維持されてきたという独特の本質主義が中核にある。五来の本領は仏教民俗学で、日本仏教の民間受容の実態を、修正会《しゅしょうえ》、修二会《しゅにえ》などの仏教儀礼や民間念仏、元興寺《がんごうじ》極楽坊の中世庶民信仰資料などから明らかにしていった。

五来には多くの成果があるが、各地を遍歴し勧進に従事した半僧半俗の聖《ひじり》を描いた『高野聖』（角川書店、一九六五）は、独創的な業績で代表作と言える。その後は、善光寺聖に展開し、鉈彫りで仏像を刻みつつ全国を遊行した円空や木喰行道《もくじきぎょうどう》へ、そして時宗の遊行聖から修験へと視野を拡大した。一九六九年から大峯山の奥駈《おくがけ》修行や羽黒山の秋の峯など修験道の修行に参加し、紀行と考察と写真で深層に迫った『山の宗教＝修験道』（淡交社、一九七〇）を刊行した。現場に立って過去の記憶を実感で呼び覚まし、伝承や史料と照らし合わせる五来の手法は本書で確立した。その後も、各地の山岳霊場を丹念に廻って史料を発掘し、修験道の展覧会を企画するなど精力的に行動して、新たに蒐集した資料で論証された仮説もある。修験道の教えや実践は口伝で伝えられ文字に残さなかったので復元は困難を極めたが、山の現場に立って自然と共感する中で明らかにされたことも多い。

一九七四年から八五年にかけて多くの研究者の協力の下で『山岳宗教史研究叢書』（名著出版）全十八巻が刊行された。その編集の中核にいたのが五来で、後半の数巻は五来重編集が続くという獅子奮迅の活躍で修験道や山岳信仰は人々の間で広く認識されるようになった。史料集としては『民間藝能』（日本庶民生活史料集成　第一七巻、三一書房、一九七二）、『木葉衣・鈴懸衣・踏雲録事――修験道史料一』（平凡社、一九七五）の編集も重要な仕事である。修験道は、C・ブラッカー、H・ロータモンド、B・エアハートなど海外の研究者の注目を集め、五来は行動を共にし、相互の交流の下、修験道は日本研究の新たな分野として海外でも展開した。五来は研究成果の多くを、学術雑誌よりも一般人が目に触れる雑誌に連載し、著書の多くをペーパーバックで出すなど、出版メディアを巧みに利用して学者とアマチュアを繋ぐ先導者となった。

五来は一九〇八年に茨城県久慈郡久慈町（現・日立市）に生まれた。一九三二年に東京帝国大学文学部印度哲学科を卒業後、歴史学を学ぶために京都帝国大学文学部史学科に再入学して一九三九年に卒業、高野山大学文学部助教授、同教授を経て、一九五五年大谷大学文学部教授、一九七八年に大谷大学を定年退職して名誉教授となり、その後は日本宗教民俗学研究所を主宰して後進を育成した。研究所は現在の日本宗教民俗学会の母胎となった。東大での同期には後に東大教授とし宗教学を担当した堀一郎がいた。五来が大谷大学や高野山大学という宗門大学で教鞭をとったことが仏教民俗学を展開する原動力となった。

修験道に関する学術的研究は、東大で宗教学を学んだ宇野圓空（後に東大教授）に始まる。宇野は浄土真宗の僧侶の出身で、日本の宗教学の創始者、姉崎正治に師事し卒業論文は「平安朝の修験道」（一九一〇。後に『修験道』東方書院、一九三四）であった。宇野は宗教の原初形態に関心を持ち、後に宗教民族学を提唱して、稲作儀礼の考察や東南アジアとの比較研究に向かった。宇野の研究は忘れ去られたが、修験道は日本の「民族的宗教」で日本民族固有のものを含むという見解はその後も底流となって残り続ける。他方、歴史学の立場から学問的に研究したのは和歌森太郎で、史料を丹念に掘り起こして古代から近世に至る通史『修験道史研究』（河出書房、一九四三）を著して後世に大きな影響を与えた。

修験道研究には民俗学者の柳田國男に遡る別の流れもある。柳田は初期の著作「巫女考」（一九一三）、「毛坊主考」（一九一四）、「俗聖沿革史」（一九二一）などで、民間宗教者に注目し、山人やサンカなど山で生活する人々や、山の修行者に興味を持った。しかし、柳田は山地民への関心を徐々に失い、仏教の影響を排除した日本の固有信仰の研究に向かった。昭和に入って堀一郎と五来重が柳田國男に師事する。二人は昭和一八年（一九四三）に柳田邸を訪れて懇談し、今後の研究課題として「日本仏教の民俗学的研究」をしなければならないという話に落ち着いた。その時に柳田は「高野山には聖の史料があるだろうから五来君は聖の研究をしてはどうか、堀君は修験道をやって見たまえ」といった。五来は「柳田先生の言葉は、その後のわれわれの方向を定めた感がある」と記している（五来重「堀一郎博士の日本仏教史研究」『堀一郎著作集』第一巻、未来社、一九七七、五九四〜五九五頁）。堀は当時は修験道研究ができる環境にはなかったが、史料を渉猟して山林修行者や遊行者の実態を明らかにして『我が国民間信仰史の研究』（東京創元社、一九五三、一九五五）を著した。その流れは宮家準の宗教民俗学に受け継がれ、修験道研究の確立へと向かう。

五来重と堀一郎には共通点があった。それは戦前の日本精神あるいは日本主義の影響が強いことで、堀は日本仏教の精神史的研究を志し、仏教を日本の独自の風土と国民性から考え、日本民族の仏教受容は民族宗教や固有信仰への主体的同化と考えるという発想があった。後に堀は国民精神文化研究所の研究員に迎えられた。五来は東大在学中に、ヘーゲル哲学の専門家で紀平正美《きひらただよし》という右派の学者に傾倒した。紀平は『日本精神』（岩波書店、一九三〇）の著作で知られ、講義ではヘーゲルの絶対精神を日本神話を使って説明し、神話や伝説は民族精神の現れであると説いた。五来はその影響のもと卒業論文は龍樹の『中論』をヘーゲル弁証法で解釈するというテーマで書いた。しかし、五来は京大に移動して西田直二郎の文化史学に触れ、一九三七年に京都で柳田國男の講演を聞いて方向を転換し、日本の庶民仏教の研究に向かう。とはいえ、やはり日本精神の残滓は残った。『修験道入門』でも五来は民族宗教という言い方を多用する。民族宗教とは民族が持っている宗教という柔らかい意味で、戦前の民族精神や民族宗教に淵源があり、日本固有とか、縄文以来の生活様式が残り続けているという思想の源流をなす。修験道は戦時中には民族精神の現れとされ、日本精神を体現する心身鍛錬として評価されて、一九四三年前後に研究対象として学問の世界に組み入れられた（拙稿「日本型ファシズムと学問の系譜——宇野圓空とその時代」平藤喜久子編『ファシズムと聖なるもの／古代的なるもの』北海道大学出版会、二〇二〇）。宇野に源流をもつ「民族的ナショナリズム」は、戦後も姿を変えて受け継がれた。五来の「原始回帰」を目指す修験道という本質主義は魅力的だが、同時に克服されなければならない課題でもある。

修験道研究において五来と共に学問的水準を一挙に高めたのは宮家準（慶應義塾大学名誉教授）で、『修験道儀礼の研究』（一九七〇）をはじめとする思想や組織などの数多くの大著の刊行、『修験道——その歴史と修行』（講談社学術文庫、二〇〇一）や『霊山と日本人』（日本放送出版協会、二〇〇四）などの概説書を著し、日本山岳修験学会会長（現・名誉会長）として研究の組織化や各地の地域社会とのネットワーク化の促進に尽力して、研究分野としての修験道が確立した。一九七〇年代の五来の活躍と相まって修験道研究は隆盛へと向かった。

五来とは一緒に歩く機会があった。宗門大学で教鞭をとっていたので、教え子の学生には地方寺院の住職も多く、寺に泊めてもらったことがある。寺での雑談で住職から地元の人とつきあう時には、大学で習った教学よりも五来の授業内容がとても役に立ったと言われて微笑んでいた姿を想い出す。五来の魅力は徹底した本質主義で、国東の千燈寺を訪問した時に、階段が山に向かって真っすぐに伸びているのを見て「修験の道はまっすぐ登る」と言われ、そうかもしれないと思った。本質主義は人を虜にする。五来の魔力である。奥三河の花祭を見学して賽銭箱の上にのって写真を撮り、村人から注意されたというやんちゃな面もあった。五来は多くの旅をしたが、特定の地域社会の集中調査よりも、文献に載っている寺社や遺跡、巡礼路や山岳霊場を訪れ、民俗行事を見学して霊感《インスピレーション》を得るという手法をとった。その意味では柳田國男の旅と類似している。基本は文献史料であった。

晩年になってフランス人のアンヌ・ブッシイ（後にフランス国立極東学院教授）が来日して師事し、旧来のお弟子さんと葛藤を起したこともあった。『修験道入門』の後書に一九七六年に南フランスから原稿を送ったというのは彼女の故郷の家からである。この時はパリのソルボンヌ大学で講義をしている。外国人との付き合いの中で五来の思考は活性化した。個人的には氏の『神と人のはざまに生きる―近代都市の女性巫者』（東京大学出版会、二〇〇九）は五来の学問の現代社会への展開として評価されるべきだと思っている。

修験道の研究は、二〇〇〇年代以降、急速に進展し大きな見直しが行われた。修験道の成立は平安時代後期ではなく鎌倉時代以降で、十三世紀末に顕密仏教が修験を取り込んで展開したという説が提唱され、修験の語義や縁起に関しても時代変遷が考慮されるようになってきた。近世修験道という新たな分野が提起され、山岳考古学の発展も著しい。時枝務・長谷川賢二・林淳編『修験道史入門』（岩田書院、二〇一五）は学説の転換を図る論考を載せ、『現代思想』四九巻五号「総特集：陰陽道・修験道を考える」（青土社、二〇二一）は最新の研究成果を掲載している。英文では Andrea Castiglioni, Fabio Rambelli, Carina Roth (eds) "Defining Shugendō: Critical Studies on Japanese Mountain Religion" (Bloomsbury Academic, 2020) が刊行された。二〇二一年にはネットで Mountain Religions のサイトが立ち上がり、国の内外を問わず交流が活性化している。

『修験道入門』は今回、四十年ぶりに読み直してみたが、まさに問題提起の書であり、今なお魅力を失っていない。多くの方が本書に触れて修験道の想像力への理解を深めて頂きたいと願っている。

（すずき・まさたか　慶應義塾大学名誉教授／日本山岳修験学会会長）

本書は、一九八〇年八月二十五日、角川書店より刊行された。

名指導書で読む
筑摩書房　なつかしの高校国語　筑摩書房編集部編

名だたる文学者による編纂・解説で長らく学校現場で愛された幻の国語教材。教室で親しんだ名作と、珠玉の論考からなる傑作選が遂に復活！

柳田国男を読む　赤坂憲雄

稲作・常民・祖霊のいわゆる「柳田民俗学」の向こう側にこそ、その思想の豊かさと可能性があった。テクストを徹底的に読み込んだ、柳田論の決定版。

夜這いの民俗学・夜這いの性愛論　赤松啓介

筆おろし、若衆入り、水揚げ……。古来、日本人は性に対し大らかだった。在野の学者が集めた、柳田が切り捨てた性民俗の実像。（上野千鶴子）

差別の民俗学　赤松啓介

人間存在の病巣〈差別〉。実地調査を通して、その実態・深層構造を詳らかにし、根源的解消を企図した赤松民俗学のひとつの到達点。（赤坂憲雄）

非常民の民俗文化　赤松啓介

柳田民俗学による「常民」概念を逆説的な梃子として、「非常民」こそが人間であることを宣言した、赤松民俗学最高の到達点。（阿部謹也）

日本の昔話（上）　稲田浩二編

神々が人界をめぐり鶴女房が飛来する語りの世界。はるかな時をこえて育まれた各地の昔話の集大成。上巻は「桃太郎」などのむかしがたり103話を収録。

日本の昔話（下）　稲田浩二編

ほんの少し前まで、昔話は幼な子が人生の最初に楽しむ文芸だった。下巻には「かちかち山」など動物昔話29話、笑い話123話、形式話7話を収録。

増補　死者の救済史　池上良正

未練を残しこの世を去った者に、日本人はどう向き合ってきたか。民衆宗教史の視点からその宗教観・死生観を問い直す。「靖国信仰の個人性」を増補。

神話学入門　大林太良

神話研究の系譜を辿りつつ、民族・文化との関係を解明し、解釈に関する幾つもの視点、神話の分類、類話の分布などについても詳述する。（山田仁史）

**儀礼の過程**　ヴィクター・W・ターナー　冨倉光雄訳

社会集団内で宗教儀礼が果たす意味と機能を明らかにし、コムニタスという概念で歴史・社会・文化の諸現象の理解を試みた人類学の名著。（福島真人）

**日本の神話**　筑紫申真

八百万の神はもとは一つだった⁉ 天皇家統治のために創り上げられた記紀神話を、元の地方神話に解体すると、本当の神の姿が見えてくる。（金沢英之）

**河童の日本史**　中村禎里

ぬめり、水かき、悪戯にキュウリ。異色の生物学者が、時代ごと地域ごとの民間伝承や古典文献を精査。〈実証分析的〉妖怪学。（小松和彦）

**初版 金枝篇（上）**　J・G・フレイザー　吉川信訳

人類の多様な宗教的想像力が生み出した多様な事例を収集し、その普遍的説明を試みた社会人類学最大の古典。膨大な註を含む初版の本邦初訳。

**初版 金枝篇（下）**　J・G・フレイザー　吉川信訳

なぜ祭司は前任者を殺さねばならないのか？ そして、殺す前になぜ〈黄金の枝〉を折り取るのか？ 事例の博捜の末、探索行は謎の核心に迫る。

**火の起原の神話**　J・G・フレイザー　青江舜二郎訳

人類はいかにして火を手に入れたのか。世界各地より夥しい神話や伝説を渉猟し、文明初期の人類の精神世界を探った名著。（前田耕作）

**未開社会における性と抑圧**　B・マリノフスキー　阿部年晴／真崎義博訳

人類における性は、内なる自然と文化的力との相互作用のドラマである。この人間存在の深淵に到るテーマを比較文化的視点から問い直した古典的名著。

**ケガレの民俗誌**　宮田登

被差別部落、性差別、非常民の世界など、日本民俗の深層に根づいている不浄なる観念と差別の問題を考察した先駆的名著。（赤坂憲雄）

**はじめての民俗学**　宮田登

現代社会に生きる人々が抱く不安や畏れ、怖さの源はどこにあるのか。民俗学の入門的知識をやさしく説きつつ、現代社会に潜むフォークロアに迫る。

**南方熊楠随筆集**　益田勝実編

博覧強記にして奔放不羈、稀代の天才にして孤高の自由人・南方熊楠。この猥雑なまでに豊饒な不世出の頭脳のエッセンス。（益田勝実）

**奇談雑史**　宮負定雄　佐藤正英／武田由紀子校訂・注

霊異、怨霊、幽明界など、さまざまな奇異な話の集大成。柳田国男は、本書より名論文「山の神とヲコゼ」を生み出す。日本民俗学、説話文学の幻の名著。

**贈与論**　マルセル・モース　吉田禎吾／江川純一訳

「贈与と交換こそが根源的人類社会を創出した」。人類学、宗教学、経済学ほか諸学に多大の影響を与えた不朽の名著、待望の新訳決定版。

**山口昌男コレクション**　山口昌男　今福龍太編

20世紀後半の思想界を疾走した著者の代表的論考をほぼ刊行編年順に収録。この独創的な人類学者＝思想家の知の世界を一冊で総覧する。（今福龍太）

**身ぶりと言葉**　アンドレ・ルロワ＝グーラン　荒木亨訳

先史学・社会文化人類学の泰斗の代表作。人の生物学的進化、人類学的発展、大脳の発達、言語の文化的機能を壮大なスケールで描いた大著。（松岡正剛）

**世界の根源**　アンドレ・ルロワ＝グーラン　蔵持不三也訳

人間の進化に迫った人類学者ルロワ＝グーラン。半生を回顧しつつ、人類学・歴史学・博物館の方向性、言語・記号論・身体技法等を縦横無尽に論じる。

**民俗地名語彙事典**　松永美吉　日本地名研究所編

柳田国男の薫陶を受けた著者が、博捜と精査により日本の地名に関する基礎情報を集成。土地の記憶を次世代へつなぐための必携の事典。（小田富英）

**日本の歴史をよみなおす（全）**　網野善彦

中世日本に新しい光をあて、その真実と多彩な横顔を平明に語り、日本社会のイメージを根本から問い直す。超ロングセラーを続編と併せ文庫化。

**米・百姓・天皇**　網野善彦　石井進

日本とはどんな国なのか、なぜ米が日本史を解く鍵なのか、通史を書く意味は何なのか。これまでの日本史理解に根本的転回を迫る衝撃の書。（伊藤正敏）

列島の歴史を語る　網野善彦　藤沢・網野さんを囲む会編

日本は決して「一つ」ではなかった！　中世史に新次元を開いた著者が、日本の地理的・歴史的な多様性と豊かさを平明に語った講演録。（五味文彦）

列島文化再考　網野善彦／塚本学／坪井洋文／宮田登

近代国家の枠組みに縛られた歴史観をくつがえし、列島に生きた人々の真の姿を描き出す、歴史学・民俗学の幸福なコラボレーション。（新谷尚紀）

日本社会再考　網野善彦

歴史の虚像の数々を根底から覆してきた網野史学。漁業から交易まで多彩な活躍を繰り広げた海民に光をあて、知られざる日本像を鮮烈に甦らせた名著。

図説　和菓子の歴史　青木直己

饅頭、羊羹、金平糖にカステラ、その時々の外国文化の影響を受けながら多種多様に発展した和菓子。その歴史を多数の図版とともに平易に解説。

今昔東海道独案内　東篇　今井金吾

いにしえから庶民が辿ってきた幹線道路・東海道。日本人の歴史を、著者が自分の足で辿りなおした名著。東篇は日本橋より浜松まで。（今尾恵介）

物語による日本の歴史　石母田正　武者小路穣

古事記から平家物語まで代表的古典文学を通して、国生みからはじまる日本の歴史を子ども向けにやさしく語り直す。網野善彦編集の名著。（中沢新一）

増補　学校と工場　猪木武徳

経済発展に必要とされる知識と技能は、どこで、どのように修得されたのか。学校、会社、軍隊など、人的資源の形成と配分のシステムを探る日本近代史。

居酒屋の誕生　飯野亮一

寛延年間の江戸に誕生しすぐに大発展を遂げた居酒屋。しかしなぜ他の都市ではなく江戸だったのか。一次資料を丹念にひもとき、その誕生の謎にせまる。

すし　天ぷら　蕎麦　うなぎ　飯野亮一

二八蕎麦の二八とは？　握りずしの元祖は？　なぜうなぎに山椒？　膨大な一次史料を渉猟しそんな疑問を徹底解明。これを読まずに食文化は語れない！

ちくま学芸文庫


# 修験道入門《しゅげんどうにゅうもん》

二〇二一年六月十日　第一刷発行

著者　五来　重（ごらい・しげる）

発行者　喜入冬子

発行所　株式会社　筑摩書房

東京都台東区蔵前二―五―三　〒一一一―八七五五

電話番号　〇三―五六八七―二六〇一（代表）

装幀者　安野光雅

印刷所　株式会社精興社

製本所　株式会社積信堂

乱丁・落丁本の場合は、送料小社負担でお取り替えいたします。





ISBN978-4-480-51055-6 C0114